Michael Haberlandt

Der altindische Geist

In Aufsätzen und Skizzen

Michael Haberlandt

Der altindische Geist
In Aufsätzen und Skizzen

ISBN/EAN: 9783742894793

Hergestellt in Europa, USA, Kanada, Australien, Japan

Cover: Foto ©Thomas Meinert / pixelio.de

Manufactured and distributed by brebook publishing software
(www.brebook.com)

Michael Haberlandt

Der altindische Geist

DER
ALTINDISCHE GEIS

IN AUFSÄTZEN UND SKIZZEN

VON

MICHAEL HABERLANDT.

———

LEIPZIG

VERLAG VON A. G. LIEBESKIND

1887.

DEM ANDENKEN

SEINES FREUNDES

JULIUS FREIH. VON FIERLINGER

GEWIDMET VOM

VERFASSER.

Vorwort.

Ein berühmter Gelehrter auf dem Felde der Sanskritistik hat für einige Bände gesammelter populär gehaltener Aufsätze, mit denen er neben grösseren wissenschaftlichen Leistungen hervortrat, den bescheiden-stolzen Titel gewählt: „Späne aus einer deutschen Werkstatt", wol nach dem Sprichwort: „wo man hobelt, da fallen Späne" — dem grossen Publikum die Späne seines gelehrten Hobels, dem wissenschaftlichen das Hobelwerk selbst aufbehaltend. Wir sind weder so stolz noch so bescheiden, indem wir dem Publikum einen Band gesammelter Aufsätze und frischgeschriebener Skizzen über den „altindischen Geist" übergeben, zu denken, hiermit einen

Bund Späne, die von unserer Arbeit abgefallen, darzu-
reichen, da wir vielmehr meinen, den Saft und die Kraft
einer Summe gelehrten Wissens und selbständigen Nach-
denkens über unseren Gegenstand zu bieten. „Späne"
gehören immer zunächst in den Winkel und müssen endlich ausgekehrt werden. Aber in den Kesseln und
Töpfen eines gelehrten Laboratoriums, wo die Producte
der Völkerpsyche analysirt werden und den Elementen
des Geistes nachgespürt wird, bleibt in den Töpfen
mancher Tropfen Essenz zurück und destillirt sich der
flüchtige Geist einer Volksindividualität manchmal rein
und klar aus der Masse heraus. Wir sagen es nochmals,
wir meinen den Saft zu bieten und nicht den Abfall,
einige Tröpfchen Honig von einer blumenreichen Wiese,
nicht ein paar Klümpchen Wachs, die von der Arbeit
übrig geblieben sind.

Der Band zerfällt in zwei Hälften, die hoffentlich nicht
zu ungleich ausgefallen sind. In der ersten sind Aufsätze
gesammelt, welche, zum grössten Theil als Feuilletons in
der „Neuen Freien Presse" veröffentlicht*), hier zu einem
Ganzen zusammentreten, wie sie ein Ganzes, den altindischen Geist, mannichfach abspiegeln; in der zweiten
findet der Leser (bisher ungedruckte) Skizzen zu Aufsätzen, Reflexionen, Aperçus, wie sie dem, der sich mit

---

*) Die Redaktion der „Neuen Freien Presse" gestattete mir
bereitwillig ihren Wiederabdruck in diesem Werke, wofür ich
ihr öffentlich den aufrichtigsten Dank abzustatten mich gedrungen fühle.

dem indischen Alterthum aus den Quellen beschäftigt, reichlich zuströmen, ohne dass er sie immer auszuschleifen und gehörig zu fassen Zeit und Gelegenheit fände. In philosophischen und moralischen Dingen wird die Form der Aphorismen so bequem zwischen Autor und Leser gefunden, — warum sollte nicht auch die Literaturgeschichte und Culturhistorie, die sonst immer mit so schwerem Gepäck und in behaglicher dogmatischer Breite auftreten, sich diese handsame Form der Mittheilung aneignen? Sind es doch gerade kleine, engumgrenzte Bildchen, vereinzelte charakteristische Züge, in denen ein fremder Volksgeist sich am unmittelbarsten und lebendigsten, aber zunächst zusammenhanglos und unsystematisch, wie das bunte Leben selbst, ausspricht. Wie umständlich, diese erst zu verschmelzen und unter einem allgemeinen Gesichtspunkt miteinander zu vereinigen! Wie viel reizendes, aber absolut loses Detail bleibt dabei in der Mappe des Autors: er hat eben im grösseren Rahmen es absolut nicht unterzubringen vermocht. Dieser Fall ist in Indien aber ein sehr häufiger. Das charakteristische lose Detail überwiegt in seiner charakterisirenden Kraft hier weitaus das Aufnehmen allgemeiner Züge, grosser und bedeutungsvoller Linien. So haben wir denn in der zweiten Hälfte dieses Werkchens die kürzer angebundene aphoristische Manier auch für die indische Culturgeschichte fruchtbar zu machen gesucht und dem Vielerlei das Viel zum Opfer gebracht, — wie der Leser hoffentlich den Eindruck haben wird, in dem

Sinne, wie der Gärtner in den Strauss nur überall eine Blüthe ihrer Art binden kann, so grosse Beete er von jeder hat, will er den Strauss zum kleinen Abbild seines Gartenflors gestalten. Im Ganzen aber möchten wir auch wünschen, dass etwas in diesem Werke an die lebendigen Farben und Düfte eines frischgepflückten Strausses erinnere und es nicht vor dem Leser liege, wie ein graues Herbar, in das die Blumen eingesargt sind, fast unkenntlich geworden an Farbe und Duft und durch dürre Trockenheit.

Wien, im Juli 1887.

Der Verfasser.

Inhaltsverzeichniss.

II. Skizzen und Aphorismen.

a. Zur Bildungsgeschichte:

b. Die Gesellschaft und ihre Moral betreffend:

c. Mythologisches:

I. Aufsätze.

1. Bei den indischen Göttern.

(Ausstellung im Oesterreichischen Museum.)

Eine grosse Stadt ist immer gleichsam eine Riesen-
Encyklopädie der Weltcultur oder doch wenigstens ihr
Guckkasten: mit tausend Fäden zieht sie die Welt in
sich hinein und versammelt auf engem Raume die ungeheuren Arbeits- und Bildungsschätze des Menschengeschlechtes. Vorab ein Tummelplatz der führenden
Volksgeister, beherbergt sie auch manchen Cultursonder-
ling, der ferne für sich in seiner Weltecke kauzt, in ihren

Mauern, und ist immer noch willig, neue Fremde bei sich zu sehen.

So sind gegenwärtig in unsere Stadt Gestalten und Schöpfungen eines geschichtlichen Kreises gekommen, der sich nur wenig mit jenem berührt, an den wir zunächst denken, wenn von Weltgeschichte die Rede ist. Es sind Erzeugnisse der überreichen indischen Cultur, deren Anschauung uns geboten wird; neben Dingen, die sich der indische Geist zur Nothdurft oder zum Schmucke des Lebens geschaffen hat, vor Allem seine Götter, Helden und Weltüberwinder. Das alte Rom hat den fremden Göttern Wohnungen und Tempel angeboten, wir haben nur — Ausstellungsräume für sie. Denn wir recipiren nicht mehr religiös mit dem Gemüth, sondern verstandesmässig mit den geschärften Organen historisch geschulter Betrachtung. Aber wer auch den echten Weltbürgersinn und den theilnahmsvollsten Eifer, sich in fremde Art hineinzufinden, in sich trüge, er steht doch anfangs rathlos, wenn er aus dem bildsäulengeschmückten Empor im schönen Hause des Oesterreichischen Museums in den Saal tritt, welcher Dr. Leitner's indische Sammlung aufgenommen hat. Es ist eine ganz andere Welt als die seine, welche aus diesen Schöpfungen in ungewohnten, dunklen Eindrücken zum Besucher redet, eine andere Welt, als er sie irgendwo in Wirklichkeit wusste. Und wie sollte es anders sein? Wir haben freilich die Naturgrundlagen aller Cultur mit den Indern gemein: Stamm, Sprache und die ersten Regungen der Religion, Sitte und Kunstfertigkeit, aber die fortwebende individuelle Culturarbeit der Völker war ja seit manchem Jahr-

tausend am Werke, gerade diese Uranfänge zu über-
winden und eigenartige, persönliche Formen, ein selbster-
arbeitetes Volksthum an ihre Stelle zu setzen. In der
Abgeschlossenheit des Gangeslandes hat das indische
Volk nun immer aus eigenem und aus ganzem Holze geschnitten, ist es aus sich allein zu dem geworden, wozu
es sich gebildet hat: zum geistvollen Sonderling, zum
Grillenfänger unter den Völkern, für dessen Grundstim-
mung, Denkgewohnheiten und Lebensformen wir Europäer
in den eigenen nicht immer Gleichungsformeln zu finden
vermögen.

Aufs lebhafteste überkommt den Beschauer das Gefühl dieses Unverständnisses gleich vor der ersten ins
Auge fallenden Abtheilung der Sammlung: vor den
Darstellungen der indischen Götterwelt in buntem Thon.
Es wird viel gelacht vor diesem Schaukasten, und nicht
nur von der allzeit fröhlichen Jugend; auch dem Ernsthaften oder gar indischen Wesens Kundigen schwebt ein
heiteres Lächeln auf den Lippen, und seltsam! — er
müht sich gar nicht, es zurückzuhalten. Ist diese Mythologie aber wirklich so heiter? Sind diese vielköpfigen
Brahma, Wischnu und Schiwa sammt ihrem Anhang in
Wahrheit so drollige Gestalten, als sie es uns scheinen;
eigentlich nicht ernst zu nehmen, sondern etwa auf einer
Linie stehend mit äusserlich verwandten Wesen, Kobol-
den, Cyklopen und anderen lustigen Ungeheuern? Kaum
liesse sich eine schwerere Verkennung des Charakters
dieser Mythologie denken. Nie und nirgends ist eine
Religion mit grösserem Ernste genommen worden, als
diese, nie ein Volk mit ungemessenerer Ehrfurcht vor

1*

seinen Göttern oder — Götzen im Staube gelegen, als das indische vor jenen von uns belächelten Gestalten. Ihre überschwengliche Würde wird seit Jahrtausenden bezeugt durch unzählige Tempel in Pracht und Grösse, welche das Volk ihrem Dienste weiht, durch die schwersten Opfer bis zum martervollen Selbstmord zu Ehren der Gottheit, die es willig auf sich nimmt, kurzum durch eine wahnwitzige Verehrung voll riesenhafter Pedanterie und beispielloser Opferfreudigkeit. Wir haben also kein Recht, dabei zu lachen. Indessen schlägt unsere erste harmlose Heiterkeit im längeren Anschauen jener Bilder bald von selbst in eine andere, weniger friedliche Stimmung um. Wie wir uns auch anstellen mögen, wir gewahren nur eine durch fremdartige Begriffe, düstere Grillen geleitete Willkür, die wir nicht begreifen, die uns nur verstimmt; alle guten Schönheitsgeister in uns, die sich zuerst verschüchtert in den Falten unseres Gemüthes verbargen, erheben jetzt leisen Protest, dringende Klage, und es geht uns, wie Goethe von sich bekennt:

Nicht Jeder kann Alles ertragen:
Der weicht diesem, der jenem aus;
Warum soll ich nicht sagen:
Die indischen Götter, die sind mir ein Graus.

Es trifft sich ausserordentlich glücklich, dass wir uns von Goethe, dem allerberufensten Anwalte des ästhetischen und menschlichen Gefühls gegenüber „Pfaffen und Fratzen", den tristen Eindruck dieses Götterthums zergliedern und zurechtlegen lassen können — ein Eindruck, dem wir uns, so sehr wir indisches Wesen verehren mögen, nun einmal ohneweiters nicht zu entwinden im

Stande sind. Die künstlerische Betrachtungsart einer Mythologie ist freilich nicht die einzig mögliche und muss, soll sie nicht sehr einseitig bleiben, ihre Ergänzung finden, indem man hernach andere Gesichtspunkte nimmt; aber sie ist eine vollberechtigte und liegt uns, den Zöglingen der Griechen, besonders nahe.

Schlecht genug kommen nun die indischen Götter bei Goethe weg; gleich dem sanften Musengott, der seinen Bogen gegen das Geschlecht der Drachen und Unholde auf Erden richtet, versendet er scharfe, tönende Xenienpfeile gegen die „verhassten Götzen"; denn

> Nichts schrecklicher kann dem Menschen gescheh'n,
> Als das Absurde verkörpert zu seh'n,

und

> . . . das Dumme, vors Auge gestellt,
> Hat ein magisches Recht:
> Weil es die Sinne gefesselt hält,
> Bleibt der Geist ein Knecht.

Und so will er „ein- für allemal keine Bestien in dem Göttersaal"! Das alberne Spiel mit Schnauze und leidigem Elephanten-Rüssel, das umgeschlungene Schlangengenüssel, die vielen Köpfe auf Einem Rumpfe, all das düst're Troglodyten-Gewühl bringt ihn zur Verzweiflung:

> Mit heiligen Grillen treiben sie Spott,
> Man fühlt weder Natur noch Gott.

Wer begreift da nicht die empörte Frage: „Verwandelte sich Gott zu Ungeheuern?" und wäre zuletzt nicht sehr willig, auf den Rath zu hören:

Entweicht, wo düst're Dummheit gerne schweift,
Inbrünstig aufnimmt, was sie nicht begreift,
Wo Schreckensmärchen schleichen, stutzend flieh'n,
Und unermesslich Masse lang sich zieh'n. —

Also: das Masslose, Formlose, Unnatürliche der indischen Phantasie kommt in den bildlichen Darstellungen des Volkes besonders peinlich zur Geltung: dies wird zugegeben; und Goethe hat Recht, indem er sie sammt und sonders in den ästhetischen Bann thut. Aber der Historiker, welcher dem Achselzuckenden auf die Schulter klopft und ihm bemerkt: „Guter Freund, es handelt sich doch eigentlich ganz und gar nicht um uns; es fragt sich nicht um das, was uns gefällt und behagt, sondern es handelt sich um fremde Eigenart und ob wir die überhaupt verstehen können" — er hat nicht minder Recht. Das ästhetische Gefühl kann von der indischen Götterwelt nicht befriedigt werden; wol, so stehen wir von dieser uneinbringlichen Forderung an sie ab. Und wir dürfen das, ja wir müssen es, um nur gerecht und einsichtig zu sein, denn Mythologie ist nicht Kunst. Wir sind durch die Griechen gewöhnt, die beiden für eins zu nehmen. Aber das ist ein unzweifelhafter Irrthum und verdirbt uns jede rechte Erkenntniss in unserer Sache. Mythologie ist eine Anschauungsweise der Naturgewalten und ethischen Mächte auf einer gewissen Entwicklungsstufe des Volksgeistes; ihre Gebilde stellen sich aber nicht etwa als eine aus der Natur geschöpfte Dichtung, sondern als ausser und über der Natur stehende Wesen dar; als Gegenstand der Religion und des Cultus, nicht aber des Gefallens. Dabei mag nun doch keine Religion, so mächtig sie schon ist (ausser dem bildlosen Islam), des Beistandes der Kunst entrathen; denn sie will, um eindringlicher zu werden, auch zu den Sinnen reden; sie zieht daher die Kunst in ihren Dienst und fordert Anschauungen, Bilder für ihre Wesen von ihr. Aber von solchen Wesen weiss die Kunst nun einmal ganz und gar nichts. So bedrängt, vermag sie nur Zweierlei: entweder sie bietet für jene gepriesenen Mächte das Beste, was sie hat und kennt: ideale Menschen, oder sie verleugnet nothgedrungen ihr Wesen, Wahrheitdarstellung zu sein, und greift auf ein ihr fremdes Gebiet, das des Gedankens, hinüber und wird symbolisch. Von der ersten Art ist die griechische Mythologie; sie ist kein Verlassen der Natur, sondern ein grossartiger Blick in dieselbe. Von der zweiten die indische; sie ist unnatürlich, aber gedankentief. — Damit haben wir uns nun jene Götterwelt erst wirklich gewonnen; denn von diesem Standpunkte aus brauchen wir nicht mehr vergebens über ihr Unästhetisches zu zetern. Wir haben damit unsere Theilnahme frei bekommen und dürfen sie nun voll und ganz der Erfassung der anderen Seiten dieser Mythologie zuwenden.

Hier steht dieselbe nun gar sehr anders als früher da. Vor Allem finde darüber die Bemerkung Platz: Mehr als eine andere Mythologie wird die unermessliche Mythenwelt, aus der die indischen Künstler schöpfen, von einigen grossartigen Grundgedanken beherrscht. Die tiefe Weisheit des ἓν καὶ πᾶν, der Glaube an ein göttliches Erbarmen, welches die Himmlischen zur Erlösung der gequälten Menschheit hinunterzieht, und der Gedanke der weltüberwindenden Busse, das sind die Sonnen am indischen Götterhimmel, um welche sich das ganze, unzählbare Gewimmel mythischer Vorstellungen dreht. Blicken wir nur hinein in das Gewühl; wohin unser Blick auch falle, es zeigt sich etwas Bedeutsames. Gewiss ist es sonderbar, ja mehr, wunderlich, zu sehen, wie Brahma, der Höchste, in sich versunken im Lotus ruht, dessen langer Stiel aus dem Nabel Wischnu's, des Erhalters, sprosst — und darunter zusammengerollt als Lagerstätte des Gottes die vielköpfige Weltschlange. Es ist eine Hieroglyphe: der weise Gedanke des Alleins ist ihr tiefer Sinn. Wer sich an den vier Köpfen Brahma's stösst, höre einen Mythus aus den Purânas, welcher sich darauf bezieht. Da sieht Brahma, der sich in seine Tochter Çatarûpâ verliebt hat, starr nach ihr; sie aber weicht, sich seinem Blicke zu entziehen, auf die Seite. Der Gott, darüber beschämt, bezwingt sich, ihrer Bewegung mit dem Antlitz nicht zu folgen; aber sogleich wächst ihm ein Gesicht nach jener Seite; worauf sie wieder seitwärts tritt, ein neues Gesicht entsteht und so fort, bis er vier Gesichter, nach den vier Himmelsgegenden hin, hat. Wen diese Mythe nicht mit dem ästhetischen Graus der Vielhäuptigkeit aussöhnt, der liege immerhin vor der schönen Form auf dem Bauche: die tiefsinnige Vorahnung des Princips der organischen Bildung herauszufühlen, muss er eben Anderen überlassen. Als ein scherzhaftes Gegenstück dazu sei hier auch jenes Geschichtchen angeführt, welches die sechs Köpfe Skanda's, des Kriegsgottes, erklären will. Zur Vernichtung eines bussgewaltigen, bösen Dämonen, des

Târaka, taucht ein göttliches Kind, Schiwa's Sohn, aus der Gangâfluth empor: die sechs Stromnymphen streiten sich darum, den schönen Knaben zu säugen: damit keine zu kurz kommt, nimmt er sechs Köpfe an. Welch niedliche Verrücktheit! Aber so ist alles indische Wesen: dem Lieblichsten und Tiefsten immer ein Gran von Aberwitz zugesetzt. Noch auf eine Darstellung werde hingewiesen zur Erläuterung der Wahrheit, dass dieses indische Bilderthum seinem Wesen nach nicht dem heitern Reich der Sinnlichkeit angehöre, sondern meist dunkleren Seelenbezirken, mystisch tiefer Ahnung entsprungen sei; dass es sich nicht geradezu an die Anschauung, sondern an den Begriff, an Wissen und Gewissen wendet. Die berüchtigten Fakirs, die verrücktesten unter den vielen sonderbaren Heiligen Indiens, verehren Schiwa besonders unter der blutrünstigen Gestalt des Bhairava, „des Schrecklichen", welche sie wahrscheinlich aus dem mordsüchtigen Glauben der schwarzen Ureinwohner übernommen haben. Wie stellt nun die indische Kunst den unheimlichen Mordgesellen dar? In nicht zu gräulicher Gestalt, von seinem Bluthunde begleitet, Keule und Schwert, seine Mordwaffen, in der einen, eine Schale mit einem Berauschungstrank in der andern Hand, von welchem er, sich betäumelnd, trinkt, damit er nicht aus Mitleid von seinem mörderischen Thun ablasse. Woher diese Auffassung des Künstlers? Der indische Geist erträgt die Vorstellung einer so himmelschreienden Grausamkeit und Mordlust nicht; wie ist es möglich, so ganz ohne Mitleid zu sein? fragt er, von Entsetzen ergriffen, und weiss sich kein Mittel, eine solche Erscheinung zu

fassen, als indem er den Mörder sich absichtlich berau-
schen lässt, um sein Gefühl zu ersticken. Der Geschmack
ist verschieden; aber ich gestehe, mir gibt die Schöpfer-
kraft des griechischen Genius, welche aus einem Hunde
der Unterwelt die herrliche Göttergestalt des Hermes
hervorzubilden vermochte, keinen höheren Begriff von
dem Adel der menschlichen Natur, als jener Geist der
Milde und des Erbarmens im indischen Künstler, der an
wirkliche Grausamkeit des Herzens gar nicht glauben kann.

Mag es nun aber mit diesem Mystisch-Symbolischen
der indischen Kunst auch wirklich Einiges auf sich haben
— das lässt sich doch nicht bestreiten, man hat bald genug von dieser schwer verdaulichen Speise. Den pan-
theistischen, hyperphysischen Taumel lassen wir uns
gefallen, wenn er uns urplötzlich anfliegt wie ein Götter-
rausch; aber fort und fort darin schwelgen, das kann
doch nur ein geborener Brahmane. Indessen fehlt es
weiterhin doch nicht ganz an erfreulicher Abwechslung
im indischen Göttersaale: aus einer Reihe zierlicher, bunt
gemalter Bildchen, welche unsere Ausstellung schmücken,
verweisen manche in eine völlig andere Sphäre der Empfindung. Scenen voll heiteren menschlichen Gehaltes,
voll grotesker Naivetät erquicken hier wie kühles, klares
Bergwasser unsern Sinn nach der dumpfen Schwüle grü-
belnder Mystik, unter der wir bisher gelitten. Dies
freundliche Wunder wirkt die Idee des Avatâra, der
Menschwerdung erbarmender Götter; sie leitet eine frisch
sprudelnde Quelle menschlichen Empfindens in die dürre
Abstractionswelt des brahmanischen Glaubens. Sie ist
eine der Grundmächte indischer Religion und gewiss

volksthümlichen Ursprungs. Nur dem dunklen, geburten-
reichen Schosse eines gequälten Volkes konnte dieser
Gedanke als ein wahrer Jungbrunnen des religiösen Lebens entspringen, nie und nimmer der ausschweifenden
Speculation eines pfäffischen Priesterthums. Das arme,
geschundene Volk ist es, welches sich zur Erkenntniss
durchringt, dass der Mensch einen Erlöser braucht, einen
göttlichen Erlöser voll himmlischen Erbarmens, der sich
zu ihm herniederlässt und ihm in seinen Nöthen beisteht.
Aber begierig hat die schlaue, menschenkundige Prie-
sterschaft diesen bildsamen Gedanken aufgegriffen und
damit nach ihrer Weise gewuchert, so dass er in der
Entstellung ihrer Mythen fast kaum mehr kenntlich und
geniessbar ist. Die Gottheit, in Beziehung auf welche
allein die Idee des Avatâra sich ursprünglich entwickelte,
ist Wischnu; neunmal ist er inzwischen herabgekommen,
als Thier und Mensch, und in Râma und Krischna wenigstens macht der Gott ein volles Menschenleben durch.
Die volksthümlichste seiner Gestalten ist unstreitig aber
Krischna. Eine heitere, die Sinnlichkeit ansprechende
Erscheinung; Hirte, Flötenspieler, Verliebter: ein indischer Apoll, dem auch seine Musen nicht fehlen. Aber
was sind das für Musen, diese Hirtenmädchen! Unschuldig
und begehrlich, lieblich schüchtern und wieder zierlich
wie Bajaderen führen sie mit dem geliebten Hirten ein
selig vergnügtes Leben auf den grünen Fluren, unter
Tänzen und Liedern und süssem Liebesgekose. Welch
köstliche Scenen bilden jene zierlichen Farbenblätter nach!
Wie treu und mit welcher Schalkhaftigkeit sind sie der
Natur abgelauscht! Hier greift Krischna der geliebtesten

Hirtin, seiner Râdhâ, liebkosend ans Kinn unter den ge-
mischtesten Gefühlen der anderen Hirtenmädchen: die
Einen, an heimlicher Gluth zerthauend, sehen eifrig, verstimmt zu Boden, Andere voll deutlicher Eifersucht, und
im Vordergrund vollends Eine wäre gar zu gern im Bunde
die Dritte. Auf einem andern Bildchen Krischna und
Râdhâ mit steif ausgestreckten Armen verliebt in den
Mond blickend — der reine Heine. Und wieder: ein
Wald- und Wiesenbrand umflammt das entsetzte Hirten-
volk ohne Rettung; Löwen und Tiger mit hochgeschwun-
genen Schweifen, Gazellen und Hasen suchen ringsum
das Weite. Krischna jedoch kennt einen Flammenzauber;
um die Hirtinnen zu retten, schluckt er Feuer: aber das
Schreckliche anzusehen, haben die Mädchen nicht das
Herz; alle stehen da, die Hände vor die Augen gepresst,
und man meint fast ihr lautes Wehklagen und Seufzen
zu vernehmen. — Man möchte den Maler küssen um der
reizenden Naivetät willen, welche er mit Kindersinn in
seine Bildchen gezaubert hat. Die anmuthig schüchterne
Empfindung, welche seine Hand leitete, macht uns ganz
vergessen, dass sie eine recht unfertige, ungeübte Hand
ist. Freilich verdankt er das Beste seinem Stoffe. Eine
solche glückselige Kinderstimmung und unschuldige
Fröhlichkeit, wie im Krischna-Mythus, hat das indische
Gemüth nie mehr erreicht und auch früher nie zu erreichen vermocht. Dies unbefangene Sichzuhausefühlen
im Dasein ist ein seltenes Gefühl in der indischen Welt,
welche sonst von der schmerzlich empfundenen Wahrheit
ganz erfüllt ist, dass alles Leben nur Leiden sei. Die
sonnige Heiterkeit jener idyllischen Scenen wird im in-

dischen Bewusstsein ganz überschattet vom tiefen Ernste religiöser Gedanken, vom beklommenen Zagen vor der Sündenschuld und dem heissesten Bussdrang: nur dem sündenverblendeten Auge lacht die Welt in fröhlichem Glanze.

Zu solchem Ernste ruft der letzte und reichste Theil der ausgestellten Bildwerke auf. Sie gehören Indiens buddhistischer Zeit an, jener wunderbaren Zeit, wo die erhabene und liebevolle Lehre Buddha's einen neuen Geistesfrühling über Indien heraufrief und alles Starre und Gebundene im Volksleben zur Freiheit und frischen Thätigkeit entfesselte. Kein Wunder, dass auch die indische Kunst, vom Hauche des neuen humanen Geistes durchweht, ihr altes ungeschlachtes Wesen abstreifte und sich, so weit es in ihrer Macht stand, veredelte. Etwas tiefer Liegendes in Buddha's Lehre kam ihr dabei zu Hilfe. Dieselbe hat keine Götter und keinen Gott, keinen Schöpfer und Erhalter des Weltalls. Und damit auch keine — Götzenbilder. Aber die erhabene Gestalt des Stifters im Bilde zu erhalten und zu feiern, schien fromm und gut: doch der Buddha ist ein Mensch und nur ein Mensch — so reinigte sich die indische Kunst. Also nicht durch eigene Kraft gelang ihr das; das Läuterungswerk vollzog sich im kämpfenden und ringenden Gemüthe des Stifters, der den Menschen zuhöchst stellte, indem er ihn auf sich zurückwies und ihn im eigenen Herzen, nicht bei erträumten schlafenden Göttern den Urquell seines Schicksals, Erlösung oder Verdammniss suchen lehrte. Das Sophokleische „Nichts Gewaltigeres ist als der Mensch" tönt fast um dieselbe Zeit wie zu

Athen von der tragischen Bühne in seiner Predigt von
den geweihten Lippen Buddha's, nur unendlich tiefer gefasst als beim Griechen. Die buddhistische Kunst kennt
also wie die griechische nur Menschen, fromme, gute, heilige Menschen, vorab den „allerherrlichst-vollendeten"
Buddha in allen Lagen, in allen Kämpfen und Siegen
seines Lebens. Der Königsohn aus dem Hause der Scha-
kya, in Glanz und Herrlichkeit, und der entsagende Bettler, der „aus der Heimat in die Heimatlosigkeit gegangen",
voll himmlischer Hingebung seinem Volke, der Menschheit sein Evangelium des Schmerzes und der erlösenden
ewigen Ruhe verkündend — die Kunst wird nicht müde,
diese ergreifende Doppelgestalt des Stifters der Anschauung vorzuführen. Am wundervollsten aber hat sie die
Zeit des Suchens und angstvollen Ringens, vom ersten Erwachen des grossen ungestillten Schmerzes, von der heim-
lichen Flucht Nachts aus dem Palaste des königlichen
Vaters an bis zum plötzlichen, gewaltsam stürmischen
Durchbruch seiner Seele zum Licht unter dem „Baume
des Wissens" mit ihrem Zauberschimmer verklärt. Mit
reinem, tiefem Gefühl war hier die Poesie vorausgegangen:
die bildende Kunst folgte in bescheidener Ferne deren
Spuren. Nirgends mehr jener allegorische Hang, jene
ungeheuerliche Symbolik der brahmanischen Götterbil-
dung; die buddhistische Kunst bildet mit massvoller Hand
und geläutertem Sinn. Sogar auch mit Freiheit — freilich innerhalb der festgezogenen Schranken der kirchlichen
Auffassung. Diese nicht auf ihrem eigenen Boden voll-
zogene, sondern durch das religiöse Empfinden vermittelte
Umwandlung der indischen Kunstauffassung ist eine tief

bedeutsame, echt indische Erscheinung. Sie beansprucht als eine aus dem innersten Kern des indischen Wesens hervortreibende Entwicklung ein viel stärkeres, weil tiefer fundirtes Interesse, als jene andere, durch den zufälligen Weltlauf herangebrachte, episodische Umbildung, welche die indische Kunst erfahren unter dem Einflusse des griechischen Geistes. Eine allgewaltige Hand, die Alexander's des Grossen, schob mitten in Indiens Regenerirung durch den buddhistischen Geist die Schranken zwischen Indien und dem Westen auseinander und leitete den Strom hellenischer Cultur ins Indusland. Griechische und einheimische Bildungselemente rieben sich aneinander, polirten und schliffen sich aneinander ab wie Kiesel, schmolzen aber nicht in Eines zusammen. Zu sehr gleicht jede der beiden Culturen einem Krystall, der nicht aufnehmen, der nur er selbst sein kann, durch und durch einheitlich und von strengster Nothwendigkeit beherrscht. Darum war auch jene „gräco-buddhistische Cultur" von so ephemerer Dauer: sie setzte nur schwache Triebe an und erstarb.

Aber ein wundervolles Schauspiel bleibt es, die zwei edelsten Seiten der Menschheit, das Leben und Aufgehen im Schönen und das Weben in den tiefsten und ernstesten Gefühlen, eine Weile auf demselben Boden einträchtig nebeneinander zu sehen. Wir Modernen, mitten inne gesetzt zwischen jener hellenischen Entfaltung edelster Humanität und der indischen tieferen Erkenntniss von der wahren Bedeutung der Welt und des Lebens, welche uns vom Christenthum zugebracht worden, arbeiten noch immer daran, beide zu einer uns eigenen und beruhigenden

Weltanschauung zusammenzubringen. Die griechische Welt hat einen Lichtrausch geträumt und ist dann hingegangen; die indische brütete in einem Düsterrausch, ohne Rettung daraus, und endete in Stumpfheit: aus jenem gründlich zu erwachen und in diesen nicht zu verfallen, wird die grösste Aufgabe unserer Zukunft sein.

2. Der Geist des Schachspiels.

Zwei Vertiefte, den sinnenden Blick auf ein Brett mit seltsam geformten Figuren geheftet, von denen eine um die andere planvoll verschoben, genommen wird; dazwischen manchmal ein kurzer Ruf aus ihrem Munde, bis endlich die Figuren ruhen und ihr Handel geendet scheint — das ist das Aeussere, die Scene des Schachspiels, auf welche das Auge in allen Ländern des Erdballs überall treffen kann. Zur bunten Scenerie des europäischen Lebens gehört dies Bild schon längst, und denken wir es uns daraus verschwunden, so hinterbleibt eine fühlbare Lücke: wer möchte nur zum Beispiel die Scene, wie Adelheid und der Bamberger Bischof Schach ziehen, aus seiner Erinnerung streichen? Wer sich des eigenartigen Bildes: zwei Meister des Schach im stundenlangen Kampfspiele gegeneinander, entäussern? So sehr nun aber auch die Schachscene ein rechtes Inventarstück des kosmopolitischen Lebens geworden ist, ihre eigentliche Bedeutsamkeit, ihre volle Verständlichkeit gewinnt sie doch erst, wenn sie in den Kreisen, bei denen sie

Hubert., G.   **2**

zuerst erschien, ins Auge gefasst wird, im Leben und Treiben derer, denen sie gewissermassen natürlich war: unter den Indern, den Erfindern des Schachspiels.

Denn jede Scène, sei es in der wirklichen Welt oder auf der Bühne, geht uns erst recht ein, wenn sie sich in rechter Umgebung und mit den richtigen Personen abspielt. Löst sie los von dem Boden, der sie als etwas Natürliches hervortrieb, und ihr habt ihr die Seele genommen. Die bunten Bilder menschlichen Treibens sind nur bedeutsam und wie von innen erhellt, wo sie von selbst, naturwüchsig hervortreten; in fremde Kreise verpflanzt, gleichen sie blos mehr einem Schattenspiel an der Wand. Franzose und Wasserpfeife, das gibt keinen Vers; aber man setze nur das dampfende Ungethüm einem stillsitzenden Türken oder Perser zur Seite, und die Scene erweitert sich zum Bilde des apathischen, unnützen Lebens jener Völker. Wenn Hofdame und Cavalier zwischen geschorenen Hecken Schäfer spielen, so fehlen nur als das weidende Vieh die auf Rädern laufenden Lämmchen aus dem Nürnbergerladen, um den Geist oder vielmehr den Ungeist dieser Scene voll zu haben; und wenn die Haudegen des Mittelalters am Schachbrett sitzen, so ist das ein Bild, wie Herkules an der Kunkel, wenn nicht der übrigens häufige Ausgang des mittelalterlichen Ritterschach, dass sich nämlich die streitenden Kämpen zuletzt die Figuren wuchtig an die Köpfe werfen, die Natur rettet. Doch wozu auf Extreme provociren? Selbst unter uns ist oft nicht mehr als der Mechanismus des Spiels anzutreffen: das Klappern der Figuren hört man wol, allein der echte Schachgeist schwebt nicht immer über der Scene. Wie anders im ·indischen Leben!

Wie entfaltet sich die Schachscene hier so durchaus selbstverständlich, so durchsichtig aus der ganzen Stimmung und Grundrichtung des indischen Geistes heraus: seinem unmässigen Speculationshange, seiner steten Aufgelegtheit zu combiniren, zu phantasiren, sei es auch nur zum blossen Spiel, zur eigenen Ergötzung. Denn wenn dem Europäer das Leben: Denken, Fühlen und besonders Handeln ist, so ist es dem Inder nur Denken, Denken und Träumen, versteht sich, beiderseits den Begabten im Volke. Es ist in Europa die Ansicht im Schwang, Indien sei das Land der ausschweifendsten Einbildungskraft, der bodenlosesten Phantasterei, und diese Ansicht ist nicht unrichtig, aber sie ist auch völlig einseitig; ebenso wesentlich als dieser phantastische Trieb ist dem indischen Geist ein stark mathematischer Zug eigen: die frostigste, bis ans Chinesische streifende Pedanterie, die leidigste Zahlen- und Rechensucht und eine Schematisirwuth ohnegleichen. Ganz dieselbe wunderliche Mischung, dieselbe eigenthümliche, gegenseitige Durchdringung von Phantasie und berechnendem Verstand ist der Charakter des Schachspiels, und so liebt und verehrt die schachbegeisterte Welt, ohne darum zu wissen, in diesem Spiel die Quintessenz, das wunderbarste Destillat des indischen Geistes.

Doch ehe die Essenz gewonnen wird, muss erst auf den Feldern tausendfältig blühen und spriessen, was hernach seine besten Kräfte zur selben zusammenschiessen soll. Ein so gehaltvoller Auszug der Volkspsyche, wie

der Schachgeist, ist nicht in frühen Zeitläuften einer
Volksentwicklung, nicht in den Jahrhunderten des Werdens
und Hervortreibens zu erwarten, sondern erst mit der
völligen Reife, mit der inneren Beschlossenheit eines
Volkslebens möglich. So fällt auch die Erfindung und
Uebung des Schachspiels in Indien sehr spät, in die
letzten Jahrhunderte des ersten Jahrtausends unserer
Aera, also in eine Zeit, wo die indische Cultur ihre
wesentlichen Erzeugnisse alle bereits hervorgebracht und
alle Formen entwickelt hatte, die sie überhaupt aus sich
hervorzubilden vermochte. Da kam dann mit dem Schach
zuletzt noch etwas vom Besten nach. Es ist uns leider
wie bei so vielen indischen Geistesproducten auch bei
der Entstehung dieses Spiels versagt, hinter die Coulissen
zu blicken und das Wann und Wie dieser herrlichen Erfindung genauer zu erkennen. Jeder Aufschluss darüber
muss aus Namen, zerstreuten und abgerissenen Daten
und besonders aus Gründen, die im Innern der Sache
liegen, erst mühsam combinirt werden, und um muntere
Hypothesen kommen wir dabei nicht überall herum. Nun, zunächst kennzeichnen Name und Apparat des Tschaturanga,
d. i. des Schach, völlig deutlich seinen Charakter als
Kriegsspiel. Denn das Wort Tschaturanga („vier Glieder
habend") ist der solenne Ausdruck für das indische Heer
und bezeichnet dasselbe in seinen vier Abtheilungen:
Elephanten, Rossen, Wagen und Fussvolk (hasty-açva-
ratha-pâdâtam). Fürs Soldatenwesen hat man allerorten
ein gewisses Faible, und überall liebt man es, das muthige,
wilde Treiben des Krieges im Kleinen behaglich auf
dem Spielbrett durchzukosten. So hat man auch in

Indien, den Ernst des Krieges ins Spiel verkehrend, zwei
Heere aufgestellt, die sich nach bestimmten Regeln, in
ähnlicher Bewegung wie ihre Urbilder, so lange be-
kämpfen, bis einer der zwei Führer gefangen ist. Zum
Terrain dieser Truppen machte man natürlich den gewöhnlichen, längst für die Uebung älterer Ziehspiele
gebrauchten Spielboden, die gewürfelten Bretter mit vier-
undsechzig oder hundert Feldern — und das Grundgerüst
des Schach war fertig. Wir sind hier beim Mathema-
tischen angelangt: das 8×8 beginnt seine durchgreifenden
Consequenzen zu entwickeln. Zunächst war mit der
Spielunterlage die absolute Zahl der aufzustellenden
Truppen in bestimmte Grenzen gewiesen, die relative
der verschiedenen Figuren gegeneinander hing ebenfalls
zum Theile von der Arithmetik des Brettes, zum Theile
jedoch auch von den Verhältnissen beim wirklichen
Tschaturanga ab, desgleichen die Aufstellung. So hat
jeder König zwei Wagen, zwei Rosse, zwei Elephanten,
acht Fusssoldaten und einen Rath, diese wichtigste und
stereotype indische Hoffigur, für welche wir galant, doch
unsinnig die Dame haben. Die Bewegung aller Figuren
folgte nach Möglichkeit der Natur der nachgebildeten
Streitkräfte; der schwere Elephant schritt als ein wan-
delnder Thurm immer gerade aus; der Wagen (Laufer)
sauste quer durch die Reihen über das Feld, immer von
der Seite angreifend; das bäumende Ross setzte ecküber
in die Schlacht u. s. w.; es entstanden jene wunderbaren Wechselbezüge zwischen Figur und Zug, deren
Ineinanderspiel das Wesen des Schach ausmacht. Natürlich ist diese Vollendung des Spiels nur als das endliche

Ergebniss einer Entwicklung, man möchte sagen, auf dem Wege der „natürlichen Auslese". durch ungezählt viele versuchte Spielarten hindurch zu denken, nicht aber dem glücklichen Tacte und Scharfsinne eines „Erfinders" zuzuschreiben, wie die üppig entwickelte Schachlegende thut; mit solchen kindlichen Kategorien operirt nur das mythische Denken bei dergleichen Dingen.

Verschiedene Umstände machen es höchst wahrschein-lich, dass das Schachspiel in buddhistischen Kreisen ersonnen und ausgebildet worden ist, unter den auf-geweckten und rührigen „Söhnen des Buddha", die das indische Leben mit so vielem Guten und Folgenreichen beschenkt haben, ersonnen, um die langweilige Oede ihres eigenen arbeitslosen Klosterlebens zu würzen und auf-zuheitern und der nicht minder leeren Existenz ihrer vornehmen Gönner: faulenzender Râdschas, reicher Erb-söhne, müssiger Hofschranzen u. s. f., eine unversiegliche Quelle anziehendster Kurzweil zu eröffnen. Mit welcher verständnissvollen Freude musste das Schach nicht von diesen Kreisen aufgenommen und gepflegt werden, welche das Beste des Lebens in den Genuss einer gelenken Intelligenz, einer feinen, ja überfeinerten Bildung setzten, vom Schweisse und von der Mühe wirklicher Arbeit aber nichts wissen mochten! Es ist überhaupt im indischen Leben der Accent mehr als irgendwo auf die geistige Seite der menschlichen Natur gefallen; aber geradezu ins Ungesunde getrieben, zu einem wahren Sybaritenthum des Geistes entwickelt ist dieser schöne und ehrende Zug doch erst von den „oberen Zehntausend" der indischen Gesellschaft, an den vielen glänzenden Fürstenhöfen oder

an den hohen Schulen der Gelehrsamkeit. Da wuchert
in vollster Ueppigkeit der Cultus des geistigen Virtuosen-
thums, des Witzes, der Routine. In festlichen Rede-
turnieren disputiren die Brahmanen vor den Fürsten
über die spitzfindigsten Probleme um die Ehre der tiefsten
Kennerschaft und den Preis der Brahmanenkühe mit den
goldbehängten Hörnern, in mancherlei Methoden, mit
allen Finten einer haarspaltenden Dialektik einander be-
drängend. Da tragen die Poeten im Kreise sehr kühl,
sehr kritisch gestimmter Zuhörer — bringen sie doch
Alle selbst ihren Sanskritvers glatt heraus — ihre Dichtungen vor, nicht, wie wir meinen möchten, Schöpfungen
einer freien Ergiessung, dichterischen Begeisterung, sondern
kalt und raffinirt ausgeklügelte Hervorbringungen von
möglichster Schwierigkeit, wahre Schmuckkästchen voll
poetischen Zierraths, Wortspielen und Doppelsinnigkeiten,
jedes der zeilenlangen Worte ein Räthsel, jeder Satz
eine Rakete, die aufschiessend in einen Schwarm bunter
Sterne zerstiebt. Und neben solchen farbenreichen Hof-
scenen manches eigenthümliche Bild aus den intimeren
Cirkeln: wie stolze Râdschâs mit ihren Vertrauten sich
stundenlang vergnügen, die subtilsten Räthsel aufzulösen
und selbst zu ersinnen, oder Vexirverse, wahre Wunder
der Sprachroutine, zu schmieden; wie Prinzen königlichen
Geblüts es nicht verschmähen, aus theoretischem Interesse
sich in die Geheimnisse der Diebskunst, der Falschspielerei u. dgl. m. von ebenso ehrenwerthen Theoretikern
dieser etwas anrüchigen Disciplinen einweihen zu lassen.
Ist nicht vom Geist dieses Treibens der Schachgeist ein
echter Auswuchs? Und schliesst sich die Schachscene

nicht aufs beste in das Mosaik solcher und vieler ähnlicher Bilder aus der indischen Gesellschaft ein? Das
indische Leben ist voll vom Cultus des Geistes, und
„krîdâ buddhibalâçritâ“, „das auf Geisteskraft beruhende
Spiel“, definirt ein indischer Schriftsteller das Schach
bezeichnend und schön. Wir sehen es deutlich an den
Wettkämpfen unserer öffentlichen Spieler, dass das
Schachspiel wie auf eine Hervorlockung und Bethätigung
der Routine angelegt ist; und was Anderes als die un-
glaublichste Routine ist die Haupttriebfeder jeder Thätigkeit in der späteren Zeit Indiens, von der Arbeit des
Töpfers angefangen bis hinauf zum Geistigsten: dem
Schaffen des Künstlers? Virtuosenthum an allen Enden,
auf allen Gebieten, das ist wesentlich der Charakter
dieser fast überreifen Cultur; wer mitspielen will, be-
herrsche sein Instrument. Der Gelehrte hat die Sûtras,
die Lehrsätze seiner Wissenschaft, alle an einer Schnur,
sie sind in seinem Kopfe alle in ihrem verwickelten Zusammenhange untereinander immer lebendig; darin liegt
seine Würde, darin auch sein Genuss. Der rechte Staats-
mann ist die fleischgewordene „nîti“ (hohe Politik), in
jedem Fäserchen seines Wesens von ihren Grundsätzen
durchdrungen und mit Leichtigkeit und Behagen immerfort aus ihren Lehrbüchern citirend. Der grosse Dichter
glänzt durch eine grandiose Beherrschung seines Werk-
zeuges, des dichterischen Gedankens und der Rede, und
dünkt sich ein König in seinem souveränen Spiele mit
den Worten. Nichts bot ihnen Allen aber den Genuss
der Geläufigkeit, der Versirtheit, welchen der indische
Geist überall so eifrig sucht und dem er allerwärts einen

Boden schaffen möchte, so leicht und so rein und voll, als das Schach, das, seinem Wesen nach doch nur ein Spiel, überall und von jedem Berufe zu geniessen ist. Wol musste es dem Inder, wenn er von seinem sonstigen Treiben hinweg ans Schachbrett trat, sein, wie Einem, der nach einem Glase Tischwein zum Tokaier übergeht: vom Geschmacke, der sein ganzes Thun und Denken durchdringt, duftete ihm hier die feinste Blume entgegen.

Aber es ist nicht dies Allgemeine allein, was das Tschaturanga so deutlich zum indischen Erzeugnisse stempelt; wir erkennen auch die feineren, besonderen Züge des indischen Geistes in jenem Spiele wieder. Der mathematische Charakter des Schach ist oft hervorgehoben worden. Er gründet sich auf die Eigenart des Spielstoffes, der etwas ganz Abstractes ist, nämlich die mannichfaltigen den einzelnen Figuren beigelegten Kräfte. Für das Handhaben abstracter Elemente, fürs Operiren mit unsinnlichem Gedankenstoff besass das indische Volk nun aber eine ganz exceptionelle Anlage. Unmittelbar beweisend dafür ist die hohe Entwicklung, welche die Algebra schon in alter Zeit bei den Indern erreicht hat: im vorigen Jahrhundert hätten ihre Leistungen darin bei uns noch Epoche gemacht; nicht minder deutlich zeigt es ihre Philosophie. Es ist fast unfasslich, mit welcher Gelenkigkeit des Gedankens, welcher Kraft der Abstraction hier verfahren, mit welchem ausgedehnten Apparat höchst schwieriger metaphysischer und psychologischer Bestimmungen immerfort operirt wird, so dass es nur der angestrengtesten Aufmerksamkeit gelingt, derlei Darlegungen zu folgen. Ergänzt wird diese Begabung, im Abstracten

mühelos fortzukommen, für die Ausübung des Schachspieles durch eine andere hochgesteigerte Kraft des indischen Denkens, die sich in der Sprache, diesem unmittel-
baren Abdruck des Geistes, aufs schärfste ausprägt. Es
ist das seine unglaubliche Flugkraft, vermöge welcher es
áuf einmal zu einer Ferne der Folgen und Gründe zu
reichen, eine so lange Reihe von Vorstellungen in Einem
Fluge aufzufassen und zu überschauen vermag, dass auch
die intensivste Combination auf dem Schachbrette damit
ihr Auslangen finden kann. Mögen die Thatsachen reden.
Immer mehr und mehr, je höher man in der Literatur
aufsteigt, tritt im Sanskrit die Neigung hervor, den Satz
durch ein zusammengesetztes Wort zu ersetzen. Den Gedankenstoff, den wir, indem er sich durch unser Bewusstsein bewegt, zum Satz und fernerhin zur Verkettung
ganzer Sätze formen, drängt der Inder ungegliedert, wie
die anschauliche Wahrnehmung ist, mit einer ungeheuren
Zähigkeit und Ausdauer der Denkkraft in Ein Wort zusammen. Da muss die Aufmerksamkeit oft über zwei-,
drei-, sechs- und mehrzeilige Wortketten in voller Spannung bleiben und darf nicht stocken, nicht reissen: Glied
für Glied muss im Lesen oder Hören sofort miteinander
combinirt, zu grösseren Vorstellungscomplexen verknüpft
und diese untereinander zum Totalbild verbunden werden — Alles in einer Action. Dieselbe Fähigkeit zu
anhaltendem Denken, dieselbe Kraft, die Aufmerksamkeit
zu fixiren, welche der indische Geist hierin bewies, ist, wie
wir Alle wissen, ein wesentliches Erforderniss beim Schachspiel, und so bewährt sich auch hieran die aufgestellte
These, der Schachgeist sei ganz und voll der indische Geist.

Jener abstracte Stoff des Schachspieles wird nun aber in Lösung einer ebenso abstracten Aufgabe, nämlich den feindlichen König mattzusetzen, mit jeder wohldurchdachten Partie zu einem concreten, individuellen Gebilde geformt, und hier hört das rein Mathematische auf, und das Spiel der Phantasie, die schöpferische Combination greift ein. Man übersehe aber nicht die besondere Art, in der die Phantasie auf dem Schachbrette thätig ist; man bemerke den rechnenden Pedanten wohl, der, in ihr versteckt, vorsichtig tastet, indem sie fliegt, und überall gleich nachrechnet, wo sie erfindet; denn daran haben wir das Eigenthümlichste der indischen Phantasie überhaupt. Das entspricht zwar gar nicht der landläufigen Vorstellung von ihr, aber das grosse Publicum urtheilt hier eben aus zweiter Hand und ist noch sehr oberflächlich berichtet. Diese indische Phantasie ist ein wahrer Centaur, in aller Ausgelassenheit ein ausgewachsener Pedant. Nichts kann ihr fremder sein, als was irgendwie nach Liederlichkeit aussieht; wohin sie sich auch versteigt, sie geräth nie ins Schlumpige, Ungereimte; je toller ein Einfall, mit desto scharfsinnigerer Pedanterie wird er ausgeführt. Den Pfuscher im Schach kennzeichnet das Schlotterige seiner Combinationen, das unvoraussichtige Erfinden: Zug fügt sich an Zug, halb durch Absicht, halb in blindem Tappen, und wohin es geht, weiss nur der Himmel. Das ist es aber gerade, wovon die indische Phantasie auch nicht einmal einen Schatten in sich entdecken lässt. Sie ist umsichtig wie ein Experimentator, genau bis zur Kleinlichkeit, ihre Combinationen emsig und scharf überwachend: mit Einem Worte, sie — spielt

gewissermassen ewig Schach. Da lag es ja mit Nothwendigkeit in ihrem Wesen und musste ihr ein wahrer
Genuss sein, es einmal nicht nur gewissermassen, sondern
wirklich und im Ernste zu thun — im Schachspiele. Also
auch hierin das Schach Blüthe und Frucht.

Durch alles dies giebt sich unser Tschaturanga mit
seinem geistigen Habitus als ein wunderbar angepasstes
Organ des indischen Wesens, durch das sich seine Eigenthümlichkeit vollauf bethätigen konnte, zu erkennen.
Wie nun aber die besonderen Kräfte der indischen Intelligenz in der geistigen Arbeit, die der Schachspieler
zu leisten hat, alle lebhaft pulsiren: ebenso unverkennbar
spiegeln sich auch, freilich nur im Allgemeinen, die Ge-
müths- und Willensanlagen jenes Volkes in den Voraus-
setzungen und der Scene des Tschaturanga ab. Wenn
es wahr ist, dass das Spiel ein Gradmesser der Leidenschaften sei, was kann dann indischer sein, als das Schach
mit seiner Immunität von allen Affecten? Die Spiele
dienen doch sonst meistens dem Bedürfnisse der Willens-
anregung, sie reizen und regen auf, und die Wangen erglühen dabei und die Stimmen werden schallender. Das
Schach kennt keine andere Anregung, als die des Kopfes:
Aufregung ist gemein. Die leidenschaftslose Ruhe, die
der Inder als den wünschenswerthesten Zustand erkennt
und begehrt, den unbewegten Gleichmuth des Gemüthes
vergönnt ihm dies Spiel ungestört zu geniessen; ja, es
zwingt sie ihm auf; denn wer aufgeregt spielt, spielt
schlecht. Die Positur des ruhig am Brett sitzenden
Schachspielers ist ganz die Lieblingspositur des Inders;
„schweigendes Stillsitzen, der Wille ruhend, das Antlitz

mit wachsamem Denken umgeben", könnte so gut das Schachbuch empfehlen, als es in Wirklichkeit die buddhistische Regel den Mönchen und weltlichen Religiosen anräth. Diese affectlose, rein geistige Haltung des Schach ist also ein deutlicher Ausfluss von Grundeigenthümlichkeiten des indischen Volksgemüthes, seines spiritualistischen Spleens, der sich von allem Körperlichen mit Abscheu wendet, und seiner Abgeschwächtheit und Muskellosigkeit, mit welcher sich die einseitige Ausbildung und Pflege der Geisteskräfte in dem heissen Lande — der Brahmane meint: belohnte, wir müssen sagen: bestrafte.

Sollte es nach alldem noch eines Zeugnisses dafür bedürfen, dass das Schach — mit einer dem indischen Denken so geläufigen Kategorie — als die Essenz des indischen Wesens bezeichnet werden darf, so wäre es in jenen Entstellungen und Verfälschungen, die das Tschaturanga in der Verrottungszeit des indischen Lebens erfahren hat, gegeben. Als der islamitische Geist die indischen Zustände verunreinigte, als dann gar die wahrhaft pestilenzialischen Einflüsse mongolischer Horden, die nur die viehischeste Brutalität und der Instinct der Zerstörung trieb, über das unglückliche Land, wie eine stinkende Lava über Blumengärten, hereinbrachen, da nahm auch das Schach an der allgemeinen Depravation, an dem unaufhaltsamen Niedergange, von dem Alles rettungslos ergriffen war, theil. Aus dem schönen Spiel des Geistes, das es ursprünglich gewesen, wurde das dumme Würfelschach — aus dem Schmetterling eine Kröte. Nichts kann die Verrottung und Versumpfung des indischen Geistes schlagender bezeichnen, als diese

Metamorphose, durch welche an die Stelle des Denkens das Würfeln, an die Stelle sinnender Gelassenheit die leidenschaftliche Aufregung und der Zank der Würfelscene trat. Wie muss aber ein Spiel die feinsten Züge eines Volksgeistes an sich tragen, wie innig und zart muss seine Verbindung mit den ihn bestimmenden Kräften sein, wenn es — eben doch nur ein Spiel! — den Fluch der Schändung, der auf das ganze Culturleben, dem es angehört, gefallen, an seinem Theile so deutlich zum Ausdrucke bringt.

Glücklicherweise — denn jede Rettung eines bedrohten Culturgewinnes ist ein Glück — erfolgte die Verpflanzung des Schach aus seinem Vaterlande in die übrige Welt, in deren Cultur es sich einen bleibenden und ehrenvollen Platz erobert hat, noch in der guten Zeit des Tschaturanga: das stumpfe Würfelschach hätten die Inder Niemandem aufbinden können. So war ihm aber in fremden Erdtheilen jene unvergängliche Jugend und Blüthe gesichert, die ihm durch seinen Genius verbrieft war, während es in seiner schwer getroffenen Heimat verdarb. Die Ehre seiner Würdigung und Zubringung an Europa gebührt den Arabern, die so viel werthvolles asiatisches Culturkapital zu uns herüber gerettet haben; das Verdienst seiner völligen Ausbildung und Entwicklung aber, wodurch es erst zu jenem Schmuckkästchen der Weltcultur geworden ist, als welches es heute in unverwüstlicher Frische prangt, dem europäischen Geiste. Das Mittelalter zunächst erfasste das Schach mit der ganzen Heftigkeit eines zerstreuungsbedürftigen Melancholikers und umspann es emsig mit seiner Symbolik. Es dichtete Schachpoesie und predigte von den Kanzeln über das Spiel. Die moderne Zeit ist auch hier weniger schwärmerisch, dafür desto gründlicher im ernsthaften Studium der Sache. Es geht ja in ihr Alles in die Tiefe und besonders in die Breite: so entfaltet sie auch ein systematisches, unübersehbar reiches Schachleben. Das Schach hat seine Literatur — Manche reden schon von einer „Wissenschaft". Es hat seine Journalistik und sein Vereinswesen, so gut wie seine edleren Schwestern, die schönen Künste. Wir haben Schachgranden und Meisterpartien, und in einer Weltstadt wird eben unter den Augen aller Nationen ein Olympia des Schach gefeiert, mit lautem Schall und goldenen Ehrenpreisen*). Da fordern wol nicht zur Unzeit die alten Meister des Spiels Beachtung und Andenken, jene eigenen Gestalten, die im dunklen Hintergrunde der Zeiten in ungewissen Umrissen sich erheben und uns herüberrufen: „Es ist die zurückgelassene Spur unseres Geistes, die euch erquickt."

---

*) Der internationale Schachwettkampf zu London 1883.

3. Buss- und Hausstand.

Dass es dem Menschen nicht gut sei, allein zu sein, lehrt ihn zunächst die ganze Natur, von der er ein Theil ist, und ihre deutliche Stimme in ihm, sodann aber auch jeder Hagestolz oder jede alte Jungfer. Wir sind Alle der Natur wie uns ein Eheleben schuldig. Darum sympathisiren wir in Leben und Dichtung unfehlbar mit allen Liebespaaren, und sieht Jedermann, auch der ganz Fremde, einer Hochzeit gern und mit Antheil zu. Dennoch schauen wir zur Naturlosigkeit der Heiligen mit inniger Ehrfurcht empor, und hehr und süss klingt die Verheissung: „In der Auferstehung freien sie nicht, noch werden sie gefreit, sondern sind wie Engel im Himmel.“

Ueber diesen Gegensatz, der wol nicht Viele unter uns anficht, dagegen dem christlichen Mittelalter die schmerzlichsten Kämpfe gekostet hat und unserer, der Verneinung zustrebenden Zukunft sie wieder kosten wird — über diesen bedenklichen Gegensatz ist vor alter Zeit unter dem Volke, das durch denselben bis auf den tiefsten

Grund seines Gemüthes bewegt worden, ein Dichter-Philosoph in reinster und schönster Weise hinweggekommen, in Wort und That, mit seinen Gedanken und seinem ganzen Leben, als ein Musterbild weisen Wählens und menschlich schönen Wollens. Es ist Tiruvalluver, ein armer indischer Leinweber, im Lande der Tamulen aus einer sehr verachteten Kaste, man weiss nicht wann — jedenfalls zwischen dem zweiten und achten Jahrhundert unserer Aera — geboren und nach einem Leben voll fröhlicher Armuth, ohne die Trübsal des Alters erfahren zu haben, als gepriesener Denker und Dichter seines Volkes gestorben. „Keiner wie wir!" hatten die stolzen Akademiker und hochgelahrten Philosophen zu Madura, der Hauptstadt des Tamulenlandes, geprahlt; aber als sie Tiruvalluver's „Kural" gehört, liessen sie beschämt diese Ruhmredigkeit fahren. Und schöner noch, als was er geschrieben, war, was er gelebt.

Wir werden dem „Faden leckenden, Faden knüpfenden Philosophen" in seinem eigenthümlichen Verdienst wol nur dann gerecht werden, wenn wir die moralische Atmosphäre, in welcher jeder Inder durch seine Erziehung zu athmen hat, den nationalen geistigen Untergrund, über den sich Tiruvalluver's Lebensweisheit frei wie die Palme seiner Heimat erhebt, einigermassen kennen, wenn wir wissen, wie man in seinen Kreisen, seinem Lande über Haus- und Busstugend und was dem Menschen am besten sei, gedacht hat. Es wird sich dann zeigen, ob und wie der arme Weber von Majilapur die Goldkörner seiner Weisheit aus diesem Boden herausschmelzen konnte.

Die unbefangene Natürlichkeit, welche die Menschen freien, wie ums tägliche Brot sorgen, ihnen das Eine so selbstverständlich wie das Andere erscheinen lässt, haben sich die Inder früh verspeculirt. Während die Masse des Volkes in naiver Lebenslust die Gründung eines Hausstandes noch als unübertretbare Satzung der Sitte, als heiliges Gebot gegen die Götter und Vorfahren betrachtete, erschollen schon einzelne Stimmen der Klage über das Nichtige des Hauslebens, das Vergängliche seiner Freuden, das Thörichte seiner Sorgen. Es ist ein Nest von Schmerzen, seufzt man still und laut — es ist nicht das Rechte und Wünschenswerthe. Geburt und Tod, die seine Begleiter, treiben unablässig das rollende Rad; nirgends dauerndes Heil. Und dieser Wermuthstropfen werden immer mehr, und sie fangen an wie ätzendes Scheidewasser die alten Formen des Lebens aufzulösen. Man geht nicht selten von Haus und Hof und zieht in den Wald; Frauen und Kinder suchen den Vater, der von den Seinen' flieht, weinend zurückzuhalten; Jünglinge und Mädchen, anstatt unter dem Dorf-Feigenbaume süsse Stelldicheins zu pflegen, weichen zwischen ·den Blätterhütten des Urwaldes einander scheu aus. Das Denken, von den egoistischen Zwecken des Lebens abgekehrt, wendet sich nach innen, und es erwacht ihm ein Bewusstsein, welches diese ganze farbenreiche und massive Welt endlich nur mehr als einen Schein, eine Täuschung und im Praktischen als eine Verirrung übrig lässt. So wälzt sich die Lawine der Entweltlichung der indischen Lebensanschauung bis in Buddha's Zeit hinein, des indischen Weltheilands, welcher

für Alle den „grossen Weg" gefunden hat, der aus dem
Haus- und Weltelend hinaus zum Frieden des Nirwâna,
der Nichtwelt, führt. Dem Buddha, der einem zärtlich
liebenden königlichen Vater, seiner blühenden Gattin
und einem neugeborenen Söhnlein entflohen ist, gilt das
Hausleben als die schlimmste Fessel, als der „Rachen
des Tigers Schmerz und Tod", aus dem es kaum eine
Rettung gibt. Die Frauen hat der grosse Mönch die
ärgsten Fallstricke, die der Versucher dem Menschen gelegt hat, genannt, und für die Liebe, die er selbst als
Prinz nach Lust genossen, hat der Entsagende nur Worte
ruhiger, kühler Verdammung. Wol hat er und seine
Kirche den Hausstand für die Laiengläubigen als sittliche Institution anerkannt und durch reine Gebote be-
festigt und veredelt, aber mit welcher mitleidigen Gering-
schätzung sehen diese Mönche zugleich von der Höhe
ihrer transcendenten Erkenntniss und Heiligkeit auf das
Sündennest „Ehe" herab, bis zu welcher unfläthigen Verachtung alles Natürlichen und Menschlichen haben sie
es gebracht, wenn sich ein hochberühmtes Kirchenbuch,
der Lalitavistara, über die Liebe des Mannes zum Weibe
also vernehmen lässt: „An so etwas finden sie Behagen,
die Thoren, wie Unwissende an bemalten Geschirren,
die inwendig voll von Unreinheit sind; daran ergötzen
sie sich, die Thoren, wie Schweine am Koth; darauf
fliegen sie zu, die Thoren, wie Motten in die Flamme
einer Lampe; damit spielen sie, die Thoren, wie kleine
Kinder mit ihrem eigenen Unrath." Nicht so cynisch
im Ausdrucke, aber ebenso schroff und abweisend in der
Sache beurtheilt die Schwesterlehre des Buddhismus, das

3*

südindische Dschainatum, in und mit welchem unser
Philosoph Tiruvalluver gelebt hat, das eheliche Leben
der Menschen — und so alle die vielen Heilslehren und
Moralprediger Indiens ohne Ausnahme. Der Erfolg war
die allem Volk tief eingelebte Ueberzeugung von der
Sündhaftigkeit seines Zustandes und eine entsetzlich hohe
Ziffer religiöser Bettler und verzückter Schwärmer, wahre
Hekatomben elend verpfuschter Existenzen. Sicherlich ist
nirgends das Bussleben, die Abtödtung und Kreuzigung
des Fleisches in dieser Ausdehnung und mit solcher
Bravour geübt worden, als durch den Druck solcher
Tradition und Schulung unter jenem verbeteten, buss-
fertigen Geschlechte.

Daneben aber, um auch die andere Seite der Medaille
aufzudecken, flammt hier der volle Brand glühenden
Liebeslebens und waltet ein ungezügelter Sinnestaumel
von bacchantischer Heftigkeit. Kaum dass die zarteren
Regungen, die ruhigen erwärmenden Gefühle der Menschen-
brust hie und da schüchtern hervortreten können. Welche
Aufgabe, unter solchen aufgespannten Extremen das
weise Mass zu finden und darzustellen, aus diesen bran-
denden Empfindungen sich in den stillen Hafen eines
idyllischen Zustandes zu retten! Tiruvalluver, der arme
Weber, hat es vermocht und seine wohllautende Stimme
zum Preis solch schönen, sanften Lebens erhoben.

Seltsam, aber bezeichnend sind die Umstände, unter
denen unser Philosoph das Licht der Welt erblickte.
Gerade der Liebesroman seiner Eltern zeigt sich in
schneidendster Weise von jenem Widerstreit zerrissen,

der so häufig durch das indische Liebesleben ging und über den der Sohn später sich so schön erhob. Als Jüngling bricht Tiruvalluver's Vater Pakavan, wie die alten Commentatoren*) des Dichters überliefern, aus dem glorreichen Tschola-Lande nach dem Norden auf, um seinen verschollenen Vater aufzusuchen. Auf dem Wege dahin tritt ihm ein Pariahmädchen Athi von seltener Schöne entgegen. Sein Sinn verwirrt sich; er gibt sich unter süssen Worten der neuen Wonne hin. Dann aber sich besinnend, spricht er: „Solch Thun geziemt mir nicht", und flieht. Sie, die Keusche wahrhaftigen Thuns, folgt ihm auf dem Fusse. Da zornig ergreift er einen Stein, wirft ihr damit eine Wunde in die Stirn und verjagt sie. Weinend zieht sich die Arme zurück. Darauf enteilend besucht er alle Orte an des heiligen Ganges Ufer, findet aber seinen Vater nicht und kehrt voll Kummer in sein Vaterland um. Zur Nachtzeit kommt er in ein öffentliches Ruhehaus. Da sieht ihn Athi, welche, die Trennung von ihm nicht auszuhalten im Stande, niedergeschlagenen Sinnes Tag und Nacht allenthalben umhergesucht, und fällt ihm tiefbewegt zu Füssen. Der erhabene Brahmane gewahrt die Narbe an der Stirn, und es wird ihm klar, dass das eben das Weib, dem er vormals zürnte. Er fragt: „Warum bist du gekommen?" Sie antwortet: „Getrennt von dir kann ich nicht leben." Da spricht er: „Wolan, wenn du im Stande

---

*) Biographisches Material enthalten vor Allem das Tiruvalluver varalaru und das Tiruvalluver sarittiram; sie sind im Folgenden nach Graul's Uebersetzung benützt.

bist, alle Kinder, wo sie geboren werden, zu lassen und mir festen Entschlusses zu folgen, so komm!" Und Athi stimmt bei und folgt ihm nach.

Welches Zerrbild ehelichen Lebens! Büsser und Eheleute, welche ihre Kinder dahinten lassen, weil der Hausstand dem eingebildeten „Was noththut" zuwiderläuft! — Sieben Kinder wurden ihnen so nacheinander auf ihrem unsteten Wanderleben geboren; das jüngste, Tiruvalluver*), zu Majilapur mit wolkendunklen Hainen, in einem Wäldchen von Oelfruchtbäumen. Wie seine sechs Geschwister, blieb auch das Knäblein Tiruvalluver am Orte seiner Geburt, nahe bei einem Çivatempel, zurück. Gnädig aber wachte über ihm die erbarmungsvolle Himmelskönigin. Sie fügte es, dass die kinderlose Frau eines hochangesehenen Brahmanen, die eben bei jenem Çivatempel sich Kasteiungen hinzugeben pflegte, das verlassene Kind auffand, als ein Geschenk des Himmels annahm und in ihr Haus brachte. Verwandtenmissgunst wusste dem hochbeglückten Ehepaar den wunderbaren Findling aber bald zu verleiden: seine Schaukel stand in einem Schoppen, und mit den jungen Lämmern und Kälbern wurde das verachtete Kind zusammen von dem Gesinde aufgezogen. „Da aber regt sich der göttliche Funke in dem Kinde; es verliess das Haus seiner Pflege-Eltern und wohnte unter dem Schirmdache einer Palmyra in der Nähe des Dorfes. Nie wich der Schatten von dem Fusse der freundlichen Palme, so dass die Vorübergehen-

---

*) „Valluver" heisst ein „Pariah-Priester", der sich auch mit Wahrsagen beschäftigt. „Tiru" heisst „heilig".

den nicht wussten, ob sie aus dem Kinde einen Gott oder einen Heiligen zu machen hätten."

Tiruvalluver wurde ein ernster, nachdenklicher Jüngling. Da brach er nach dem Gebirge auf, wohin es ihn mit der Hoffnung heilbringenden Anschlusses an die verehrten Männer und „Grossbüsser" trieb, die daselbst in gedankennährender Einsamkeit sich beschaulichem Bussleben widmeten. Dort erkannte man, scheint es, des Jünglings poetisches Talent und senkte den treibenden Samen edlen Dichterehrgeizes in sein Gemüth. Er lernte und übte sich emsig, der demüthigste, hingebendste Schüler — da senkte sich das grosse Glück seines Lebens auf ihn herab: er fand sein Weib. Die Legende seines Lebens hat dies Ereigniss eigenthümlich mit einem Mirakel verbunden, welches Tiruvalluver im Lichteffect überlegener Wunderkraft zeigt, aber indem es ihm zugleich, ohne dass er selbst geworben, die Braut und damit die Nothwendigkeit, in seine Brust zu greifen und die grosse Lebensfrage an seinem Theile zu entscheiden, bringt, dient es auch einer tieferen Idee. „Um jene Zeit", wird erzählt, „verwüstete nämlich ein Spukgeist alle Felder und erwürgte alles Vieh in der Gegend. Mârkkasakâja, ein reicher Grundbesitzer, der mit tausend Joch Ochsen pflügte, setzte demjenigen einen Preis aus, der den Dämon bannen würde; aber obgleich er unter Anderm ein ganzes Dorf bot, es fand sich Niemand. Er wendete sich daher an die heiligen Männer auf dem Büsserberge, und diese wiesen ihn an Tiruvalluver. Der Dichter-Asket, allem Leben hold, ging auf die Bitte ein und bezwang ohneweiters den Dämon. Nun bot ihm der überglückliche Grundbesitzer zu Allem auch seine liebe Tochter Vâsutschi zum Weibe. Der strenge Büsser bedachte sich. ‚Gut‘, sprach er bei sich selbst, ‚man sollte wol der Welt zeigen, wie die Haustugend zu üben ist.‘ Er wollte sich aber zuvor überzeugen, ob seine Zukünftige auch den Haushalt wohl verstünde, und — verlangte, indem er ihr Sand gab, sie sollte ihm daraus Reis zurichten. Vâsutschi, die Gute, unterzog sich dieser Probe ohne alles Bedenken — der heilige Mann konnte ja nichts Widersinniges fordern — und siehe da, es gelang der Gehorsamen, die in ihrem künftigen Manne ihren Gott sah.“

Tiruvalluver aber reichte dem wackern Mädchen fröhlich seine Hand zur Ehe; er schaute in eine heitere Zukunft, denn, wie er später sang: „Was besitzt man nicht, wenn die Hausfrau herrlich ist; wo nicht, was besitzt man?“ Darum sorgte er auch nicht viel um den Unterhalt. Hatte er nicht zwei kräftige Hände und ein zufriedenes Gemüth? Er ward ein Weber — dies Handwerk ist das unschuldigste — und liess sich mit seiner jungen Frau in Majilapur nieder.

Und nun, im behaglich hinfliessenden Hausleben, entstand sein Dichterbuch von den drei Strebezielen des Menschen: Tugend, Gut und Lust, worin er die Summe seines Lebens und Denkens gezogen und als Weisheitsperlen am Faden der Liebe aufgereiht hat. Nicht ein: „Was soll ich thun, dass ich selig werde?“ ist sein Thema, sondern vielmehr: „Wie, aus welchem Geiste soll ich meine Sache treiben?“ Huld zu üben, Rechtschaffenheit zu beweisen, hast du überall die Mittel, ob

du mit den Büssern im Walde lebst, im strengen Ernst
der Entsagung, oder deine Kinder auf dem Schoss hältst
und ein treues Weib in die Arme schliessest. Selig, wer
vollkommene Heiligkeit errungen; aber selig auch, wer
in selbstverleugnender Arbeit sich für seine Familie
opfert. Und Tiruvalluver müsste die schöne Dankbar-
keit, die er lehrt, nicht selbst bethätigt haben, wenn er
nicht sogar das Gute, das ihm in seiner Ehe, durch seine
liebe Hausfrau bereitet war, mit wärmeren Farben, mit
innigeren Lauten geschildert hätte, als den Bussstand,
wie gross und bewunderungswürdig derselbe auch sei.
„Der Hausfrau Herrlichkeit", sagt er, „ist wie ein Heil-
spruch; wie ein schöner Schmuck wackerer Kinder
Segen." — „Viel süsser als Nektar schmeckt der von
Kindeshändchen hantierte Reis." — „Süss ist die Flöte,
süss die Laute; so sagt, wer nie vernahm seines Kind-
leins Lallen." Erinnern wir uns, Tiruvalluver selbst
haben seine frommen Eltern als neugeborenes Kind aus-
gesetzt: wie ist ihr Sohn an Geistesklarheit über sie
hoch emporgewachsen! Pakavan, sein Vater, war vor
Athi geflohen und hat einen Stein auf sie geworfen, um
seine Liebe los zu werden; aus dem Munde seines Sohnes
kommt' das schönste Lob, das vielleicht je über die Ehe
gesprochen worden: „Die können nicht vor ihren Tadlern
hehr und hoch wie der Leu einhergehen, die nicht ein
lobliebendes Hausweib haben." Es ist, als hätte der
Sohn, was seine Eltern am Genius des Hauslebens ge-
sündigt hatten, an seinem Theil zu sühnen den geheimen
Trieb gehabt.

Was er in seinem Buche gesagt, das lehrte er und

sein Haus auch Jeden, der ihn daheim als gütigen Haus-
vater walten sah. Als der Ruhm des armen Webers
und Dichters schon weit und breit im Lande erscholl,
kam einmal ein ansehnlicher Mann zu ihm mit der Frage,
was besser sei, Haus- oder Busstugend? Tiruvalluver
schwieg, er mochte die Frage für Vorwitz halten. Grosse
Meister unter den Hindus sind ganz besonders „langsam
zum Reden". Aber jener Mann beugte sich immer und
immer wieder vor dem weisen Dichter mit der Bitte um
huldsamen Bescheid, bis sich Tiruvalluver endlich des
Jüngers erbarmte und ihm Antwort gab — durch die
That. „Der Dichter rief seine Frau gerade in dem
Augenblick, wo sie am Brunnen war; die Gehorsame
liess das Gefäss auf halbem Wege im Brunnen hängen
und stürzte herbei, um die Befehle ihres Herrn und Ge-
mals entgegenzunehmen. Ein andermal sprach er, als
sie ihm kalten Reis vom vorigen Abend zum Frühstück
hinsetzte: ‚Frau, das brennt mir ja auf der Zunge.'
Sogleich blies die wackere Frau mit vollen Backen darein. Ein drittesmal entglitt ihm am vollen Mittag,
während er am Webstuhl sass, etwas aus der Hand; er
rief nach einem Lichte, und siehe da, die Allergehor-
samste brachte eine Lampe, dem Augenscheine zum
Trotze." Der Jünger hatte seine Antwort: „Fällt Einem
ein so vortreffliches Weib zu, so ist die Uebung der
Haustugend vorzüglicher; wo nicht, so werde man lieber
Einsiedler." Sprach's und zog seiner Wege, um eine
grosse Wahrheit reicher als zuvor.

Still kam das Alter über das wackere Paar. Die
treue Vâsutschi lag auf dem Tode, als sie sich noch

ein Herz fasste, den Gemal über ein kleines, ihr un-
lösbares Räthsel ihres häuslichen Lebens zu befragen:
„Als ich Euch, mein Herr, zur Zeit unserer Verheiratung
das erstemal Reis zurichtete, gebotet Ihr mir, stets ein
Gefässlein mit Wasser nebst Nadel daneben zu setzen;
warum doch gebotet Ihr mir solches?" Da versetzte
der grundgütige Eheherr: „Liebe, um damit den Reis,
der herunterfallen möchte, aufzuheben und zu reinigen";
und sogleich starb die Gute befriedigten Herzens. Nie
hatte sie demnach ihr Gatte ein Körnlein Reis verschütten
sehen.

Tiruvalluver aber sang aus tiefbewegter Seele: „Die
du süsser als der tägliche Reis bist! Liebevolle! Frau,
die auch in keinem Worte fehlte! Weib, das nach
mir sich zur Ruh' begab und vor mir aufstand! Du
gehst? Wie soll mein Aug' bei Nacht sich je wieder
schliessen?" Das Geschick war mild: es schloss sich
ihm bald für immer.

Ein solches Leben, überall erquicklich, muss in Indien fast ein lichtes Wunder scheinen. Wol gebührt
dem schlichten Mann, der zwischen dumpfer Bussqual
und Schmetterlings-Leichtsinn eine solche Mitte ging,
die leuchtendste Votivtafel im Tempel der Vesta, der
Göttin des häuslichen Herdes.

4. Die Lotusblume.

Von der Lotusblume haben uns bisher nur die Dichter erzählt, und aus ihren Liedern haben wir fast Alle unsere Kenntniss und Verehrung jenes Lieblings der Romantik geschöpft. Als ein unbestimmt Herrliches und Süsses der Blumenwelt schwebt sie nun der Phantasie des Europäers vor, und der Zauber der Fremde, von den Dichtern sorgsam erhalten, liegt wie ein verklärender Hauch über ihr. Es ist aber etwas Eigenes, sein Studium fremdartiger Dinge, und seien es auch nur Blumen, bei den Poeten zu machen: sie entzücken Einen, aber man erfährt nichts Rechtes; sie bringen lauter Schmelz und Duft; sie reizen, aber sättigen nicht. Was haben sie uns von der Lotusblume und ihrer mannigfaltigen Schöne verrathen, wenn sie sich „auf Flügeln des Gesanges" hinüber in die tropischen Gefilde schwangen, am Rande des heiligen Stromes zu wandeln und zu träumen? Ein einziges, oft wiederholtes Bild, das alte Märchen von Liebe und Blumenglück in schweigender, silberbeglänzter Mondnacht. Das ist unserer Poeten Um und Auf von der Lotusblume — zwar ein Diamant, aber doch nur

Einer aus der reichen Ehrenkrone, mit welcher das sinnige Gemüth der Hindu die Königin der indischen Blumen in Leben und Dichtung, Kunst und Sitte geschmückt hat. Diesen reichen Schatz anmuthigster Sinnigkeit zu heben und die vielen Kleinodien des Gedankens und Gefühles, welche dem Lotus gewidmet worden, alle im rechten Lichte vorzuweisen, haben wir uns heute vorgesetzt — nicht etwa um die Lotuspoeten aus dem Felde zu schlagen; im Gegentheil, sie anzulocken: es gibt hier Brillanten auszuschleifen.

Die Blumen zu lieben, mit wahrer und frischer Freude an ihnen zu hängen, ist schön und human, denn in ihrem Genuss liegt die naivste Empfindung des Schönen. Blumenlust und Sinn für Anmuth des Lebens sind daher eng verschwistert, und wo die Blumengärten in lieblichem Flor stehen, dort wird auch der Garten des Geistes wohl bestellt sein. Diese Wahrheit bewährt sich an den Indern in vollem Masse. Seit den ältesten Zeiten hat sich das Volk trotz des schwermüthigen Grundzuges in seinem Naturell einen Kranz von Blumen ins Leben geflochten; und es war auch sehr dazu verlockt: das Gangesland ist ja, ausser in der verödenden Dürre des Sommers, da, wo die Menschenhand eingreift, überall ein Blumengarten; und vollends üppigste Blüthenwildniss, wo die ewig treibende Natur sich selbst überlassen ist. Ueberall in dem heftigen Sonnenlichte stolze, glühende Farben, sattes, tiefes Grün und ein leuchtender Glanz auf Allem. Entzückt hing das Auge des Inders an dieser Blüthenpracht und begehrte sie allenthalben als schönste Zierde zu schauen. Wenn sein Herz fröhlich war, so sollten es die Blumen verkünden. Bei jedem Feste wurden die Häuser und Strassen, wie die grossen Epen melden, mit Kränzen und Guirlanden behangen, die Wege mit frischen Blumenblättern bestreut und lebende Zierpflanzen in Töpfen zur Schau gestellt. Die Glücklichen bekränzen sich Brust und Haupt; Blumen werden wie bei uns ins Knopfloch, mit nachlässiger Grazie hinters Ohr gethan, und die Mädchen durchflechten sich die dunklen Zöpfe, wie mit Perlen und Korallen, so besonders gern mit zarten Blumenknospen. Ein berauschender Blüthenduft durchweht die indische Dichtung, ganze Verse fluthen im Wohllaute melodischer Blumennamen hin, und die artigste Symbolik des Blumenlebens treibt dazwischen ihr Wesen.

Den Gipfelpunkt dieser fast leidenschaftlichen Blumenliebhaberei bezeichnet aber der Cultus der Lotusblume. Er ist geradezu schon Schwärmerei, holder Wahnsinn; nur die Roseninbrunst des Persers hat denselben Siedegrad der Begeisterung erreicht. Wie die blitzenden Edelsteine und das weisse Elfenbein, das blanke Gold und die schillernden Pfaufedern gehört aber auch der Lotus zu Indiens eigensten Herrlichkeiten. Auf allen Flüssen und Teichen des Landes schaukeln sich die prächtigen Blüthen träumerisch auf dem Wasserspiegel — ein Bild des indischen Lebensideals. In den Gewässern des Gangeslandes wie des südlichen Indien wachsen drei Lotusarten, die weisse, am meisten gefeierte, eine himmelblaue und rosenrothe. Durch eine liebliche Laune hat die Natur gerade die drei Hausfarben der Unschuld an unsere Blume verliehen. Sie gleichen im Allgemeinen

unserer Seerose, aber unter dem indischen Himmel ist
Alles heftiger, wundersamer: Duft, Farbe und Grösse
der Blüthen und Blätter. Für unsern Geschmack sind
die mehr als fussbreiten Blätter, die Blüthenkelche vom
Umfange grosser Sonnenblumen vielleicht schon allzu
üppig: dem Orientalen imponirt solche Fülle und so
grosser Lebensdrang. Die weisse Art (Nelumbium spe-
ciosum) mit ihren schneeigen, manchmal rosig angehauchten Blüthen ist in ganz Indien verbreitet, die himmelblaue, mit tiefherzförmigen, spitzgezähnten Blättern
Nymphaea lotus) gehört den nördlichen Landschaften
an, während der rothe Lotus besonders im Süden häufig
ist. In den stillen Buchten des Ganges blühen aber oft
alle drei in wunderbarem Farbenverein beisammen, und
da wird wol das überschwängliche Wort eines indischen
Dichters wahr vom

> . . . Farbenleuchten
> Auf dunkler Fluth, wo roth und blau und grün,
> Gar hold gespiegelt in dem klaren Feuchten,
> Die Lotusblumen duftig. träumend blüh'n,
> Als wär' vom Himmel hoch in tausend Funken
> Ein Regenbogen in die Flut gesunken *).

Wie von der Rose gesagt worden ist: „es gibt wol
kein Gärtlein, so klein es auch sei, darinnen nicht ein
Rosenstock zu finden", so gilt es auch von der Lotusblume im indischen Herbst, wenn die Flut der Regen-
zeit sich zu verlaufen beginnt, es sei wol kein Bächlein
und kein stilles Wasser zwischen Indus und Ganges,

---

*) Aus des Verfassers „Ein indisches Herbstbild". Verlag
der Wiener Landw. Zeitung. Wien 1883. Nach Bháravi's
Kirátárjuniya III. Ges.

worin nicht ein Lotusgärtchen flutete. Die Natur hat
um diese Zeit ihren Lotusrausch: der Spiegel der Ströme
ist mit den prachtvollen Blüthenkelchen wie mit Sternen
übersät; im Teich und See vor ihrer Menge vom Wasser
nichts mehr zu erblicken. Auf den überspülten Feldern
zwischen Reis und Rohr im farbigen Liebreiz tausend
schaukelnde Kelche, und selbst noch im zurückbleibenden
Schlamm langsam erstickende Blüthenfülle. Die „Lotus-
nacht" heisst, in der Zeit des höchsten Blühens, die
Vollmondnacht des October: berauschendster Lotusduft
und süsseste Schwärmerei der Herzen hauchen da ineinander. Aber noch lange nachher schaukeln die voll
erblühten Kelche auf den Wellen.

Dem Zauber ihrer Erscheinung entspricht der Eindruck, den die Lotusblume auf Sinn und Gemüth des
Inders ausgeübt hat: er ist zauberhaft, ja colossal. Sein
Auge hat sie beschaut und bewacht wie eine Geliebte,
keine noch so unscheinbare Aeusserung ihres Wesens ist
ihm entgangen, er war unermüdlich, immer neue Reize
an ihr herauszufinden: wie gesagt, er hielt es schier so
mit ihr wie ein Liebender mit dem Gegenstande seiner
innigen Zärtlichkeit. Er widmete ihr freundliche Schmei-
chelnamen, völlige kleine Gedichte voll zarter Huldigung,
und zwar welch reichen Strauss davon! Eine flüchtige
Durchschau des indischen Wörterbuchs ergab mehr als
anderthalb hundert meist allerliebster Benennungen der
Lotusblume — viel dichterische Arabesken, aber doch
liegt eine ganze Naturgeschichte unserer Blume darin.
Denn Alles, was dem Inder an derselben irgendwie auf-
fiel, ist in diesen Namen laut geworden, entweder ge-

radezu ausgesprochen oder als Stimmungsreflex. Dass
sie im Wasser wächst, hat ihm natürlich vor Allem zu
mancherlei Bezeichnungen Stoff gegeben. Er benennt sie
z. B. „Seetochter", „Kind des Wassers" noch ganz
schlicht, und so hier meistens; aber doch schleichen sich
bereits kleine poetische Stimmungsbilder, wie „Fluten-
mund", „See-Auge" ein, dichterische Keime, die in der
Literatur wirklich aufgingen. Andere Namen sind von
Form und Farbe der Blätter geholt und wieder eine
Menge von der Beschaffenheit der Blüthen. Hier regt
die Poesie schon vernehmlicher ihren Fittich. Neben
der kühlen Beobachtung ruft bereits häufig schwärmerische
Bewunderung den Namen ins Dasein. Besonnene Benennungen, wie „weisser, schimmernder Lotus", steigern
sich zum hochpoetischen „Lächeln der Nacht", zum
„Sonnen- oder Gottesauge", statt des „rothen Lotus"
redet man lieber von einer „Feuerblüthe" oder „Rosen-
flamme". Es versteht sich, dass Schnee und Perlen,
blauer Himmel und andere ästhetische Ingrediencien in
solchen Namen auch ihre Rolle spielen: man citirt eben,
um die geliebte Blume in Namen zu feiern, alles Holde
und Liebliche auf Erden, wie man umgekehrt ihre eigene
Schöne auf Alles, was gefällt, strahlen lässt, indem man
von Lotusaugen, Lotusangesicht u. s. f. spricht; wovon
bald mehr. Sprache und Poesie sind hier nicht mehr
geschieden; sie spielen in einander über und sich gegenseitig in die Hände. Was die Dichter von der Lotusblume erzählen, liegt oft schon in irgend welchen
Benennungen angedeutet, und andererseits fasst wieder
die Sprache solch ein Lotus-Idyll leicht in den duftig-

sten Namen zusammen. Besonders deutlich tritt dies Verhältniss im Kern und Gipfel der Lotus-Romantik, jenem hochberühmten Märchen von der Liebe der Lotusblume und ihrer zwei Buhlen, Sonne und Mond, hervor. Der Botaniker spricht von Tag- und Nachtlotus; er beobachtet, dass eine gewisse Art ihre Blüthen Morgens öffnet und am Abend wieder schliesst; dass hingegen eine andere den Kelch gerade in der Nacht offen und aufrecht hält, beim Tageslichte aber zu schlummern scheint. Das genügte dem Inder zu dem bekannten Doppelroman. Die Blume liebt den hehren Sonnengott, dichtete er; sie entschleiert ihm willig und erröthend ihr holdes Antlitz, wenn er sie mit seinen goldenen Strahlen wachgeküsst. Und in den Namen klingt das Echo davon: er ist ihr Gatte (abjinîpati), ihr Liebster (padminîvallabha) und trägt sie in Händen (padmapâṇi, abjahasta). Oder der bleiche Mond ist der Buhle und die stille Nacht der verschwiegene Zeuge süssesten Blumenglücks:

> . . . . Sie blüht· und glüht und leuchtet
> Und starret stumm in die Höh';
> Sie duftet und weinet und zittert
> Vor Liebe und Liebesweh.

Hundertfach kehrt dies seelenvolle Bild keuscher Liebe in den indischen Gedichten wieder; jeder Poet versucht seine Kraft daran. Die Liebenden tragen es im Herzen und, ob sie auch nicht daran denken, auf der Zunge. Wenn sie vom Mondschein reden (çâtapatrakî: der den Lotus blühen macht), sprechen sie es ja schon aus: wenn sie den Mond anrufen (kumudapriya, kumudinînâyaka: Lotusgeliebter), erinnern sie ihn gleich an seine eigene

Liebe. So erfüllt und durchtränkt ist also die indische Phantasie von jener romantischen Vorstellung, dass dieselbe aus den litcrarischen Bezirken sogar in die elementare Poesie der Sprache (allerdings einer Kunstsprache) abfloss, in geflügelten Worten und Namen gleichsam vagant wurde. Da hat sie unter uns auch der Dichter Heine eingefangen und ihr in einigen seiner Lieder unsterbliches Leben eingehaucht.

Jedoch lässt dieser innig-holde Liebesroman unserer Blume in der indischen Poesie noch immer Platz für manche andere Idyllen, auf welche nur aufmerksamste Beobachtung des Lotus leiten konnte. Solch ein allerliebstes Thema für kleine Naturbildchen, wie sie der Inder so geschickt hinwirft, sind zum Beispiel die Bienen als Gäste der Lotusblume. Dies Motiv liegt auch wieder einem Lotusnamen zu Grunde, dem alipriya: „Freund der Bienen". Angelockt vom betäubenden Wohlgeruch umschwärmen die Honigsammlerinnen in dichten Schaaren die Blüthen und schlürfen Lotusnektar. Sie summen vor Vergnügen in den Kelchen, dem Ohr des Inders die freundlichste Musik; er sagt dann: die Lotusse werden geschwätzig. Ein Bienchen verspätet sich auch wol beim Genuss, der Nektar ist gar zu lecker. Aber die Sonne sinkt, die Blume schliesst ihren Kelch, und die Nektartrunkene kann nicht mehr hinaus. Da summt und brummt sie ängstlich die stille lange Nacht in ihrem süssen Kerker, bis sie Morgens, in gelbem Blüthenstaub ganz gebadet, entweichen darf.

Damit aber diesem idyllischen Blumendasein auch sein Schatten nicht fehle, eine andere Scene. Voll Gier stürzt der wilde Eber aus dem Walddickicht an

4*

den Lotusteich. Mit scheusslichem Behagen wühlt er im schlammigen Grunde nach den wohlschmeckenden Lotuswurzeln, fasst sie ins schäumende Maul und rennt damit durch die Bäume. Zu beiden Seiten hängen ihm die geknickten, triefenden Lotuskelche herab und kehren den Weg — ein ergreifendes Bild, wie auch Schönheit elend zu Grunde geht. Und zuletzt noch das folgende Bild aus dem intimsten Still-Leben der Blume, mit seiner moralisirenden Pointe von echtestem indischen Gepräge. Aus der Flut schnellen die Fische empor und spritzen kühlen Gischt über die Lotusschaar. Aber die Wasserperlen haften nicht an Blüthe oder Blättern, es ist, als ob die Blume sie abgeschüttelt hätte. Da lässt sich am Ufer ein Weiser vernehmen: „Siehe, wie die Tropfen von der Lotusblume, so fallen die Schmerzen dessen nieder, der die wilde Begier überwindet." Der unscheinbare Vorgang ist zum beliebtesten Abbilde des höchsten Geschehens: der sittlichen Läuterung, erhoben.

Auch die anderen Organe der Pflanze, wie Staubbeutel, Pistill in der Blüthe und die langen schlauchförmigen Stiele, an denen die Blumen im Wasser schweben, treten in die Poesie ein. Erstere bei aller Naturwahrheit zart und rein, aber wieder nicht prüde; nie hat sich die indische Empfindung so frömmelnd und scheinheilig gezeigt, wie die christliche, welche mitunter Rosen und Lilien ohne Staubfäden bildete, insbesondere so die Lilienkelche, welche die Engel in Händen halten. Im Gegentheile hatte das Auge des Inders an dem leuchtenden „Mondschein„ (haricandana: Staubgefäss oder Mondschein) im Herzen der Blüthe lebhaftes Wohlgefallen, das ihn sogar zur kühnen Vergleichung der ganzen Blume mit der Erde inspirirte: die Pistille wurden hiebei auf den mythischen Meru, den strahlenden Goldberg inmitten des Universums, die Staubfäden auf die leuchtenden Eiszinnen des Himâlaya gedeutet; die vier Hauptblätter des Kelches repräsentirten die Cardinalpunkte des Horizontes u. s. w.: echter indischer Phantasiestyl! Endlich sind auch noch die Lotusstengel in mancher Hinsicht dem Inder merkwürdig geworden: besonders mit den weissen langen Fasern ihres Markes arbeitet seine Erotik gerne. Wir sprechen von zerrissenen Herzen; die indische Poesie blumenhafter von geknickt am Stengel hängenden; das Flamingoweibchen, welches wie im Spiel die schimmernden Fäden aus den markerfüllten Lotusstengeln zerrt, ist das gefeiertste Gleichniss der schönen Frauen, die den Männern das Herz in Liebessehnsucht gleichsam aus der Brust ziehen. Mondstrahlen und Lotusfasern sind das Zarteste der Welt; sie sind so weiss und keusch, dass sie beide kühlen: liebeglühenden Göttermädchen und irdischen Prinzessinnen weben daher die Dichter Gewänder daraus Neben dem zerschlissenen spielt der unversehrte, im Wasser aufsteigende Stengel eine bescheidene Rolle; der Poesie hat er kaum etwas zu thun gegeben. Hingegen hat er als der verhüllte Träger und Nährer der schwimmenden Blüthenpracht das ernste Denken auf ein schönes Sprichwort geleitet, welches in vollendeter Einfachheit die Erkenntniss ausspricht, dass Alles in der Welt ein Gewordenes und Getragenes sei, und welches lautet: „Kein Lotus ohne Stengel."

Alles dies, Namen, Bilder und Betrachtungen, ist an

die sinnliche Erscheinung des Lotus angeknüpft und
ruht, so viel auch dabei phantasirt worden sein mag,
doch immer unmittelbar auf der Fülle wirklicher Anschauung. Es ist gewissermassen die Aesthetik der Lotusblume. Damit ist aber der Reichthum ihres Cultus
noch lange nicht erschöpft; es bleibt noch der ganze
grosse Antheil der Reflexion, das heisst der begrifflichen
Verarbeitung jener ästhetischen Eindrücke übrig. Darin
sind die Inder gross. Das klar Geschaute wird hier völlig
überwuchert von den Randverzierungen, mit denen es ihre
Speculation einfasst. Gegebene Vorstellungs-Centra blühen
da zu gigantischem Umfange auf, zu hundertblättrigen
Gedankenblumen. Als ein solches blüthenschwangeres
Centrum lebte die Lotusblumme in Phantasie und Gedächt-
niss des Inders; die Vorstellung von ihr wuchs unaufhaltsam über den Boden der Sinnlichkeit hinaus und wurde
Sinnbild für jedes Holde in der Welt. Zuletzt ist sie so
dem Inder Alles in Allem, der Inbegriff des Schönen und
Guten geworden. Ihre Vorstellung ist wie ein Goldschein,
den er über jedes Ding, das ihn freut, ausgiessen möchte.
Die blauen Augen der Geliebten weiss er nicht süsser
zu benennen, als wenn er von zwei schimmernden Lotussen
schwärmt; er würde sich seiner armseligen Kälte schämen,
anders als von ihrem Lotusangesichte, Lotushänden
u. s. f. zu reden. So spielen auch in der Sprache
der höfischen Etiquette die Lotusfüsse des Königs eine
grosse Rolle, und Anderes in der Art mehr.

Es versteht sich, dass die Phantasie vor lauter Lo-
tusinbrunst in solchen Vergleichen ganz entsetzlich wider
den guten Geschmack schlägelt; wir wollen einen besseren

beweisen, indem wir Beispiele unterlassen. Dafür aber
sei an der Hand einiger Legenden darauf hingewiesen,
wie sich auch sonst, wo immer die Phantasie nach etwas Köstlichem sucht, die Lotusblume als das Nächst-
liegende und Bezeichnendste darbietet Es ist nur ein
schwaches Analogon, das wir in dieser Hinsicht an
unserm Rosenglauben haben. Der linke Augenzahn des
Buddha, das grösste Kleinod der buddhistischen Kirche,
heisst es, wurde einst von feindlichen Brahmanen in einen
Gluthofen geworfen: aber ein Lotus wuchs aus der Flamme
empor, und in dem Kelche desselben ruhte der heilige
Zahn. Man versenkte ihn in einen Sumpf, und sogleich
verwandelte sich dieser in einen duftenden Lotusgarten.
Ein buddhistischer Geistlicher wird von Henkersknechten
eines grausamen Königs in einen Kessel voll siedenden
Wassers gestürzt; aber er schwebt, in einer Lotusblume
sitzend, unversehrt über demselben u. s. f. Diese äussere
Allgegenwart des Lotus ist blos ein Reflex seiner inneren
im indischen Gemüthe. Selbst an das ganz Unsinnliche
und Hohe bringt der Inder die Vorstellung der Blume
heran, als Zier und Schmuck: Buddha, den erhabenen
Lehrer der Wesen, nennt er „Lotus des Weltalls", seine
Lehre den „Lotus des guten Gesetzes". Das Menschen-
herz ist „eine kleine Lotusblume in der Brahmastadt
des Leibes". Brahma, der Allgeist, träumt in sich versunken im Lotuskelche, und die schöne Göttin des Segens
und der Liebe, Lakshmi selbst, hat die Blume geehrt,
indem sie sich dieselbe zur Wohnung erkor. Noch
wären viele solcher Einzelheiten zu sammeln; aber dieser
Zug sei der letzte Edelstein, der Stirn- und Schlussjuwel

in der Krone, welche wir für die Lotusblume den Indern nachzuflechten versuchten; denn über der Huldigung der schönsten Frau kann es auf Erden nichts mehr geben.

Da will aber zuletzt noch Einer zu Wort kommen, ein nüchterner Geselle, der nach so vielen übersinnlichen Seifenblasen angeblich erst das Beste, etwas Praktisches von der Lotusblume zu rühmen hat. Er bestreitet nicht, dass sich über den Lotus dichten lässt; aber er bemerkt trocken, derselbe lasse sich auch essen. Und er hat Recht: die Schönheit eines Dinges braucht uns nie dahin zu verführen, seinen Nutzen daneben ganz zu verachten. So sei denn noch mitgetheilt, dass die Wurzeln und haselnussgrossen Samen der Pflanze in Indien seit den ältesten Zeiten, roh oder gesotten, auch vom Menschen gegessen werden. Der freundlichen Leserin aber wollen wir ein Geheimniss verrathen, wie sie beides, Schönheit und Nützlichkeit, zusammen geniessen könne: es schlägt in ihr Ressort ein. Man liebt' es jetzt in Indien, einen förmlichen kleinen Lotusteich dem Gaste als Suppe vorzusetzen: allerliebste Lotusblumen, der Himmel weiss, wie angefertigt, schwimmen wie kleine Gedichte auf der Brühe herum und erwecken die freundlichste Illusion. Erst weidet sich das Auge daran und dann, mit schwerem Herzen, auch der Gaumen. So wissen die Inder selbst in den Suppenteller ihre Lotuspoesie zu bringen.

5. Buddha, seine Lehre und Kirche.

(„Der Buddhismus und seine Geschichte in Indien." Zwei Bände. Von H. Kern, übersetzt von Hermann Jacobi.)

Keines Inders Name ist unter uns gleich berühmt wie der des Königssohnes von Kapilavastu, des bettelnden Wanderpropheten. Er ist uns, ein tiefer Mollton, gleichbedeutend mit Weltschmerz, Weltflucht, Entsagung. und wo vom grossen Misston, der diese Welt durchdringt, vom Leiden und von der Nichtigkeit unseres Daseins die Rede, scheint jener Name anzuklingen, um mit Einem Tone zu sagen, was wir fühlen und klagen. Wie vielleicht kein Anderer, hat also Buddha's Name Farbe und Inhalt, ist kein blosser Schall und Rauch, und so haben wir, die wir meist nicht mehr als den blossen Namen, nicht den Mann selbst mit seiner Geistes- und Herzensfülle besitzen, doch immerhin etwas, ein Monogramm, einen Stempel, mit dem wir kurz und gut eine Stimmung kennzeichnen, wie sie auch unter uns da ist und da sein wird, so lange Tod und Noth die Welttyrannen bleiben.

Doch es kommt die Zeit, da man allgemeiner, nicht blos

in kleinen Fachkreisen wünschen wird, das Buddha-Herz, den buddhistischen Gedanken zu kennen, und wo es Manchem wol beifallen dürfte, jener grosse Mann habe ja auch für ihn gelebt, seine Predigt auch an ihn gerichtet. Dass wir Jesum Christum haben, das hält uns wahrlich nicht von Buddha fern. Von Jesus mögen wir lernen, wie man für Wahrheit und Liebe stirbt, von Buddha, wie man für sie lebt. Zum Evangelium der Liebe, das der syrische Prophet den Kindern Gottes verkündigt, fügt sich das Evangelium des Schmerzes, das Buddha den Denkenden gepredigt, wie die tiefere Octave als zusammenstimmende Ergänzung. Die Ueberzeugung, dass wir Alle noch viel Belehrung von Buddha zu empfangen haben, treibt denn auch eine kleine eifrige Forscherschaar, aller Mühseligkeiten und Schwierigkeiten der Arbeit ungeachtet, die Gesinnung und Gedanken Buddha's immer mehr zur Klarheit zu bringen, seine Art uns aufzuschliessen und uns so ein Gedankenreich zu eröffnen, von welchem wir vielleicht ein Correctiv unserer eigenen Anschauungen und Strebungen herleiten könnten. Es ist also, trotzdem an vortrefflichen Werken über den Buddhismus gerade kein Mangel herrscht (es sei nur Köppen's, Oldenberg's, Wassiljew's einander ergänzender Publicationen gedacht), mit Freude zu begrüssen, weil so sehr an der Zeit, dass einer der namhaftesten Vertreter der indischen Alterthumswissenschaft sich der Aufgabe unterzogen hat, Buddha's Leben, seine Lehre und Kirche nach den neuesten so eindringenden authentischen Textforschungen übersichtlich und im Zusammenhange mit der indischen Culturentwicklung, deren merkwürdigste und tiefste Hervorbringung der Buddhismus unstreitig ist, darzustellen. Eine solche Darstellung wird sich aber immer am besten an jene Dreitheilung des buddhistischen Stoffes, wie sie in der buddhistischen Gemeinde schon seit ältester Zeit herrschend ist, nach den „drei Kleinodien“: B u d d h a, D h a r m a (Lehre) und S a n g h a (die Gemeinde) anschliessen, und so ist ihr auch der neueste Geschichtsschreiber des Buddhismus gefolgt.

Die eigene Person des Buddha steht nothwendig wie in jener alten Glaubensformel an der Spitze: wir sollen über sein Leben und seinen Tod, über sein Auftreten als Lehrer seines Volkes, seinen Verkehr mit Hoch und Niedrig Kunde erhalten. Die Geschichte des Buddha ist aber im Gewande der Legende auf uns gekommen, von welcher das Leben des religiösen Genius ja am allerwenigsten frei bleibt, und dies Gewand ist hier wahrhaft ein dicker Pelz, welcher kaum die Umrisse richtig erkennen lässt. Eine Biographie Buddha's aus alter Zeit hat es nie gegeben, es fehlte jenen Kreisen noch jeder Begriff einer solchen, und das Interesse am Leben eines Stifters tritt für seine erste Gemeinde, seine unmittelbare Jüngerschaar überhaupt zurück hinter dem auf seine Lehren gerichteten. Trotzdem ist es nicht denkbar, dass die Gemeinde Buddha's alle echte Erinnerung an seine Person, sein Leben verloren haben sollte, und so finden wir denn auch in den buddhistischen Evangelien eine Anzahl von Zügen einfacher und glaubwürdiger Art, eingebettet in einen Schwall echt legendenhafter, ausschweifend phantastischer Ausdichtungen, welche hinreichen, das Lebensbild Buddha's zu entwerfen.

Indessen hat auch die Legende vom Leben Buddha's ihren Werth für die Erkenntniss des buddhistischen Geistes, der sich darin Ausdruck gegeben hat, ausserdem aber noch ein ganz anderartiges Interesse für uns, für weitere Kreise von uns, seitdem durch R. Seydel's geistvolles Buch: „Das Evangelium von Jesu in seinen Verhältnissen zur Buddha-Sage" die hohe Wahrscheinlichkeit eines durchgreifenden Einflusses der Buddha-Legende auf die evangelischen Erzählungen vom Leben Jesu nachgewiesen ist. So wird man denn die ausführliche, mit echt buddhistischer Weitschweifigkeit abgefasste Biographie Buddha's, die der Verfasser im Anschlusse an die südliche Ueberlieferung, ergänzt durch heilige Schriften des nördlichen Kirchenzweiges, mittheilt, mit Antheil und Verwunderung lesen, wobei man leider freilich eine sonderbare Schrulle des Verfassers mit in den Kauf nehmen muss, nämlich die ganze Buddha-Legende bis in ihre kleinsten Züge eben so gelehrt wie verkehrt als einen astronomischen Sonnenmythus aufzuweisen.

So reichhaltig und voll Ueberschwang die Buddha-Legende nun aber auch auftritt, so hat sie für den Buddhismus als Religion doch lange nicht die Bedeutung, wie die Lebensgeschichte Jesu für die christliche. Sie ist nicht das Fundament der buddhistischen Religion, wie das Leben und der Opfertod des christlichen Heilands thatsächlich die Grundlage der christlichen geworden, sie könnte in der Welt sein gewissermassen auch ohne den Buddha. Der Buddhismus ist eben weniger Religion als Philosophie und Lehre, Mittheilung sein ganzer Inhalt — keineswegs aber ist er Heilspredigt und Heils-

that zugleich, wie das Christenthum durch den Opfertod
Jesu es ist. Buddha hat den Dharma, das ist die Heilslehre, nur gefunden für diesen Kalpa und diese Welt —
dies ist das Mass und die Grenze seines Verdienstes.
Der Dharma also ist der Kern und das Hauptstück im
buddhistischen Stoffe, ihn kennen zu lernen und zu verstehen, bringt das Heil, ist schon selbst die Erlösung.
Der Buddhismus appellirt nicht an den Glauben, er
wendet sich an das Denken. „Vier Wahrheiten" sind
es, die er vor Allem mitzutheilen hat; ihr Grundthema
ist ein tiefer Moll-Accord, der Schmerz, das Leiden der
Existenz. Alles reale Dasein als solches ist unzertrenn-
lich mit dem Leiden verknüpft; daher ist es nichts mit
ihm; es ist nicht etwa zu verschönen, zu bereichern, zu
erhöhen, sondern seine Wurzeln sind zu untergraben,
damit man der Leiden ledig werde. Wie befreit man
sich aber definitiv und radical vom Leben, das dem Inder in Folge seines Glaubens an die Seelenwanderung
als endlose Existenz erscheint? Wie ist dies: der Wiedergeburt zu entgehen, dieses eigentliche Object des buddhistischen Heilbedürfnisses zu erreichen? Als Ursache
jenes Daseins der Wiedergeburt gilt die Leidenschaft,
das Begehren, der Wille, als das „Haften am Irdischen",
und somit wurde Begierdelosigkeit folgerecht zum Grund-
begriffe des buddhistischen Heilszustandes. Die Mittel,
in sich und Anderen ein völlig begierdeloses Leben zu
befestigen, waren demnach der Schlussstein der buddhistischen Lehre. Gleichgiltigkeit gegen Besitz, Ehre,
Macht wurde darum gefordert und die Werthschätzung
der Armuth und innern Ruhe aufgestellt. Und wie die

Verachtung des Sinnlichen und Irdischen, so entwickelte
sich die Sanftmuth und Friedseligkeit, das Erbarmen
und die Liebesforderung des buddhistischen Wesens aus
derselben Grundlage. Das Hauptgewicht sittlichen, vom
Leben befreienden Thuns fällt für die Lehre aber nicht
in die Pflichten nach aussen, sondern ins Gebiet des
eigenen, inneren Lebens, in die Arbeit unablässiger
Selbstzucht und Seelenläuterung, durch alle Stufen der
Heiligkeit hindurch, bis zu jener Vollkommenheit, die
sich in einem „erhabenen, heiligen Buddha" Ausdruck gibt.

Der Buddhismus als Einsicht ist der entschiedenste
Gegensatz zur Cultreligion mit ihrer Ablösung der menschlichen Schuld durch Opfer, deswegen besitzt er auch
keinen eigentlichen Priesterstand, trotz der Millionen
Bonzen und Lamas, die sich heute von ihm nähren. Die
engere Gefolgschaft Buddha's, welche die Kraft in sich
fühlt, dem Heilsziel auf kürzerem und rauherem und
doch so beseligendem Wege nachzustreben, ist ein
Mönchsthum ohne Cult, ohne Gebet, ohne Askese — eine
Gemeinde innig von dem Weltelend Ergriffener und gemeinsam durch Quietismus sich ihm Entringender. Wir
können sie nicht schelten, wie sie auch an ihrem Theile
auf die Kinder der Welt nicht schelten, welche es nicht
über sich vermochten, ihnen gleich zu thun, und Laien-
gläubige blieben, den frommen Brüdern ihren ärmlichen
Unterhalt reichten und dafür geistliche Gaben, das
Buddha-Wort und ein hohes Beispiel empfingen. Der
Orden fand in Indien ungemeine Sympathien, es breitete
sich ein Netz von Buddha-Gemeinden aus, welche die
buddhistische Haltung und Lehre bald zur populärsten

und imponirendsten im Lande der religiösen Secten machte. In seiner ganzen Grösse und Schönheit erscheint der Buddhismus dann aber später da, wo thatkräftige Könige wetteifernd seine edle Seite zur Geltung bringen. Von den Werken des Cultus, der kleinlichen Politik des egoistischen, verknöcherten Brahmanenthums weg, ruft die neue grosse Lebensreform zu grossen Thaten der Gemeinfürsorge, zu weitausgreifendem Streben, Erspriessliches zu thun, zu Werken allgemeiner Wohlfahrt. Volkserziehung, freudige Förderung aller seiner Interessen, schonende Milde gegen alles Lebendige, eine unerhörte Toleranz gegen Andersdenkende, ein unablässiger Eifer fürs Gute und Rechte, das sind so die grossen auszeichnenden Züge der Regierung eines buddhistischen Konstantin, des grossen Açoka gewesen. Und solchen Antrieb zu schönster geschichtlicher Arbeit scheint der junge Buddhismus überall gegeben zu haben, wohin er gedrungen ist, bis sein Geist durch die Aufnahme der alten, im ersten Fluge überwundenen Formen verdüstert worden. Der schwere Ballast von Vorstellungen und Formen alter Zeit brachte ihn allmählich wieder zum Sinken, und nichts blieb ihm von seinem eigentlichen Wesen, als die versauerte Conserve seines Mönchthums. Es begann der brahmanische Rückschlag, die vollständige Rückbildung, welche die reine Lehre Buddha's, dies Gefäss eines befreiten und befreienden Geistes, zum Sammelbecken einer ungeheuren, wüsten Menge religiöser Vorstellungen und Formen, vom niedrigsten Fetischismus bis zum chinesischen Schintoismus, machte. Die alten Götter, bis auf die niedrigsten Teufel herab, nehmen

mit der Zeit ihren Platz in der wesentlich atheistischen
Lehre ein, das buddhistische Weltsystem mit seinen unzähligen Welten und Weltperioden entsteht in syste-
matischer Einordnung der historisch entwickelten und
zäh conservirten Vorstellungen. Der Reliquien- und Bil-
dercult hebt an und gedeiht zu indischer Masslosigkeit.
Das wüsteste Zauberwesen schleicht sich allmählich den
buddhistischen Mönchen auf dem Wege des ihnen vor-
geschriebenen Meditationswesens ein, und der Mönch
wurde wieder ein alter Zauberpriester. So war denn
Alles wieder beisammen, was den alten Brahmann ausmacht: mit diesen Priestern in dieser herabgewürdigten
Gestalt aber eroberte erst alsdann der Buddhismus den
dritten Theil des Menschengeschlechtes.

Der Buddhismus machte hierin keine Ausnahme vor andern Religionen. Wie viel er ursprünglich gewesen, wie
wenig ihm davon geblieben — unzähligen Millionen ist er
Alles, Stütze und Halt im Leben und der Trost im Sterben gewesen, darum muss er uns schon etwas sein. In seiner Reinheit aufgesucht, greift er uns tief in die Seele, in seiner Fort-
und Rückbildung zur Weltreligion verdient und fordert er
unser lebhaftestes historisches Interesse. Von Vorurtheilen
gegen ihn müssen wir uns freizumachen suchen. Es ist
unsere Pflicht, unsere intellectuelle und moralische Pflicht,
den heiligen Geist auch da nicht zu verkennen und zu lästern,
wo er in andern Gewandungen als den uns gewohnten auftritt.

6. Der indische Fridolin.

Es gibt literarische Genealogien, so gut wie historische. Auch die Scheingestalten der Dichtung zeugen
sich fort, durch die Jahrhunderte, und ihre Stammbäume
pflegen sogar interessanter zu sein, als die Geschlechts-
tafeln der Historiker, welche wichtig sein mögen, aber
unausstehlich sind. Indessen bleibt jenes Bild von der
Dependenz gewisser poetischer Figuren ein kühnes; vielleicht würde noch zutreffender, als von Genealogien, von
literarischen Wiedergeburten geredet. Ist es doch stets
eine und dieselbe Person, die in einer Reihe von Gestalten immer wieder aufs neue erscheint, von einem
andern Vater-Poeten ins Dasein gebracht. Wie man nun
aber auch die Sache benenne, sie selber kann deutlich
und schön in vielen Beispielen angeschaut werden: an
sauberen Präparaten haben es die Literarhistoriker nicht
fehlen lassen. Ihnen gedenken wir heute eines anzu-
reihen, das durch Mancherlei merkwürdig ist, durch die
Gestalt, welche am Ende der Reihe steht und ein er-
klärter Liebling aller Welt ist; durch den seltsamen

Ahnherrn an ihrer Spitze, und die welttiefen Ausblicke, welche sich auf dem Wege von einem zum andern eröffnen. Unser Factum ist: Schiller's „Gang nach dem Eisenhammer" findet sich, dem Kerne nach, schon in einer indischen Märchensammlung des zwölften Jahrhunderts, und Fridolin, der fromme Knecht, stammt in gerader Linie von einem indischen Brahmanen ab, ist der wiedergeborene Diener eines Râdschâ im Gangeslande.

Ehe wir nun den Schatten dieses indischen Fridolin citiren und ihn vor unseren Augen seinen verhängnissvollen Gang thun lassen, seien zunächst einige Worte über Kern und Schale der Fridolin-Fabel vorausgeschickt, damit keine Täuschung und Enttäuschung darüber eintrete, von welcher Identität im Folgenden die Rede sein wird. Das eigenthümliche Interesse, welches die Erzählung von Fridolin an sich, abgesehen von aller Form und Darstellung, für uns hat, bezieht sich nicht gleichmässig auf alle ihre Momente, so dass etwa für dasselbe das Eifersuchts-Motiv von Wichtigkeit wäre, sondern dies Interesse bezieht sich lediglich auf die wunderbare Errettung Fridolin's vom sichern Tode, bei welcher eine geheime, unbegreifliche Lenkung, die den reinen, offenbaren Zufall zum Werkzeug eines im höheren Sinne Nothwendigen macht, unverkennbar hervortritt. Die Veranschaulichung dieser geheimnissvollen Leitung mittelst zufälliger und doch nothwendiger Errettung des Unschuldigen und Zurückprallen des Verderbens auf den Urheber: dies ist demnach der Hauptkern und springende Punkt der Erzählung, alles Andere ist Nebensache und gehört zur Einkleidung. Es ist nothwendig, dies fest im Auge zu behalten, wenn man im Anblick des indischen Urbildes, dem wir uns nun zuwenden, nicht stutzig werden soll.

Im Kathâsaritsâgara, der grossen Märchensammlung des kaschmirischen Dichters Somadeva, steht im 20. Taranga die merkwürdige Geschichte des Brahmanen Phalabhûti. Jener fremde Titel bedeutet „Meer der Erzählungen" und ist eine landesübliche Prahlerei, die wir dem indischen Sammler nicht verübeln wollen, da ja wirklich sogar eine Schiller'sche Ballade darin ihrer Hauptsache nach zu finden ist. Die Umhüllung, in der Somadeva den bekannten Kern auftischt, ist eben keine erfreuliche: die schöne Grundfabel wird durch die Verschmelzung mit abscheulichem Zauberunwesen, in welchem der Çivaitische Blutgeist spukt, in hohem Grade entstellt, so dass man im Ganzen der Erzählung nicht das Ur- und Vorbild, sondern einen blossen Vorspuk des Schiller'schen Gedichtes vor sich zu haben meint. Mit Hinweglassung einiger sinnlos eingeschobener Zwischenerzählungen — die schwache Seite der indischen Fabulisten — lautet sie folgendermassen:

Phalabhûti, der Sohn eines berühmten und gelehrten Brahmanen, war am Hofe des Königs Âdityaprabha wohlangesehen, Freund und täglicher Gesellschafter seines Herrn. Mit dem unablässig wiederholten Vers:

> Wer Gutes thut, der erntet's wieder;
> Wer Böses sä't, den schlägt es nieder —

war er ins Haus des Königs getreten, und hatte er sein Glück gemacht: den Fürsten belustigte diese Narrheit.

5*

Doch er hörte nicht auf, seinen Spruch im Munde zu
führen, und der König hatte stets seinen Spass daran.

Eines Tages zog Âdityaprabha in den Wald zur
Jagd, kehrte aber bald heim und ging unerwartet in den
Frauenpalast. Da überrascht er die Königin bei einem
gräulichen Opfer, bei dessen Schilderung uns die Ameisen
über den Rücken laufen. Sie verrichtet es, sagt sie, um
für den Gemahl die Weltherrschaft zu erlangen. Doch
noch fehle die Opferspeise, ein Mann, der geschlachtet
und zum Mahl für sie Beide gerichtet werden müsse.
Das werde Allem erst die rechte Weihe geben. Dem
König graust es. Die Teufelin aber bezeichnet ihm
seinen eigenen Freund und Diener Phalabhûti als das
Opfer, das den Zauber kräftig machen werde: „denn er
ist ein ausgezeichneter Brahmane".

Der König bebt zurück, entsetzt —
Doch Fluch dem Weiberrath! —
Mit Schauder fügt er sich zuletzt:
Beschlossen ward die That.
Er rief den Schlächter still vor sich,
Beschenkt' ihn reich und königlich:
„Knecht, bist du mir auch treu ergeben?
Wolan, du sollst ein Zeugniss geben!

Wer morgen kommt nach meiner Wahl
Und also zu dir spricht:
‚Bereit' geschwind ein gutes Mahl
Dem König, säume nicht!'
Den strecke nur mit einem Streich
Zu Boden nieder allsogleich,
Und richte ihn zum Mahle her,
Uns lüstet nach der Speise sehr."

Der Koch vernahm des Königs Wort
Und sprach: „Es soll gescheh'n",
Und ging mit finst'rem Blicke fort
Nach seinem Beil zu seh'n.
Am andern Morgen aber trat
Im Herzen heimlich den Verrath,
Zu Phalabhûti hin der König
Und sprach zum Diener schmeicheltönig:

„Mich hungert, Freund; geh' doch einmal
Zum Koch und sag' dem Wicht:
.Bereit' geschwind ein gutes Mahl
Dem König, säume nicht!'
Und Jener hatt' 's vernommen kaum,
Eilt er schon willig aus dem Raum
Zur Küche, um des Königs Willen
Genau und hurtig zu erfüllen.

Da sprang im Hof von ungefähr
Des Königs junger Sohn
Mit einem Stückchen Gold daher
Und rief in hellem Ton:
„O trag dies Gold zum Meister Schmied
Und bring' dafür zwei Ringlein mit,
So schön, wie er sie jüngst gemacht,
Die du dem Vater hast gebracht."

„Gern, Söhnchen", Phalabhûti sprach,
„Doch früher sei gethan,
Was mir der Herr befahl, hernach
Geh' ich den Goldschmied an." —
.,O thu' 's sogleich, und hier im Haus
Richt' ich das Wort des Vaters aus."

Da willigt' Phalabhûti ein:
Zur Küche ging der Knab' allein.

— — — — — — — — — —

Die Nacht verging in Reu' und Scham
Dem König, und in Schmerz;
Als Phalabhûti Morgens kam,
Erbebte ihm sein Herz.
„Was soll der Ring an deiner Hand?"
Und als der staunend es bekannt,
Schlug mit verzweifelter Geberde
Der König stöhnend auf die Erde.

„Mein Sohn! mein Sohn!" er schrie es laut,
„Dich frass ich, Liebling, dich!
Fluch meinem Weib, dem ich getraut,
Fluch über sie und mich!
Seht her, o seht mich Frevler an,
Ich büsse nun, was ich gethan:
Wer Gutes thut, der erntet's wieder,
Wer Böses sä't, den schlägt es nieder!"

Die Diener standen alle bleich,
Der König raste lang;
Schenkt' Phalabhûti dann sein Reich
Und ging den letzten Gang
Zur Flammenpein, zum Flammentod:
Da endet' seine bitt're Noth.
Doch Phalabhûti herrschte weise
Noch lange auf dem Erdenkreise *).

— —

*) Siehe des Verfassers „Indische Legenden". Verlag von
A. G. Liebeskind, Leipzig 1885, p. 20.

So lautet die Geschichte vom indischen Fridolin — ein eigenes Gemisch von ahnungsvollem Tiefsinne und grauenhaftem Kannibalismus, wie es blos die indische Phantasie hervorbringen und der indische Geschmack zulassen konnte. Ein übler Zufall hat es gefügt, dass gerade diese düstertolle Verarbeitung der ahnungsreichen Fridolin-Fabel von Somadeva aus den Tiefen des fabulirenden Volksgemüthes heraufgeholt und aufbewahrt worden ist. Vielleicht lag dort dicht daneben eine edlere reine Fassung der Fabel, in volle Menschlichkeit getaucht und so der Schiller'schen nicht unwürdig — vielleicht; aber wir können keine Gewissheiten schaffen, wo es nur Möglichkeiten gibt. Wir haben uns an die vorliegende Form zu halten. Da müssen wir uns eben über das Widrige der Einkleidung, welche aus den unsaubersten, dunkelsten Winkeln der indischen Cultur genommen ist, mit dem gediegenen, prächtigen Kern trösten, der den indischen Geist von seiner schönsten Seite zeigt. Zwar ist zu allen Zeiten und bei allen Völkern der Glaube an eine übernatürliche Lenkung der Begebenheiten im individuellen Lebenslaufe beliebt gewesen; die künstlerische Ausgestaltung dieser Idee oder vielmehr dieser Ahnung zur Fridolin-Fabel, ihre Veranschaulichung durch jene ganz bestimmte, seltsame Begebenheit ist aber ein eigenthümlicher Einfall, eine Leistung des indischen Geistes. Dazu war er vermöge seines tiefen Schicksalsbegriffes, seiner Ergriffenheit von der anscheinenden Absichtlichkeit im individuellen Geschicke und jener glücklichen Gabe, moralische Erkenntnisse in vollendeter Weise in ein Bild zu fassen, vor allen Anderen berufen.

Stillschweigend und indirect haben die Völker dies
längst anerkannt; sie haben es auf ihre Weise gethan,
indem sie die Fabel entlehnten, d. h. allmählich und nacheinander in ihren Ideenschatz aufnahmen. Denn wie eine
schöne Melodie ihren Weg unfehlbar über das Erdenrund macht kraft ihrer innern Vortrefflichkeit und zum
Erweise derselben; wie ein treffendes Witzwort, ein guter
Einfall von Volk zu Volk fliegen, zuerst von Einzelnen
nachgesprochen, von Anderen aufgefangen und immer
weiter und weiter getragen, bis sie zum Gemeingut Aller,
d. h. traditionell geworden sind: nicht anders ist es mit
den Märchen, Fabeln und Schwänken Und speciell mit
unserer Phalabhûti-Fabel verhält es sich ebenso. Daher
thut Fridolin gar oftmals im Orient und Occident seinen
gefährlichen Gang, zum Löwenzwinger, zum Eisenhammer
oder zum Hochofen so ahnungslos wie das erstemal nach
dem Küchenraum, wo der Schlächter seines Opfers harrt.
In den alten französischen, italienischen und deutschen
Quellen begegnet uns seine rührende Gestalt gar nicht
selten in den verschiedensten Einkleidungen. Bald erscheint er als das angenommene Kind eines Königs von
Aegypten, das der Hofmeister in Gefahr bringt, auf Befehl seines Ziehvaters von einem Köhler im Walde verbrannt zu werden. Aber anstatt des Kindes ereilt den
tückischen Hofmeister selbst der Flammentod. Oder wir
finden ihn am Hofe des Grossherrn von Konstantinopel
in dem jungen Christensklaven Lamprino, der von Cor-
saren aus Corfu geraubt und scheinbar dem Islam gewonnen worden. Hier haben wir schon fast genau den
Fridolin Schiller's. Lamprino nämlich ist der vertraute

Diener des Grossherrn, welcher ihm sogar seine Lieb-
lingsfavoritiu Tamulia (Lamprino's Schwesterchen, wie
bald von den Geschwistern erkannt wird) zu hüten gibt.
Voll Neid über solche Gunst beschliesst Zelim, des
Kaisers geheimer Kämmerer, den Jüngling zu verderben,
indem er seinen Herrn zur Eifersucht gegen denselben
stachelt. Der bethörte Sultan ergrimmt und sendet den
Lamprino zum Löwenzwinger, nachdem er dem Wärter
geheissen, den Ersten, der kommen und fragen werde,
ob sein Befehl vollzogen worden, den Löwen vorzuwerfen.
Sein schauerliches Schicksal ahnend, begibt sich Lamprino auf dem Gange zum Löwenzwinger in ein nahes
Wäldchen, um Verzeihung und Gnade von Gott zu erflehen. Inzwischen aber geht Zelim, der es nicht erwarten kann, den gehassten Jüngling von den Bestien
zerrissen zu sehen, vermeintlich diesem zum Zwinger
nach; da er früher als Lamprino ankommt und aus
teuflischer Ungeduld die verhängnissvolle Frage thut,
wird er den Löwen vorgeworfen und zerrissen.

Nur wenige Züge fehlen jetzt noch, um die gesammte
Fridolin-Erzählung beisammen zu haben, und auch diesen
begegnen wir in anderen Formen. Es hat wahrhaftig
etwas von der Folgerichtigkeit eines natürlichen Wachs-
thums an sich, wie solch ein literarischer Keim oder
Kern immer mehr und mehr jener Form zustrebt, zu
jener Gestalt sich entfaltet, welche der vollkommenste,
innerlich zusammenstimmendste Ausdruck von dem, was
in ihm liegt, ist. So findet sich der Zug, dass Fridolin
durch das Anhören einer Messe (anderswo ist es gar
direct der Dienst bei derselben) seine ganz zufällige und

doch für ihn so höchst wichtige und nothwendige Verzögerung herbeiführt, in einer griechischen Version, wo
von zwei Brüdern, Türkensklaven, der glaubensfeste, den
der Türke verderben will, durch die Verzögerung des
Messehörens gerettet, hingegen gerade der andere, der
Renegat, welcher abgesendet worden, um zu erfahren, ob
sein Bruder so fest gestorben, wie er im Leben sich stark
gezeigt, vom Tode betroffen wird.

Und so liessen sich noch manche Geschichten erzählen, in denen Phalabhûti-Fridolin, mannichfach ver-
kleidet, doch immer deutlich derselbe, auftritt, um wunderbar gerettet zu werden. Einen Augenblick mag man
nun, angesichts der weiten Verbreitung unserer Fabel,
meinen, hier liege aber vielleicht gar keine historische,
sondern nur eine natürliche Verwandtschaft vor; Phalabhûti, Lamprino, Theophilus, kurzum alle Fridoline der
Literatur seien nur individuelle Abbilder des Fridolin-
Typus, welcher sozusagen im menschlichen Geiste liege,
als eine natürliche Form, sich gewisse Ahnungen gegen-
ständlich zu machen, so dass man auch nur von einem
indischen Fridolin reden dürfe, nicht aber von dem
indischen Fridolin. Diese Gedankenreihe büsst jedoch
ihre Scheinbarkeit bei näherem Zusehen bald ein. Wir
dürfen die Fridolin-Fabel für indisch und Phalabhûti
für das Urbild seiner occidentalischen Collegen nicht
blos deswegen halten, weil sie uns so deutlich dem indischen Geiste aus den Augen geschnitten scheint; weil
die ganz türkische Justiz, die in ihr gegen den Unschuldigen geübt wird, auf den despotischen Orient
hinweist; weil noch darin, dass unsere Erzählungen die

Begebenheit fast immer in den fernen Osten, nach
Aegypten, an den Hof des türkischen Grossherrn verlegen,
eine Erinnerung an den noch östlicheren Ursprung, wohin der Blick des Fabulisten gar nicht mehr reichte,
nachzuhallen scheint, sondern vor Allem, weil die ge-
schichtliche Analogie mit ihrem ganzen Gewichte dafür
spricht.

In der That wachsen die Gründe für den indischen
Ursprung der Fridolin-Fabel auf allen Büschen und
Zäunen der modernen Märchen- und Sagenforschung.
Als man die breiten Schichten der eigentlichen Volks-
literaturen untersuchte, fand man nämlich eine grosse
Menge fremder Einschlüsse, welche nach und nach
in die Masse des Eigenen hineingeflossen und darin als
solche ganz unkenntlich geworden waren. Es ist nun
nicht blos behauptet, sondern im Einzelnen bewiesen
worden, dass viele dieser fremden Einschlüsse, Märchen und
Erzählungen aus Indien stammen, dass gar Vieles, was
von solchen Dingen unsere Jugend bezaubert und die
Bände der Sammler gespeist hat, Lehngut sei, aus jenem
Lande eingewandert, wo die Lust am Fabuliren recht
eigentlich zu Hause war. Was etwa Aehnliches bei
den verschiedenen Völkern, zu denen sie gelangten,
durch eigene Production vorhanden war, wurde vielfach
verschlungen: im Kampfe ums Dasein gab auch hier die
höhere Vortrefflichkeit den Ausschlag. Die Zeit, seit
welcher die indische Märchenwelt auf Reisen ging, ist
ungefähr als das zehnte Jahrhundert nach Christo festgesetzt worden. Damals begann nämlich durch die fort-
gesetzten Eroberungen des Islam in Indien eine immer

mehr zunehmende Bekanntschaft mit der in sich gekehrten indischen Cultur. Der literarische Handel heftete
sich an; die Uebersetzungs- und Aneignungsthätigkeit
begann in grossartigem Masse. Bald war die arabische
Welt im Besitz der indischen Märchenschätze, und von
ihnen empfing sie der Occident, damals der Erbe und
Schüler der umwohnenden, überlegenen Völker, mit der
Begierde eines Barbarenkindes. In diesem literarischen
Verkehr bildeten das byzantinische Reich, Italien und
das maurische Spanien die Knotenpunkte. Aus der
Literatur stiegen die Märchen ins Volk herab, von
diesem verwandelt und nationalisirt wieder in die Literatur u. s. w.; Boccaccio's Novellen, die altfranzösischen
Fabliaux bezeichnen solche Stufen. Von hier aus brach
der Strom ins übrige Europa ein und speist hier noch
heute mit seinem Reichthum alles Volk, hoch und niedrig, am meisten aber dasjenige, dem sonst die Quellen
geistigen Genusses gar spärlich fliessen.

So werden wir denn auch an einen Faden glauben
dürfen, der von Phalabhûti durch die ungeheure Distanz
in Raum und Zeit bis zum Fridolin Schiller's leitet.
Erfahren wir, dass unser Dichter seinen Balladenstoff
völlig unverändert aus der Novellensammlung „Les
Contemporains" (1780) von Rétif de la Bretonne geschöpft
hat, so werden wir inne, dass der Faden von allem Anfange an in der richtigen und gehörigen Richtung läuft;
denn es wird uns das an die alten Fabliaux erinnern.
Mag sich der Faden in der Mitte auch zu einem un-
entwirrbaren Knäuel zusammenschlingen und blos hie und
da ein Stück unserm Auge zugänglich sein: er geht durch.

Ob er sich aber in Zukunft noch weiter spinnen wird? Prophezeien ist zwar eine üble Sache; aber auf einen Schiller gestützt, lässt sich schon etwas wagen. Durch ihn hat Phalabhûti einen Weltruhm erlangt; in der Kunst lebt er ein ewiges Leben: Fridolin wird wol nicht wiedergeboren.

7. Der Sylvestertrank.

Mit dem Glase in der Hand pflegen wir dem neuen Jahre den ersten Gruss zu bringen; „zwischen dem Alten, zwischen dem Neuen" sitzen wir trinkend beisammen und regen uns auf. Doch die gewohnten Flaschen sind hinweggeschoben, unsere täglichen Getränke abgedankt: den letzten Trunk in jedem Jahre spendet ein anderer Quell, den wir uns selbst mischen, den die Hand der Frauen uns zubereitet, der Maitrank des Winters, der Punsch. Alle guten Geister des Nordens, scheint es, haben geholfen, den dampfenden, glühenden Trank zuerst zu mischen, in dessen milder Kraft die ganze Wärme des nordischen Behagens zusammengefasst scheint, und der heilige Sylvester selbst, möchten wir glauben, hat ihn mit all seinen guten Gaben gesegnet. Wo in langer Winternacht die Lampe freundlich strahlt und das Feuer des Ofens rothe Lichter über den Boden streut, da muss wol die Heimat des Punsches sein. Dichter besingen ihn darum als den Wein des Nordens, und der grosse Schiller hat uns in seinem Punschlied, „im Norden zu singen", den Punsch zum Sinnbild nehmend, ein schönes, gedankenvolles Gedicht darüber geschenkt, wie in kälteren Breiten die Kunst Natur ersetzen muss.

Doch der Schein trügt, und das Unwahrscheinlichste ist manchmal wirklich. An der Geschichte des Punsches haben wir einen Beleg davon. Was uns ein so echtes Kind des Nordens scheinen will, ist Erfindung des heissesten Südens; was wol nur unter der nordischen Nebelsonne so bleich und mit künstlichen Herdflammen ausgekocht werden konnte — es hat seine Heimat in fernen Sonnenländern, wo die Strahlen des Tagesgestirns senkrecht niederbrennen und Kehle wie Hirn ausdörren. Nicht ein wärmebedürftiges Geschlecht hat sich den belebenden Punschtrank zuerst gemischt; hitzescheuende Morgenländer haben ihn bereitet, um ihren von der Hitze erschlafften Leib zu beleben, ihr träges, eingedicktes Blut in Wallung zu bringen und jener Stockung und Erstarrung momentan zu entfliehen, welche die brennende Sonnengluth so gut wie der erstarrendste Frost über alles Leben bringt Das tropische Indien hat den Ruhm, die Heimat des Punsches zu sein — zu vielen anderen stolzen Besitztiteln ein kleiner auf bescheidenerem Gebiete. Entbehrt dieser Anspruch, weil ohne eigentlich geistigen Inhalt, auch eines tieferen Interesses, so ist er dafür ein unanfechtbarer, woran es bei den geistigen Gütern, die uns Indien übermacht hat. für ein grösseres Publicum nicht selten zu fehlen scheint. Was uns so vielleicht die kritische Leserin vom Fridolin nicht glauben mochte — dass er von Indien bei uns eingewandert sei — davon muss sie sich wol beim Punsch überzeugen lassen, den

sie bereitet und trinkt, denn hier deckt uns wie ein
Schild ein äusseres, unwidersprechliches Zeugniss: der
Name Punsch. Hätten wir uns das Getränke selbst gemischt, wir hätten ihm sicherlich auch einen Namen zu
geben gewusst. Jenes „Punsch" sind aber keine deutschen, keine europäischen Laute; es ist ein hindusta-
nischer Fremdling, der vom Ganges bis an die Donau
und weiter seinen Weg gemacht und von den Lippen
des deutschen Fräuleins noch genau so klingt, wie aus
dem Munde des braunen Hindumädchens, wenn es den
dampfenden Trank credenzt, nämlich Pantsch *), welches
das sanskritische Pantscha reflectirt und „die fünf" bedeutet. Die fünf Dinge nämlich, aus welchen der Inder
den Trank ursprünglich mischte, indem er seinen Rum
durch Wasser, Thee, Zucker und Citronensaft zu mildern gewohnt war. Nichts kann auch dem Geiste nach
indischer sein, als dieser Name, in welchem schon das
Schiller'sche „Vier Elemente, innig gesellt . . ." vorweg-
genommen ist. Denn nichts liebt der so systematisir-
süchtige indische Geist, welcher sich im Aufzählen und
Eintheilen gar nicht genug thun kann, mehr, als solche
Gruppirung in irgend einem Sinne zusammengehöriger
Elemente und ihre Verwerthung als Motive zu Namen.
„Die fünf", „Die sieben", „Die zehn", das sind landesübliche und gern gebrauchte Benennungen für alle
möglichen Dinge der Welt, und es ist dabei oft nicht
Alles so durchsichtig, wie bei unserem Pantsch.

Jener seltsame Eifer, alles Gedenkbare, Substanzen

---

*) Im Hindustanî wird a wie das englische u gesprochen.

oder Ideelles, von den fünf Producten der Kuh bis zu den zehn übermenschlichen Fähigkeiten eines vollendeten Buddha, zu gruppiren, zu grossen und kleinen Reihen zusammenzufassen, tritt aber auch praktisch als ein Trieb, zusammenzusetzen, zu mischen, zusammenzurühren, auf den verschiedensten Gebieten hervor; und so ist wol nicht nur der Name Pantsch, sondern auch die Sache selbst, die Mischung von fünferlei Säften, eine specifisch indische, eine Leistung, zu welcher seine Pantsch- und Manschsucht das Hinduvolk besonders prädestinirte. Wie sich die Schönen dort aus einer Menge einfacher Parfüms durch Zusammenmischung gern erst das Allerfeinste erzeugen, wie man, nicht zufrieden, den reinen Genuss mannichfacher Gewürze zu haben, sich denselben in naiver Art erhöht, indem man sie oft sinnlos häuft, vielfach miteinander versetzt, wie sodann die verschiedensten Fruchtsäfte und Destillate von Wurzeln oder Blättern im Altweiberstyl zusammengegossen und gar in der lateinischen Küche zu gepriesenen Heiltränken erfinderisch stets aufs neue combinirt werden: das wirft Alles, wie es scheint, ein Licht auf den indischen Ursprung des Fünftranks, des Punsches. Von den feinsten Liqueuren, denen man Blumensäfte und Honig nach Herzenslust zusetzt, angefangen, bis zu dem Gemenge der Todtenasche mit Erde, Sand und allerlei Fett, aus denen der Buddhist sich Amulette knetet — hört dort das Mischen nicht auf. So besteht wol nicht blos in der Einbildung ein engerer Bezug zwischen dieser ganz lächerlich ausgeprägten indischen Neigung und der Erfinderschaft jenes Mischtrankes. Wenigstens lagen uns die fünf Elemente des Punsches einzeln ebenso in der Hand wie den Indern, ohne dass wir den Punsch gehabt hätten, bis jene grossen Mischmeister ihn auch für uns erfanden. Keineswegs aber wird bei ihm durch die künstliche Zusammensetzung ein höherer Genuss erlogen, wie das bei manchem ihrer Gemische sonst wol der Fall sein möchte, und ein naheliegender Wortwitz hätte beim Punsch, wie unser Geschmack einmal ist, keine Berechtigung. Vielmehr scheinen sich seine Elemente geradezu einander zu suchen und sich gegenseitig zu heben, wie es uns nun wenigstens nachträglich bedünken will, und es ist, als ob die mischende Hand des Inders von dieser ihrer gegenseitigen Angemessenheit wirklich inspirirt worden wäre. An der nöthigen Feinfühligkeit, solche verborgene, in den Dingen liegende Anregungen aufzunehmen, hätte es ihr ja keineswegs gefehlt. Denn wie bei den erwähnten theoretischen Zusammenfassungen, bei jenen spielend versuchten Gruppirungen oft ein ganz merkwürdiger Spürsinn, eine überraschende Intuition hervortritt, so waltet eben auch im Praktischen der gleiche Instinct, eine unbewusste Findigkeit und Feinfühligkeit, aus den Dingen zu machen, was nur in ihnen liegt und aus ihnen gemacht werden kann. Das Talent und die Betriebsamkeit des Volkes in der Benützung und Verarbeitung seiner köstlichen Naturproducte — jeder Blick in Küche und Kasten lässt uns dieselben noch heute erkennen — ist denn auch eine der glänzendsten Seiten des indischen Alterthums und hat seinen Ruhm von alter Zeit her begründet, als geistige Verdienste noch weniger wogen und daher auch weniger ins Auge gefasst wurden. Immerhin ist es also eine den indischen Stempel, wenn auch in flacherer Ausprägung, tragende Leistung, dass die fünf Dinge, welche der Inder zum Theile selbst dem Reiche des Elementaren entnommen und für alle Welt gewonnen hat, wie den Zucker, die Säure der Citrone, den Rum, von ihm auch zu einem eigenthümlichen Trank verbunden worden sind, der in der Weltcultur seinen festen Platz eingenommen hat. Wenn man übersieht, wie anspruchsvoll unser Geschmack über zahlreiche solcher Mischtränke der Fremde oder der eigenen Heimat nach kurzer Modeherrschaft hinweggegangen ist, wie selten man dauerndes Behagen an einem fremden Kunsttrank hat finden können, so wird man den Erfindern des Punsches, der dem langbärtigen Russen Sibiriens nach erstarrender Schlittenfahrt ebenso mundet, wie er süss auf der Zunge unseres zartesten Fräuleins liegt, die Anerkennung ihres feinen Spürsinns, ihres humanen Geschmackes nicht versagen. Wo sind sie denn geblieben, die köstlichen und seltenen Mischtränke alle, in denen das üppige Mittelalter erhöhten Genuss suchte und für seine barbarische Zunge wol auch fand, der berühmte Clâret, der edle lûtertranc, vinum moratum und wie die Gemische alle heissen, wobei die Weinblume zur Nebensache herabgewürdigt, die stechenden Gewürze dagegen, die Beeren und der Honig, mit denen sie abgekocht wurden, zur begehrten Hauptsache erhoben waren? Mit der rohen Zeit, welche sie erfunden hat, sind sie auch verschwunden. Aber den hundertmal genossenen Punsch haben wir allwinterlich immer wieder auf dem Tische.

Wol verstand es also der Inder, seinen Trank mit
Geschmack und gebildeter Empfindung zu mischen;
aber, was mehr erfordert, er wusste ihn nicht zu trinken,
mit Geist und Behagen zu trinken. Der Punsch war
ihm ein blosses Spülicht für den Magen, nichts mehr;
er trank ihn mit kaltem Kopfe — wie ein Schwamm.
Etwas wie die vom Punsch inspirirte Sylvesterstimmung
wird man bei den Indern vergeblich suchen, und nie
hat sie, die doch über Alles zierliche Verse drechseln,
der Punsch zu einem Gedichte begeistert. Denn der
Geist des Trinkens überhaupt ist ihnen stets fremd geblieben, ob es nun Punsch oder Palmenwein oder echtes
Traubenblut war, das in den Bechern vor ihnen stand
Fröhliches Zechen ist kein Element indischen Lebens-
genusses; ihrer Dichtung, ihrer Lyrik fehlt selbst der
leiseste Alkohol-Hauch, und unter ihren 330 Millionen
Göttern haben sie auch nicht Einen Bacchus. Hat sich
gleich das indische Volk eine ganze Menge geistiger,
berauschender Getränke gewonnen — alle uns bekannten
sind da schon vertreten — es hing nicht nach dem
Trunke, und das brahmanische Gesetz hat das Seine gethan, es vollends zur Nüchternheit zu erziehen: es verbot
strenge alles Berauschende — praktisch war das freilich
nur ein pium desiderium — und den Trunkenen bedrohten
die schwersten Strafen hier und dort. Nicht Punsch,
nicht Wein, die nur Concessionen an die menschliche
Schwäche — Reiswasser oder gewässerte Milch, die das
Gesetz empfahl, schienen die richtigen Getränke für den
duldenden, lammfrommen Hindu der unteren Kasten. Es
stimmt ganz zu dem spiritualistischen Spleen der Brah-

manen, dass aber auch sie, die Herrschenden, sich von ihrem Verbote nicht ausnahmen und vom Genusse alles Geistigen in der That, so viel wir sehen können, fern blieben. Das eigentlich Geistige, intellectuelle Genüsse in ihrem Style, war ihnen dafür völliger Ersatz. Poesie war ihr Wein, eine geistreiche Schachpartie wie ein geleertes Glas Punsch. Sie zechten aus höheren Bechern, und ihr Rausch war der Taumel alles Irdische überfliegender Gedanken. Wozu der materielle Genuss, der ja doch nichts als elende Magensache?

Was half also den Indern ihr Spürsinn und alle Findigkeit, der Natur die edelsten Gaben abzugewinnen oder solche gewissermassen neu zu schaffen, wie unsern Punsch? Wussten sie doch nicht zu schätzen, ja, wollten sie doch nicht einmal brauchen, was sie erzeugt. Fremde Nordländer, die praktischesten aller Menschen, mussten kommen, um mit vielen anderen Dingen, welche die Inder wie ein missachtetes Spielzeug in Händen hielten, auch den Punsch zu seinen Ehren zu bringen. Die Engländer waren es, welche auf dem „westöstlichen Divan" ihrer Herrschaft zuerst unter allen Europäern ihre Punschbowle tranken und in der Sylvester-Feier Orient und Occident zu gemeinsamer Leistung vereinigten, indem jener seinen Punsch dazu gab, dieser den fröhlichen Zechergeist. Wir haben rasch Behagen an dem Fünftranke gewonnen; das „Punsch" klingt uns ganz vertraut, ganz heimatlich und gar nicht hindustanisch oder sanskritisch; und die Töchter lernen von den Müttern die Punschbereitung wie das Strümpfestopfen. Wenn so unter uns der indische Ursprung des Trankes verdunkelt ist, so ist das ganz natürlich und kein Unglück. Auch kein Unrecht gegen die Inder, denn Erfinder einer Sache ist nicht blos der, der sie halb spielend, halb tappend an die Oberfläche bringt, sondern auch, wer sie recht zu schätzen und aufzunehmen versteht. Daher mögen die Dichter ruhig fortfahren, in ihren Punschliedern den Norden zu preisen.

Uns aber ist gerade der Punsch ein rechtes Symbol für die Ansprüche, welche die indische Cultur auf manches theure Stück unseres Besitzes zu erheben hat. Denn so wie hier mit dem Punsch, stehen wir auch mit vielem geistigen Gute, mit philosophischen und religiösen Ideen, mit vielen unserer Märchen und Sagen, unseren Zahlen und dem Schach und mit manchem Andern zu der indischen Ursprungswelt: wir sind die Beschenkten, aber wir haben nichts empfangen, das wir nicht erweitert, vertieft, geschmückt hätten. Die Inder mischten uns den Punsch: wir aber kränzten den Becher und schufen ihn zum Sylvestertrank.

8. Das Fleischverbot der Fasten.

Bekanntlich mischt sich die Mutter Kirche, indem sie für das unsterbliche Theil ihrer Gläubigen sorgt, mannichfach auch in die Angelegenheiten des irdischen Theiles, in die Sphäre des Leibes, ein, im richtigen Gefühle, dass jener Dualismus von Seele und Leib nur ein allerliebstes Kartenhaus. Nicht die letzte ihrer Sorgen gilt dabei dem Bauch, theologisch zu reden: dem Teufel der Fresslust, dem sie den Korb höher zu hängen eifrig und strenge bemüht ist. Wenn es sich von selbst versteht, dass sie Schlemmerei und Völlerei, also den schamlosen Dienst des Bauches, in Uebereinstimmung mit der Natur verdammt und straft, so thut sie auch noch ein Uebriges, indem sie gegen die Natur Enthaltsamkeit dictirt und dem „Esel der Seele", d. i. auf gut Theologisch dem Leibe, von Zeit zu Zeit sein Futter versagt. Es sind das die Fasten, als kirchliche Institution so alt wie die Kirche selbst, ein Zucht- und Gnadenmittel aller Hierarchien überhaupt, ob sie nun christliche, lamaische, oder jüdische heissen mögen.

Doch nicht in diesem strengen Sinne gänzlicher Enthaltung von allen Speisen ist die Institution unter uns
populär, in die Sitte aufgenommen — allenfalls fände
man sie so hinter Trappistenmauern — sondern bei
unseren Fasten, wie man sie wirklich als Brauch, als
häusliche Gewohnheit antrifft, handelt es sich gewöhnlich um nichts mehr und nichts weniger, als um die
Enthaltung vom Fleischgenusse. Für Kirche und Gläubige
sind ein Fasttag, die Fastenzeit, die, wo kein Fleisch
auf den Tisch kommt; im Uebrigen mögen wir es uns
wohl sein lassen, und wird dem Küchenzettel nicht nach-
gefragt. Es sind theologische Spitzfindigkeiten, wenn
sich an das Verbot des Fleischgenusses vereinzelt und
mit beschränktem Effect auch das anderer thierischer
Nährmittel angeschlossen hat. Die sogenannte Xerophagie,
d. h. das Essen von Trockenem, konnte nach dem Vorgange des finsterstrengen Montanus in die griechische
Kirche für die heiligste Fastenzeit eindringen; Eier-
und Milchfasten tauchten auf und fanden ihre Devoten;
hier fastete man bei Brot und Früchten, dort wieder
bei Brot und Salz — es ist eine völlige Musterkarte ver-
dienstlicher Enthaltungen. Das Alles kam und ging:
aber alle christlichen Parteien legen seit den ersten An-
fängen der Kirche das gleiche Gewicht auf das Ver-
zichten des Fleischgenusses als Fastenübung. Im eifrigen
Mittelalter traf der Kirchenbann den Verwegenen, der
in den Fasten vom Fleisch genossen, und es geschah,
dass man ihm die Zähne einschlug. . . Damit ist es nun
freilich aus; aber selbst im protestantischen Hause, wo
das Bild Martin Luther's an der Wand hängt und ein

Hauch seines tapferen Geistes weht, sieht der Charfrei-
tag oder der heilige Abend kein Fleisch auf dem Mit-
tagstisch.

Wie begründet nun die Kirche, der Theologe das
Verbot des Fleischgenusses in der Fastenzeit? Gibt es
im Kreise der christlichen Anschauungen solche, die
jenen eigenen Brauch erzeugen, die ihm zur Grundlage
dienen konnten? Bemerken wir doch, wie seltsam, wie
räthselhaft jene Institution, wenn wir sie einmal mit
fremden Blicken ansehen, dasteht; wie wunderlich es
ist, das hundertmal ohne Vorwurf genossene Fleisch auf
einmal abzuweisen, als verunreinigte man sich damit!
Sollten wir nicht neugierig sein, nachzuforschen, warum,
in welchem Sinne man sich als Christ zuweilen des
Fleisches enthält?

Nun, da sei zunächst constatirt, dass es eine feststehende, canonische Erklärung, wie für andere kirchliche
Institutionen, für das Fleischverbot der Fasten nicht gibt.
Es hat natürlich nicht an Bemühungen der Theologen
gefehlt, eine solche zu liefern, die Institution als im
Christenthume wurzelnd, als einen organischen Trieb
am christlichen Stamme nachzuweisen; doch vermag auch
theologische Geschmeidigkeit nicht Alles, und es gibt
Probleme, an denen man sich die Zähne stumpf beissen
muss. Ein solches war die christliche Ableitung des
Fleischfastens. Dass man sich bei keiner der versuchten
Herleitungen beruhigte, zeigt aber auch deutlich, dass
man deren Schwäche wol empfand. Sollte die Kirche,
wie die Einen wollen, ihren Gläubigen das Fleischverbot an gewissen Tagen auferlegt haben, weil sie die

Fleischkost unter allen für die schmackhafteste, kräftigste fand und in der Entziehung derselben eine heilsame Pönitenz, ein harmloses Bussmittelchen erblickte? Auf einen gastronomischen Calcül sollte in letzter Instanz das Fleischfasten zurückzuführen sein? Wir glauben, der Weisheit der Kirche wäre doch das simple „De gustibus non est disputandum" nicht entgangen; und überdies zeigen, beiläufig bemerkt, die Prälatentafeln am besten, wie nahr- und schmackhaft man zu fasten vermag. Dann wird uns wieder gesagt, die Enthaltung vom Fleische sei zum Gedächtnisse der Opferung Jesu Christi, dessen Blut für uns vergossen worden, empfohlen und eingesetzt. In der That eine seltsame Verknüpfung! Doppelt seltsam bei der totalen Nullität der Thiere im Christenthum. Wo in aller Welt bietet die christliche Lehre und Empfindung einen Anknüpfungspunkt dafür, dass wir die theuerste Erinnerung gerade mit einer sonst unerhörten Rücksichtnahme auf die Thierwelt feiern sollten? Während wir vom Tische die Fleischschüsseln verbannen, man versuche zu denken: um Jesu Blut willen, durchkeucht der gehetzte Hirsch die Fluren, verblutet das schlanke Reh auf dem dürren Laub des Waldbodens. . . Stimmt das zusammen? Sind wir barmherzig und schonen wir? Ja, kann dort überhaupt bewusste Schonung platzgreifen, wo man nie ein Bedenken, nie den leisesten Scrupel beim schrankenlosen Gebrauche empfunden hat? Die Wahrheit ist, das Fleischverbot hat seinen Ursprung keineswegs in einer Regung wie die angegebene, bezieht sich durchaus nicht auf die Geschichte Christi, weder seines Todes noch seines

Lebens; es hat seinen Ursprung, kurz heraus, überhaupt nicht im Christenthume als solchem. Was bedeutet denn, frage man sich ehrlich, das Thier und
sein Leben und Sterben für die Empfindung des
Christen? Nichts, rein gar nichts. Eine breite Kluft
liegt für uns zwischen Thier- und Menschenwelt, und
die christliche Religion, hierin im Judenthume stecken
bleibend, hat sie an keinem Punkte überbrückt. Es
gibt keine Vorstellung in der christlichen Ideenwelt,
welche der Anlass gewesen sein könnte, dass wir der
Thiere Fleisch mitunter von uns weisen und ein Verdienst
darein setzen; dass wir zuweilen scheuen, was uns sonst
ganz unverfänglich, selbstverständlich scheint. Indem
das Christenthum die Thiere als Sachen, als Besitzthum
des Menschen betrachtet und rechtlos lässt, kann es nicht
aus seinem eigenen Schosse eine Sitte hervorgebracht
haben, welche eine ihm völlig fremde Achtung vor dem
Leben des Thieres bekundet: denn dies ist doch der
eigentliche Sinn der Enthaltung vom Fleischgenusse.
Würden wir denn, wenn wir mit dem Fleischfasten irgendwie auf dem Boden des Christenthums, im Zusammenhange
mit unseren sonstigen, von ihm geleiteten moralischen
Empfindungen, stünden, so bald wir uns nur besinnen,
so verwundert und befremdet darauf blicken müssen
wie auf eine Hieroglyphe, eine Chiffre, zu der wir den
Schlüssel nicht haben, deren verborgenen Sinn wir nicht
errathen?

Es muss also die Enthaltung vom Fleischgenusse
irgendwie von aussen in den Kreis der christlichen Cultur
hineingerathen, von wo anders her dort eingedrungen sein.

Und wirklich gibt es nun ein solches Aussen, das sich mit seinen ganzen Anschauungen und Empfindungen auf eine unzweifelhafte Weise als die Heimat jener Institution ankündigt: es ist — kaum braucht es ausgesprochen zu werden — Indien, das Land der extremsten Thierfreundlichkeit. Auf Wegen, die wir überschauen, durch Vermittlungen, die wir verfolgen können, ist indischer Geist, indische Empfindung in die heidnischabendländische und später in die christliche Welt in breiten Wellen eingeströmt; es ist nicht zu verwundern, dass dabei auch die Stimmung des indischen Gemüthes gegen die Thierwelt, welche nicht zum wenigsten, dem indischen Wesen sein so eigenthümliches Gepräge verleiht, gegen Westen getragen worden ist, um dort fortzuwirken und der vorgefundenen Cultur mancherlei bleibende Spuren einzudrücken — darunter das Fleischfasten.

Im thierfeindlichen, thierverachtenden Occident (es nützt nichts, dies abzuleugnen) ein unverständliches Paradoxon, ein kalter Kirchenbrauch, ist die Enthaltung vom Fleischgenuss dort, in Indien, nichts als die klarste Consequenz, der unmittelbarste spontane Ausdruck der herrschenden Gesinnung gegen die Thierwelt, jener Stimmung freundlicher Güte und rücksichtsvoller Scheu, über deren verstiegene Aeusserungen man unter uns, mit hohen Augenbrauen, zu spotten liebt. Wo die Religion selbst die Thierwelt in engster Verbindung, in phantastischer Verbrüderung mit den Menschen zeigt, wie dies die indische durch die Lehre von der Seelenwanderung drastisch genug leistet, da ist der Boden bereitet, dem wie ein reiner Duft das ruhevolle Gefühl freundlicher Eintracht und Sympathie mit allen Wesen, dem kleinsten Vögelchen und dem geringsten Wurm, entsteigen konnte, wie es später der Buddhismus in den Gemüthern weckt und nährt. Für den Inder und seine religiöse Ueberzeugung ist das Thier mehr als ein belebter Staub; er weiss wol, dass Brahma wie in mir, in dir, auch im geringsten Insect lebt und leidet und mit gleicher Bedeutsamkeit „aus jedem Auge leuchtet, das die Sonne sieht". Das Thier ist ihm kein Fabricat zu unserem Gebrauche; er weiss, es will Lust und Leben, für sich und niemand Anderen, so gut wie wir. Was man so als inniges Gefühl im Bewusstsein trug, das suchte nun aber auch äusserlich immer entschiedener seinen Ausdruck, das setzte sich immer rückhaltloser in ein entsprechendes Thun und Lassen um, um zuletzt bei den abenteuerlichsten Extremen anzulangen. Die zwei edelsten Triebe des indischen Naturells, seine Mitleidigkeit und Entsagungsfreude, traten dabei so recht in Action und konnten sich einmal gründlich genug thun; wie sehr ist es zu beklagen, dass nicht ein ruhig abwägender Verstand jene guten Regungen geleitet und gezügelt hat, denn so findet das Wort von den Fehlern unserer Tugenden darauf volle Anwendung. Es wäre aber zunächst ein grosser Irrthum, zu glauben, dass die Inder insgesammt und seit jeher Schonung der Thiere geübt, sich der Fleischspeisen enthalten hätten, vor der Tödtung auch des lästigsten Ungeziefers zurückgeschreckt wären. Wer die menschliche Natur kennt, wird das schon von vornherein gar nicht erwarten. Es waren vielmehr anfangs einzelne, besonders mitleidige Naturen, welche sich ein Gewissen daraus machten, ein fremdes Wesen zu zerstören, um davon für sich selbst Nutzen zu ziehen. Es waren die, welchen auch sonst alle irdischen Genüsse entwerthet waren, die sich von Allem, was dem natürlichen Menschen erfreulich und wünschenswerth scheint, geschieden: es waren die Entsagenden, deren es in Indien in Wahrheit oder zum Schein stets eine bedeutende Zahl gab, gross genug, um die Anschauungen und Empfindungen der Volksmasse aufs mächtigste zu beeinflussen. „Wer wird eine grosse Sünde begehen des elenden Magens willen, den man mit wildwachsenden Kräutern des Waldes auch anfüllen kann!" sagten sie sich in ihren stillen Waldeinsiedeleien und liessen die zahmen Gazellen ohne Harm um ihre Blätterhütten grasen. Es schauderte ihnen vor der unermesslichen Schmerzenslast in der Natur; vor einer Einrichtung, welche den Bestand eines jeden Wesens zu einer Kette von Martertoden anderer Creaturen macht. Mit Bewusstsein dies Gräueltreiben zu verneinen, nicht mitzuthun in dieser entsetzlichen Jagd, wo Jeder ein Jäger und das Wild zugleich — das war's, was jene Asketen zu strengstem, ewigem Fleischfasten brachte, was ihnen Seihtuch und Besen in die Hand drückte, womit sie ihr Trinkwasser seihten und den Weg vor sich kehrten, um auch nicht unfreiwillig das Leben der kleinsten Creaturen zu gefährden oder gar zu zerstören. Die feierliche Zusicherung des Abhaya, der völligen Ungefährlichkeit seiner Person, welche der Asket beim Eintritt in den Stand der Entsagung allen Wesen geben

muss, hält er auch mit der ganzen riesenhaften Pedanterie
und übermenschlichen Geduld, welche dazu erforderlich
ist, unverbrüchlich ein. Auf religiösem Grunde ruhende
Ueberzeugung befähigt eben zum Seltsamsten wie zum
Schwersten. Wie der fromme Parsi aus Ehrfurcht vor
der Manifestation des Göttlichen, das er vor Allem im
Licht, im Feuerball der Sonne erkennt, es gerne vermeidet,
sogar das kleinste Lämpchen selber auszublasen, so scheut
sich der Inder, der das Höchste tiefer, schöner und wahrer im Leben ergriffen hat, auch den kleinsten Funken,
den jenes ewige Feuer des Lebens millionenfach aus-
sprüht, mit rücksichtsloser Hand auszulöschen.

Es konnte nicht fehlen, dass das Beispiel dieser verehrten Männer, der Lehrer und Berather von Hoch und
Niedrig, auf die Empfindungen der Weltlichen seinen
stillen, aber nachhaltigen Einfluss übte. Weichherzig,
wie das Volk von Natur war, hielt es nicht schwer, das
Princip der Ahinsâ, d. i. der Schonung des Lebendigen,
seinem Gemüthe einzuprägen. Es wohnte still in den
Gewissen und ragte wie eine Standarte im öffentlichen
Leben. Man hörte nicht etwa völlig auf, das Fleisch
der Thiere zu geniessen; aber man setzte das Blutvergiessen vielfach doch auf die äusserste Grenze des Be-
dürfnisses herab; und „wer, nicht tödtend, Fleischspeise
verschmäht hat, den wird mit andächtig erhobenen Händen alles Leben loben". Man war sich bewusst, der
Schwäche der Natur mit dem Fleischgenusse eine egoistische
Concession zu machen; und nirgends wurden die Flei-
scher so gründlich gehasst und verachtet, als in Indien
— obwol man einsah: „wenn die Welt nicht Essens

wegen Fleisch kauft, so gibt es Keinen, der es Gewinnes
wegen verkauft" — wie überhaupt Jeder, der in seinem
Berufe thierisches Leben zu zerstören hatte, um des-
willen einen Makel an sich trug: man fühlte sehr richtig,
das müsse ein stumpfer, roher Geselle sein, der es sich
zu seiner einzigen Aufgabe gemacht, seine Mitgeschöpfe
zu tödten. Vermochte man aber sein Gelüste nicht völlig
in Schranken zu halten, so versuchte man es doch wenigstens bisweilen, jene Enthaltung zu üben: das wahre,
lebendige Fleischfasten! Man trachtete, indem man
den Kreis des Erlaubten immer enger zog, Stufe für Stufe
dem Rechten nach; man versagte sich das Fleisch der
Hausthiere — die altarische Verehrung des Rindes hatte
speciell hiefür den Boden schon vorbereitet — des Wil-
des und Geflügels, während das der Fische noch für erlaubt, ja geradezu als Fastenspeise galt. Und man trieb
mit derlei Bestimmungen und Unterscheidungen nicht
etwa ein müssiges Spiel, es waltete dabei ein fast ängstlicher Ernst. Nichts eröffnet einen so tiefen, einen solchen
Lichtblick in die wundersame Welt solcher Regungen,
als was hierüber König Açoka, der buddhistische Konstantin, seinem unermesslichen Reiche ausdrücklich in
Felsen-Inschriften verkünden liess. „Früher", heisst es
im ersten seiner berühmten Religions-Edicte, „wurden in
der Küche des göttergeliebten Königs Priyadarçin (Açoka)
täglich viele Hunderttausende (?) von Thieren geschlachtet,
um Fleischgericht zu bereiten. Jetzt, da dieses Religions-
Edict geschrieben ist, werden täglich nur drei Thiere
geschlachtet, zwei Pfauen und eine Antilope; auch ist
die Antilope nicht für alle Tage bestimmt. In Zukunft

aber werden auch diese drei Thiere nicht mehr geschlachtet werden." König Açoka war vom buddhistischen Geiste inspirirt, und welch ein Zeugniss für diesen
schonenden, milden, sanftmüthigen Buddhageist, dass der
mächtigste König Indiens eine in unseren Augen so
lächerlich unbedeutende Kleinigkeit mit solchem Ernst
zum Gegenstande einer Herrschermittheilung, eines Mani-
festes in Stein und Felsen an Millionen Unterthanen
machen konnte! Vermag irgend etwas deutlicher zu sagen,
wie schwer Leben und Tod des Thieres auf der Wag-
schale des indischen Gefühles wog? Wenn der Buddhismus hierin auch schon halbgethane Arbeit vorfand,
so hat er doch die Schonung der Thierwelt durch sein
unbedingtes, absolutes Gebot: Du sollst nicht tödten, zum
erstenmale als ein Gesetz für Alle proclamirt und der
brahmanischen negativen Ahinsâ-Doctrin ergänzend das
Gebot positiver Wohlthätigkeit, werkthätiger Liebe und
Barmherzigkeit gegen die leidende Creatur an die Seite
gestellt. Eine schöne buddhistische Fabel spiegelt aufs
deutlichste ab, wie der Geist der Schonung im buddhistischen Gemüth so energisch in freundliche Opfer-
und Gebelust hinüberspielt; es ist die von der Löwin,
welche aufhört, Fleisch zu essen, und nur von Früchten
lebt, als sie an den Schmerz der Eltern ihrer Opfer erinnert wird; aber auch von diesen Früchten lässt und blos
Gras isst, nachdem sie von einer Taube gehört, dieselben
gingen nun den daran gewöhnten Thieren ab. Die Söhne
des Buddha bringen nicht blos kein Fleisch an ihre
Lippen, quälen und tödten kein Thier aus irgend einem
denkbaren Grunde, sie geben ihre eigene Speise, ihre

Haberl.. G.   7

kleine Habe hin für das hungernde Thier; sie gehen auf den Markt, wo man die gefangenen Vögel oder Fische verkauft, und erstehen davon welche für ihr Almosen, um ihnen die Käfige zu öffnen oder sie wieder ins Meer zu werfen. Ja, selbst den Göttern versagen sie ihre liebste Speise, Fleisch und Blut der Thiere; es ist besser, dass die Götter darben, als dass ein harmloses Geschöpf unter dem Opfermesser verblute. Lasst die Thiere sich ihres Lebens freuen; legt Stab und Waffe nieder: „grünes Gras mögen sie geniessen, kühlen Trank mögen sie trinken, kühler Wind möge sie umwehen".

So war es im Lande der gewaltigsten Fauna zur Enthaltung vom Fleischgenuss als der gewöhnlichsten, ja selbstverständlichen Sache gekommen. Im fernen Occident hingegen, wo kühlere, scharfe Lüfte wehen, wusste man es gar nicht anders, als dass die Thiere unsere natürliche Speise, hatte man kein Arg, sich seinen Braten aus dem blühenden Fleisch des Jagd- oder Zuchtthieres zu schneiden. Doch es kam die Zeit, wo man auch in Europa merken sollte, welch ein Geist in der Ferne erwacht war. Empfand man es auch nicht innerlich, so lehrten es wenigstens äusserlich fehlende Schüsseln. Wir wissen, dass der Buddhismus schon in den letzten Jahrhunderten vor unserer Aera nach Vorder-Asien gedrungen ist, Syrien und Aegypten mit zahlreichen glaubenseifrigen Missionären versorgt und zu Pflanzstätten seiner Lehren gemacht habe. Nicht blos Keime wurden da ausgestreut, Anregungen gegeben; wir finden da nicht blos Spuren seiner Wirksamkeit, wir finden ihn geradezu selbst, seinem Geiste nach und seiner äussern Erscheinung.

Die Secte der Essener in Syrien, aus der später Jesus hervorgegangen, gleicht einem buddhistischen Mönchsorden aufs Haar; nichts fehlt von all den charakteristischen Zügen buddhistischen Wesens, vom Bewusstsein der Sündlichkeit unserer Natur bis herab auf die Beschränkungen der Speiseregel. Die Essener enthielten sich wie die Söhne des Buddha völlig des Genusses von Fleisch und nährten den Leib blos von Brot und Pflanzenspeisen; sie waren dergestalt gegen das Tödten der Thiere eingenommen, dass sie Waffen auch nicht einmal nur anfertigten, aus ängstlicher Besorgniss, es möchte etwa ein Thier mit denselben umgebracht werden — ein Zug, der so indisch ist, dass er anstatt Siegel und Urkunde gelten könnte. So schloss das Heimatland des Christenthums auch diese Elemente indischer Gesittung in sich ein, und das schonende Mitleid mit den Thieren gehörte dort nicht zu den „fremden Göttern". Jesus freilich und der Kreis seiner Jünger theilten diese ängstliche Empfindung, diese Strenge der Enthaltung nicht: er trank mit den Anderen vom Weine, ass vom Osterlamm und segnete den Fischzug Petri mit tausendfältigem Fange. Fehlte es also auch hierin an dem Vorgange des Meisters, so griff die Enthaltung vom Fleischgenusse dennoch in der jungen Christenheit immer mehr mit stets regerem Eifer um sich; denn noch immer floss aus dem Osten der lebendige Empfindungsstrom nach, welcher die Bewegung vordem inaugurirt hatte. Mit dem Büsserwesen kamen auch die extremen Aeusserungen der Sympathie mit der Thierwelt herüber. Die abgezehrten Mönche in den Felsenzellen Aegyptens und Syriens, die von Blättern der wilden Olive, von hartem, schlechtem Brote und trockenen Wurzeln ihr Dasein fristeten, nur theilweise mehr mit voller Empfindung, warum diese Entbehrungen — sie gaben den anderen Christen ein Beispiel, das mit der Zeit, trotzdem die natürliche Unterlage dazu: Theilnahme, Mitleid, Achtung für die Thiere, in der abendländischen Welt völlig fehlte, die christliche Kirche unaufhaltsam zur Einsetzung des Fasten-Institutes, zum Fleischverbote in geweihten Zeiten führte. Das freiwillige Fleischfasten der Laien stellte schon ein höchst abgeschwächtes Fasten im indischen Sinne dar; es konnte nur mehr sehr uneigentlich für ein Product der Ahinsâ-Doctrin gelten. In dem Masse aber, als die Kirche sich jener Enthaltung als eines religiösen Zuchtmittels bemächtigte, verflüchtigte sich der ursprüngliche ideale Gehalt, die Seele jenes Actes vollends bis auf den letzten Rest: zurück blieb nichts als ein blosser Schein, ein kalter Kirchenbrauch. Wechselnd und schwankend in seinen Bestimmungen, weil man völlig das Bewusstsein seines ursprünglichen Sinnes verloren, und so eine wunderliche Fasten-Zoologie zu Tage fördernd; vom Skeptiker verlacht, vom Weltmenschen umgangen und ohne Scrupel übertreten, halb Busse, halb Festtagssignatur ist der Brauch des Fleischfastens bis in unsere Zeit übergegangen und hat da sein Recht nur noch in der Gewohnheit des häuslichen Lebens, dem weichen Neste gar vieles Ueberlebten und Erstarrten. Ohne Leben und Inhalt, wie ein erblindetes Auge, wie ein Antlitz, dem die Augen fehlen, fristet die ehedem von so lebendiger Empfindung eingegebene Sitte unter uns ein Schattendaseiu fort, wie das Spinnrad eine Weile noch weitersurrt, nachdem der Schwung vorüber, der es in Bewegung gesetzt.

Endlich wird sie aber doch schwinden müssen, wie die dürren Mumien mit der Zeit zerfallen, oder sich mit neuem Geiste, neuem Inhalte beleben müssen, um nicht mit anderer Spreu ausgefegt zu werden. Aber wo ist der neue Wein für den alten Schlauch? Gehen wir in uns; besinnen wir uns darüber, was wir thun, indem wir das Fleisch der Thiere zu unserer vorzüglichsten Nahrung machen, und er wird fliessen. Wollten wir das Fleischfasten zum Symbol der Bedürftigkeit unserer Natur nehmen, zum Vehikel der ausdrücklichen Erinnerung daran, dass wir uns, wenn wir nicht selbst zu Grunde gehen wollen, eben entschliessen müssen, anderen Wesen, die ebenso ungestüm wie wir dies Dasein begehren, fortwährend das Aergste anzuthun — wollten wir in diesem Sinne von Zeit zu Zeit, wie gewohnt, uns freiwillig des Fleischgenusses enthalten, wir hätten daran in der That ein wahres regenerirtes und geläutertes, das Fasten der Zukunft.

9. Die Vedânta-Philosophie.

Das Grossartigste und zugleich unter uns leider am wenigsten Bekannte, was der indische Genius hervorgebracht hat, ist seine Philosophie. Von ihrem Reichthume und ihrer Bedeutsamkeit für das Leben des indischen Volkes macht man sich bei uns in Europa schwer einen Begriff, woselbst die Philosophie (versteht sich die echte) gar still und einsam ihre hohe Strasse geht, von den Allermeisten kalt und fremd wie ein mythologisches Wesen angesehen. In der That besass aber auch wol kein Volk des Erdkreises so hohe philosophische Anlagen, war von so innigem Ernst philosophischen Forschens durchdrungen, als das indische; nirgends erfüllte das edle Bedürfniss nach Aufschlüssen über die letzten Probleme so breite Schichten der Gesellschaft, als in dem schwülen, zum stillsitzenden Leben auffordernden Tropenlande des Ganges. Längst ehe der griechische Geist in Ionien sich über die Welt zu verwundern und demnächst über ihre dunklen Probleme zu forschen be-

gonnen hatte, regte sich der philosophische Trieb, von
allem Anfang an in grosser Stärke, unter den Indern
und veranlasste schon in den Hymnen des Rigveda (circa
1500 bis 1200 vor Christo) ein eigenthümliches Suchen
und Fragen nach dem Einen in aller Vielheit, nach den
Mächten, welche diese vielgestaltige Welt und das Menschenleben beherrschen.

Dieser Trieb wirkte dann in noch viel stärkerer Weise
nach der Consolidirung der Zustände im Gangeslande,
nach Aufrichtung und Befestigung der brahmanischen
Lebensordnung, deren Tendenz dahin ging, das ganze
Leben zu einèm âçrama, zur religiösen Uebung und
Kasteiung, zu gestalten. Auf dem Opferplatze oder im
geweihten Kreise mit vertrauten Schülern, in der Wald-
einsamkeit und wieder bei öffentlichen Festen ein stetes
Sinnen und Träumen, ernstes, tiefes Forschen und schwärmendes Schauen. Eine Denkerkaste, die Brâhmanas (die
Beter), ganz der würdigsten geistigen Arbeit hingegeben;
jeder Arier seine Jugend im Hause eines brahmanischen
Lehrers in selbstverleugnender Thätigkeit verbringend,
um hier für sein ganzes Leben massgebende Einflüsse
zu erfahren; Hausväter, Weib und Kind, Haus und
Hof verlassend, um als Bettler durch die Fremde zu
ziehen und das Geheimniss der Welt zu ergründen —
dies das philosophische Publicum. Und wenn es für das
philosophische Denken, das sein eigenes Bedürfniss und
sein eigener Lohn ist, noch ein anderes Motiv geben
kann, so war das hier jenes so oft geäusserte und ge-
nannte „Verlangen nach Erlösung“, ein tiefes Erfülltsein
von der durchgängigen Nichtigkeit dieses Daseins und

überhaupt jeder denkbaren Existenz, jener tiefste Ueberdruss am Leben, der nach völligem, ewigem Erlöschen
dürstet — hinüber in selige Ruhe zum Sein und Schauen
des Wahren

Den Indern war es also recht eigentlicher, bitterer
Ernst mit der Philosophie, sie haben tiefbewegten Gemüthes nach der Wahrheit gesucht und haben sich's
sauer werden lassen. Und es sind ihnen Aufschlüsse geworden, wie sie allein hingebender Betrachtung, voller
Versenkung in die Dinge sich eröffnen: ihr reinster
Niederschlag sind die sogenannten Upanishaden (d. i.
„Collegien" im studentischen Sinne des Wortes), jene erhabenen und tiefsinnigen Conceptionen, welche die Keime
und Grundgedanken aller späteren indischen Philosopheme
enthalten, vom gröbsten Materialismus bis zum absoluten
Idealismus der Vedânta-Lehre Diese ist nun aber die
vorzugsweise aus den Upanishaden*) entwickelte orthodoxe, auf das geheiligte Vedawort sich stützende und
die allergrösste Verbreitung und Autorität geniessende
Wahrheits- und Heilslehre. Mit ihr muss man sich bekannt machen, will man erfahren, was die indische
Philosophie eigentlich sei und wolle, was für Aufschlüsse
sie über Welt und Leben zu geben habe. Es war das
bis auf die jüngste Zeit aber schwer, wo nicht unmöglich. Man war über das Stadium der Vorarbeiten, des
vorläufigen Sondirens nicht hinaus. Das Hauptwerk der
Vedânta-Philosophie, die Brahma-Sûtras des Bâdarâyana,

---

*) Mit anderm Namen Vedânta, d. i. „Ende des Veda",
weil sie überall den letzten Platz in den vedischen Schriften
einnehmen, nach indischer Auffassung als „Ziel (anta) des Veda".

nach indischer Art in einer Aufreihung von 555 ganz
kurzen Sätzchen, meistens blossen Stichworten, mitgetheilt, die ohne den erklärenden und ausführenden Com-
mentar des grossen Lehrers Çankara (8. oder 9. Jahrhundert nach Christo) gar nicht zu verstehen wären,
schloss sich eben auch dem gewiegtesten Sanskritisten
nur langsam und nach mühevollstem Bestreben auf. Um
die tiefen und ursprünglichen Gedanken des Systems
rein aufzufassen, sie nicht zu verflachen und zu euro-
päisiren, musste der Forscher seine ihm früh eingeimpften
occidentalischen religiösen und philosophischen Grundansichten unterweilen vergessen. Er musste die Kraft des
Denkens haben, ein so weitläufiges und inhaltsreiches
Gedankengebäude, wie es ihm in der krausen Darstellung
des Urtextes entgegentrat, in seiner Einheit und dem Zusammenhange seiner Theile untereinander zu überschauen
und sodann klar und übersichtlich darzustellen. Er musste
endlich auch jener Lehre in Bewunderung ergeben sein,
denn nur daraus konnte ihm die erforderliche geduldige
Begeisterung zu seiner Arbeit entspringen. Ein solcher
Mann hat sich gefunden. Ausgerüstet mit gründlicher
Sprach- und Sachkenntniss, erfüllt vom redlichsten Ernste
philosophischen Forschens, selbst ein gründlicher und
klarer Denker, hat er eine Bearbeitung des indischesten
unter den philosophischen Systemen der Hindu, der
Vedànta-Lehre, geliefert, in einer Art, wie sie in der
Literatur-Geschichte der Philosophie vielleicht ohne Beispiel ist. Die Leistung und der Mann, von denen hier
geredet ist, sind: „Das System des Vedânta nach den
Brahma-Sûtras des Bâdarâyana und dem Commentare

des Çankara über dieselben als ein Compendium der Dogmatik des Brahmanismus vom Standpunkte des Çankara aus dargestellt von Dr. Paul Deussen zu Berlin. Leipzig, F. A. Brockhaus, 1883." 8. XVI. 536 S. geh. 12 M.

Das grosse Publicum der Gebildeten hat bisher allem Indischen, das bekannt geworden, ein aufrichtiges Interesse entgegengebracht; es ist aufs ernstlichste zu wünschen, dass dasselbe hier, wo nicht Unterhaltung, sondern Belehrung verheissen, ja, wo dem Leser eigene Anstrengungen zugemuthet werden, Stich halte. An Jeden, der nicht mehr im Stande philosophischer Unschuld ist, wendet sich Deussen's Werk; wem je die grossen Wahrheiten Kant's nahegetreten sind, wer Schopenhauer's originelle und tiefgedachte Philosophie studirt hat, wird sich mit freudigem Erstaunen hier wie zu Hause finden; den Historiker wird die enge Verwandtschaft und Analogie der exoterischen, bildlichen, d. h. theologischen Seite des Systems mit den Dogmen des Christenthums fesseln und fruchtbar anregen; dem Skeptiker wenigstens die Schärfe und Consequenz der Gedankenbildung Achtung abnöthigen. Ihnen Allen aber wird die Ueberzeugung entstehen: in jener Lehre liege, bei aller Seltsamkeit, etwas Grosses, Geister Zwingendes, Menschengeschichte Gestaltendes. Und in der That ist die ganze indische Cultur blos eine Paraphrase dieser Philosophie oder, wenn man will, die Praxis zu ihrer Theorie.

Eigentlich ist die gesammte Vedânta-Lehre die Entfaltung eines einzigen Grundgedankens: der Identität des Brahman mit der Seele, womit gemeint ist, dass als das

ewige Princip alles Daseins, als das, was hinter uns und
der Natur steckt und diese Welt erst möglich macht,
Brahman = Kant's „Ding an sich"), Jeder sich selbst
findet, dass das Brahman bei richtiger Erkenntniss mit
unserm wahren und eigentlichen Wesen (âtman) ganz
und gar dasselbe ist. Die Vielheit der Wesen, die Welt
ist ein Werk der Illusion, wie das Spiegelbild des Mondes
im Teiche, ist eine Täuschung, und die Ursache dieser
Täuschung ist die Mâjâ, der unbefangene Realismus, in
dem wir Alle geboren sind; in Kant's Sprache: die Welt
und unser empirisches Subject in ihr ist Erscheinung.
Der uns angeborene Grundirrthum, der uns verhindert
zu erkennen, dass wir Alles in Allem, dass wir Brahman
sind, ist aber der, dass wir, den Schein für Wirklichkeit
haltend (d. i. die Erscheinung mit ihren Formen für das
wahre Wesen nehmend), uns selbst in unserer Leiblich-
keit als subjective, individuelle Existenzen zu wissen
wähnen, und nicht erkennen, dass wir von Ewigkeit waren,
sind und in alle Ewigkeit sein werden das Eine, unge-
theilte Selbst, der Kern aller Realität, die unerschöpfliche
Quelle alles Lebens. Sich in völliger Einheit mit dieser
Weltseele, mit diesem grossen Es wissen, mit wahrer,
inniger Ueberzeugung die Formel: „aham brahma asmi"
(ich bin Brahma), aussprechen können, ist aller Weisheit Ziel und Ende. Diese Erkenntniss führt zur Erlösung, ist vielmehr schon selbst die Erlösung. Sie lässt
sich aber nicht mittheilen und lässt sich nicht lernen.
Sie muss aufzucken wie ein Blitz, der nach oben schlägt,
den ganzen Menschen im Tiefsten umwandelnd. Für
Einen, dem sie aufgegangen, ist Individualität und Viel-

heit nicht mehr in Wahrheit vorhanden; ihre Illusion
steht vor ihm, fest und nicht zu verscheuchen, wie ein
Gespenst; aber er weiss, es ist Täuschung, es ficht ihn
nicht an, denn es wird ihm nicht mehr Motiv zum
Handeln. Und wenn auch dieser Schein dahinfällt, wenn
der Erlöste stirbt, bleibt er, wo er ist und immer war
— als reines Brahman.

Dies in den Grundzügen die esoterische Lehre,
das ist die directe Darlegung der Wahrheit, soweit
Begriff und Sprache das, was einer ganz andern Ordnung der Dinge angehört, zu fassen und auszudrücken
vermögen. Das Grundgewebe des Vedânta Systems
wird aber eigentlich von der exoterischen Lehre gebildet,
die auf allen Gebieten von der ersteren durchbrochen
ist. Hier bequemt sich der philosophische Gedanke der
Fassungskraft der Menge an, indem er sich in die
Formen der empirischen Anschauung kleidet und dadurch uneigentlich, allegorisch wird. Und so entwickelt
sich vor uns ein empirisches Weltbild auf mythologischer
Grundlage, denn Brahman erscheint auf exoterischem
Standpunkte als Gott und Herr der Welt: es ist das
niedere Brahman. Es tritt auf als Schöpfer, Regierer
und Vernichter der Welt, von ihm sind die Seelen der
Menschen ein Theil, ein Ausfluss; es ist Ordner der
Seelenwanderung und verhängt über die Individuen, mit
Berücksichtigung der Werke ihres früheren Lebens, ihr
Wirken und Leiden; es ist endlich auch derjenige, durch
dessen „Gnade" die erlösende Erkenntniss aufgeht (ver-
gleiche die christliche Gnadenwahl) — Alles allegorisch,
bildlich zu nehmen, die Wahrheit, versetzt mit vielem

Irrthum, an dem der Geist des Menschen fast unlösbar
hängt. Dies niedere Brahman ist es also, das sich zur
Welt entfaltet und zur Materie verdichtet, stufenweise
immer mehr und mehr sich entäussernd: zunächst zum
Aether, aus dem Aether zur Luft, zum Feuer, Wasser,
zur Erde und Nahrung, zum Samen und endlich daraus
zum Menschen, zur Seele. Die Erforschung des Brahman
in seiner Gestaltung als individuelle Seele wird zu einer
geistvollen, ausgeführten Psychologie, in der von der
Natur und den Organen der Seele, von ihrem Verhältnisse zu Gott, dem Leibe und ihren eigenen Thaten umständlich gehandelt wird. Von den Schicksalen derselben
über den Bestand ihres Leibes hinaus, bis sie den Weg
zurück ins Brahman findet, d. h. durch ihre Thaten verdient, gibt die Lehre von der Seelenwanderung, als deren
Ordner Brahman hier auftritt, Rechenschaft. Sie ist ein
Mythos, insofern sie mit Zuhilfenahme von Raum und
Zeit darstellt, was über diese erhaben ist, nämlich die
von Jedem gefühlte ewige Gerechtigkeit, leistet aber
wahrlich in praktischer Hinsicht so viel, als eine directe
Darstellung der Wahrheit, wenn wir sie hätten, über das
Handeln der Menschen vermöchte. Das Höchste in dieser
Welt des niederen Brahman ist der Himmel, die göttliche Natur; zu ihr kann sich die Seele erheben und so-
dann endlich durch die „Gnade" zum höchsten Brahman,
zur definitiven Erlösung eingehen.

Wir sehen, diese Lehre ist Philosophie und Theologie
zugleich und nebeneinander und hier der alte unsühnbare
Streit geschlichtet, der im Occident die Philosophie und
Theologie auseinander hält. Wenn die beiden hier wie

Carl V. und Franz I. von sich sagen können, sie wollen beide dasselbe — nämlich die Herrschaft über die Köpfe, so verstehen sie sich auf indischem Boden besser und theilen sich weise ins Publikum: dem, der die Wahrheit rein und ohne Bild zu fassen und zu fühlen vermag, wird sie als Philosophie geschenkt, in den geweihten Kreisen esoterischer Lehre; der grossen Masse hingegen, die mit dem dunklen Bedürfniss nach denselben letzten Aufschlüssen und Belehrungen nicht das gleiche Vermögen verbindet, durch Erweckung der eigenen tiefsten Besinnung und abgrundtiefes Insichgehen die Wahrheit in sich zu finden, wird sie, ohne den ersten zu stören, in seine Fabeln und Mythen, in sein Ahnen und Hoffen hinein gesenkt, und ohne sein Denken und Forschen zu lähmen, wie leicht durch feste Religionsdogmen und Glaubenssatzungen geschieht, da er durch dieses vielleicht allmählich auf den esoterischen Standpunkt gelangt, stützt und trägt sie sein Leben mit ganzer Kraft. So ist auf diesem Boden der alte Wunsch der Guten nach Einem Glauben, Einer Wahrheit für Alle in einer fast idealen Weise — jedenfalls so, dass wir viel daran zu lernen hätten, erfüllt.

Nun aber den Inhalt dieser Wahrheit anlangend, durch deren lebendig gefühltes und erhaltenes Bewusstsein der Inder sich „erlöst" fühlte — wie hoch wiegt diese Philosophie und welches ist ihr Verdienst? Was bedeutet im Grunde jener Zustand, wo der Denker der Identität seines Selbst, des Âtman, mit dem Brahman, dem innersten Grunde dieser Welt innewird? Der Moksha, die Erlösung, welche in jenem Zustand liegt, wie und inwiefern konnte sie das letzte Ziel und Sehnen

der besten und begabtesten Kräfte jenes reich begabten
Volkes werden? Wir würden diese Fragen leichter erle-
digen, wenn wir sie im Rahmen der indischen Philosophie selbst, oder etwa in dem von deren europäischem
Widerspiel und zugleich ihrer Fortsetzung, der Philosophie Schopenhauer's, beantworten dürften. Hier würden
wir sagen, dass es eine Manifestation des Brahman, des Ding
an sich, des Willens und wol seine vollkommenste, letzte
und höchste (wenn davon bei einem Kreis die Rede sein
kann) sei, sich ganz zu fühlen und zu besitzen, wie in
jenem Bewusstsein geschieht, und was, wenn wir es recht
bedenken, auch in dem Phänomen der Moral und
Aesthetik Ausdruck findet. Hierdurch erfolgt aber eine
Umwälzung, gegen welche die Geburt, der Eintritt ins
reale Dasein ein nichtiger Traum, der Schatten eines
Traums ist. Wir erwachen aus diesem Leben, d h. aus
der Reducirung unseres wahren Wesens auf ein Pünkt-
chen des All, zum wahren Leben im Ganzen: „Geist ist
sein Stoff, Leben sein Leib, Licht seine Gestalt, sein
Selbst die Unendlichkeit, die Sonne seine Augen, die
Erde seine Füsse, ich bin es, ich bin Brahma“. Leiden,
Alter, Tod, Feinde, Nachbarn, Brüder — Alles ist
Täuschung, Alles bin ich, ich bin nie geboren und werde
nie sterben; nichts ficht mich an, nichts kränkt mich
mehr: das ist die Erlösung. Die Frage nach dem Verdienste seiner Philosophie und ihrem Ziel erledigt sich
also für den Inder dahin, dass sie dem Werke des Arztes gleicht, der dem Blinden das Augenlicht gibt, wobei
noch zu bedenken ist, wieviel tausend Mal mehr tiefstes
Begreifen als blosses Gucken und Sehen gilt.

Aber dem Inder seine ungeheure Schätzung jener Erweckung aus dem angebornen naiven Realismus des Lebenden als gerecht zugegeben, so müssen wir doch bemerken, dass er von ihrem Gewicht völlig erdrückt worden ist. Ist die metaphysische Erkenntniss von der Identität des Âtman mit dem Brahman einmal aufgegangen, die Idealität der Welt erfasst, wohl, so ist das Bewusstsein wie ein neugebornes Kind in einer neuen, ganz anderartigen Welt. Nun würde es aber gelten, dass das Kind in dieser auch heranwachse, sich umsehe, heimisch werde und seine Augen richtig gebrauche, wie Schopenhauer's Philosophie ein solches erstes Wachsthum bedeutet. Aber die Inder blieben, wie Kant, der wiedergeborne Säugling der Metaphysik. Sie trugen die Grundwahrheit, aus deren Schosse nun eine fröhliche Schaar starker Gedankenkinder entspringen sollte, als ein Erstarrtes in ihrem Gehirn, indem sie, sich dieselbe fortwährend vorhaltend, den Zweck und Sinn ihres Daseins übersahen und in blinder thatenloser Abgeschlossenheit von der Aussenwelt, diesem grösseren Theil ihres Wesens, versanken, welche einzig und allein ihnen die Quelle tieferen und reicheren Verständnisses hätte bieten können. Sie hörten dort auf, wo, aus innerer Erfahrung entsprungen, eine Grunderkenntniss gewonnen war und die eigentliche Arbeit, aus der äussern Erfahrung alles das, was sie einschloss, zu Tage zu fördern, erst begonnen hätte. So glich sie jenem armen geblendeten indischen Prinzen, der frohlockte, dass er das innere Auge der Weisheit errungen habe, das ihm nicht entrissen werden könne.

Alles in Allem genommen erscheint die Philosophie der Inder als der früheste und breiteste Durchbruch des metaphysischen Lichtes, auf physischem Gebiete dem Phänomen vergleichbar, da die Sonne zum ersten Male durch die schweren Dünste und Nebel, welche die junge werdende Erde überlagerten, brach und das erste Sonnenlicht auf den düsteren Grund fiel, über dem sie seitdem leuchtend steht und tausendfältiges Leben erzeugt.

10. Gott Amor.

Noch immer reden die Dichter, wie zu Anakreon's Zeiten, vom kleinen Gott Amor. Noch fabeln Verliebte, mit dem süssen Weh in der Brust, von scharfen Pfeilen, die ihnen der schalkhafte Knabe mitten durchs Herz geschossen, und die neueste Wendung, dass Gott Amor auch „Probefeile" in seinem Köcher führt, zeigt sogar, dass das Bild des kleinen Gottes noch nicht einmal fertig, sondern noch immer flüssig und triebkräftig ist. Es gehört zur geistigen Ausstattung eines Jeden, wie geflügelte Worte, wie conventionelle Citate, ist gleichsam ein Wort — ein sehr freundliches Wort — der mythologischen Bildersprache, die, aus mancherlei Quellen zusammengeflossen, ein Reservoir poetischer Anschauungen bildet, aus dem so manche Dichter alter und neuer Zeit ihre Oden und Madrigale gespeist. Der Preis, dem süssesten Innerlichen dies sein Bild gegeben, für die Menschen und Götter bewegende Liebe gewissermassen die poetische Formel geschaffen zu haben, gebührt, wie bekannt, dem griechischen Geist, der die hieroglyphische Sprache der Mythologie ja so virtuos zu handhaben verstand und sie aller Welt zugeführt hat.

Gestehen wir es uns jedoch nur, es ist ein paradoxes Bild, eine eigenthümliche Vorstellung, dieser lächelnde Scharfschütz mit seinen Liebespfeilen, und nur die Vertrautheit des Symbols lässt uns das gewöhnlich übersehen; es lag aber diese Ausgestaltung des Begriffs der Liebe in den griechischen Anschauungen, wie wir uns noch klar machen können. Seltsamerweise hat nun ein anderes Volk mit ganz anderen Gedankenkreisen, mit völlig verschiedener Kunstanschauung und mythischer Production, das indische, gerade die nämliche Vorstellung, dieselbe eigenthümliche Versinnbildung der Liebe in seinem Kâma, dem Liebesgott mit dem Zuckerkandbogen und den Blumenpfeilen hervorgebracht — eine Uebereinstimmung, die, vorausgesetzt dass sie nicht auf gegenseitiger Beeinflussung beruht, ein höchst interessantes psychologisches Problem darstellt. Eine solche Beeinflussung der einen Conception durch die andere, des Eros hüben, des Kâma drüben, ist aber bei der Getrenntheit der beiderseitigen Culturen sicherlich nicht anzunehmen*), und so muss Gott Amor es sich schon gefallen lassen, einmal statt in Versen verherrlicht oder verketzert zu werden, einer kleinen Studie als Thema zu Grunde zu liegen.

Wie er in unserer Vorstellung dasteht, der lächelnde Knabe mit Bogen und Köcher, mit Fackel und Flügel-

---

*) Kâma erscheint schon im Atharvaveda, also vor jeder Berührung mit Griechen, Bogen und Pfeile tragend.

8*

paar, ist er die Schöpfung des gebildeten Schönheits-
sinnes, der heiteren Vorstellungsart der besten griechischen Zeit; so hat ihn ein Anakreon unter Scherzen
geschildert, so ihn ein Praxiteles oder Skopas mit anmuthigster Empfindung aus dem Marmor gemeisselt. Was
sie dabei als Vorstellung einer älteren Zeit übernommen
hatten, war keineswegs so ins Heitere, Künstlerische gewendet, sondern mehr elementare, dunkle Naturpoesie,
die auch nicht in künstlerischen Gestaltungen, sondern in
feierlichem Cultus ausbrach. Auf dieser Stufe erschien
Eros noch als menschenbezwingende Naturgewalt, seine
Pfeile wahrhaft als eines Gottes Geschoss, wie die Blitze
des Vaters Zeus. Aber selbst diese echt mythische Gestalt lässt noch eine elementarere, dunklere hinter sich
erkennen, und hier starren uns vollends die Züge einer
gebundenen, in dunkle Ahnungen und Empfindungen
tief eingesenkten urweltlichen Zeit entgegen. Der Liebesgott mit dem Bogen — hier ist er vollends kein Scherz
spielender Phantasie, sondern scheu verehrte, gefürchtete
Wirklichkeit. Was als Liebesgefühl in der Brust dieser
alten Geschlechter sich regte, der peinigende Drang, die
süsse Gluth, die ganze wunderbare Verzauberung unseres
Wesens durch die Liebe, das fassten sie als die Wirkung eines Dämons, eines übermächtigen Wesens ausser
ihnen auf, wie ihnen die dichterische Begeisterung ein
Werk des Genius, der treibenden Musen war. Liebe
war Fieber, war Krankheit, ein Angezaubertes, in den
Menschen Hineingeschleudertes. Wie sie als heisser
Brand, um nicht zu sagen als Brunst in Leib und Seele
dieser rohen Geschlechter entstand und weiterflammte,

musste sie in der That als etwas Dämonisches, ein Fieber, ein hitziger Paroxysmus empfunden werden. Es war nun aber alte griechische Anschauungsweise, dass Krankheit und Siechthum die Wirkung unsichtbarer Pfeile, verderblicher Götter- und Dämonengeschosse seien. Der erzürnte Apollon versendet von seinem Bogen tödtliche Pestpfeile in die Reihen der Griechen — jene bildlich denkende Zeit fasste jeden dunklen Naturvorgang eben als Handlung von Personen, menschlich bewegten Wesen auf; zur Idee eines physiologischen oder seelischen Processes war das Bewusstsein noch lange nicht vorgedrungen. So war ihr auch das Fieber der zehrenden quälenden Liebe das Werk eines Dämons, der mit seinen zauberischen Pfeilen plötzlich aus dem Verborgenen das menschliche Herz traf und krank, liebeskrank im eigentlichen und gar nicht im sentimentalen Sinne machte, eines ernsten finstern Dämons, der mit zu der dunklen unsichtbaren Schaar, die dem Menschen immerdar auflauert und Herr über ihn werden will, zählt. So tief in die Urzeit und ihre gebundene und primitive Vorstellungswelt müssen wir hinabblicken, um die Vorstellung des bogenbewehrten Liebesgottes zu begreifen, um für ihre speciellen Züge die Anschauungen zu finden, aus denen sie hervorgehen mochten. Unter den Händen der Dichter und unter Leitung des den Griechen eigenen Schönheitsinstinctes wurde dies mythische Gebilde, das ursprünglich ausserhalb aller Aesthetik stand, als Gegenstand des Glaubens — oder wenn man will des Aberglaubens — allmählich gänzlich umgewandelt, das Dämonische verlor sich, die Gestalt wurde freundlich und lieblich, wie die

Liebe selbst zarter und lieblicher wurde. Bewusste Symbolik dichtete der Gestalt neue Züge an, die Flügel als Zeichen des Unbestandes der Leidenschaft, die in Gift, Galle oder Honig getauchten Pfeile, da das Liebesleben sich schon reicher und mannichfaltiger zu entfalten begann, die über die Augen gelegte Binde, weil die Liebe blind ist u. s. w. Auf dieser Bahn schreitet die Poesie noch immer weiter, und der „Probepfeil" wird nicht das letzte Attribut sein, mit dem Gott Amor beschenkt wurde.

Neben Eros, dem Griechenkinde, steht nun aber, räthselhaft genug, in ganz ähnlicher Gestaltung sein indischer Zwillingsbruder Kâma, der indische Liebesgott. Blickt man in die schöne Literatur der Inder, so findet man sie gerade so des Gottes voll wie die griechische Lyrik. Sein Bild, reizend und anmuthsvoll gezeichnet, ist der dichterischen Phantasie dort stets ebenso gegenwärtig wie hier und schimmert in hundert Wendungen durch das Gedankenspiel. Er fährt daher, gefächelt von sanften Südwinden, begleitet von seinem Freunde Vasanta, dem Frühling, ein schön gefiederter Papagei sein Gefährt, ein Fisch in rothem Grunde sein Banner, den süssen Zuckerrohrbogen mit den fünf Blumenpfeilen und der Sehne von summenden Bienen stets zum Schusse bereit. Und wenn er auf seinem wunderbaren Zuge anhält, so ist es in schönen Gärten, in duftenden, dichtumbuschten Hainen, wo ihn Nymphen umtanzen in silberbeglänzter Mondnacht. So schildern ihn die Dichter, so beschreibt ihn die Sprache, welche in zahlreichen Namen, wie mit bunten Mosaiksteinchen dies Bild des Gottes in der Phantasie aufbaut. Es darf nun aber nicht verschwiegen bleiben, dass die Vorstellung von ihm durchaus nicht, wie die des Eros, auf dies Bild beschränkt bleibt. In grossartigem Styl als Fürst dieser Welt, als Herr der Weltlust steht er in der buddhistischen Auffassung da: Mâra, der Versucher zur Fleischeslust, ist zugleich Todesfürst, denn wer leben und lieben will, ist der Natur einen Tod schuldig. Aber auch in der brahmanischen Vorstellung ist Gott Kâma in abgewandelter Form anzutreffen. Es heisst, er ist ein unsichtbarer Gott, hat ein unkörperliches Wesen und lebt als Gedankensohn (manasija) nur in den Gemüthern der Menschen. Darum heisst er auch ananga: der körperlose, und hat der Gott keine Pagoden, keine Figuren in dem Lande, wo es der Tempel fast so viele als Wohnhäuser gibt und selbst die heiligen Thiere ihre Bildsäulen haben. Dennoch braucht es kaum des Hinweises, wie so völlig indisch gerade die Ausstattung der ersterwähnten Vorstellung von Kâma ist. Sie ist geradezu eine Probe, ein Muster für den indischen Geist und spiegelt in jedem Zuge den indischen Geschmack aufs treueste wider. Diese weichliche, schmuckbehängte Gestalt, von Naturschwärmerei umschmeichelt, ist ganz und gar ein Bild der indischen Liebe, die so sehr sich aufzuputzen und durch Naturschwelgerei zu steigern liebt. Sein Zuckerbogen und die Blumenpfeile von fünf Sorten in seinem Köcher — was kann indischer gedacht sein, als diese scherzhafte, zuckersüsse Ausmalung, wie der Gott verwundet? Nicht anders ist es mit der Schnur aus summenden Bienchen, mit dem Ritt auf dem Papagei — es liesse sich förmlich eine kleine indische Aesthetik aus jenem Bilde entwickeln.

Und trotzdem, soll eine Ableitung der ganzen Vor
stellung aus indischen Gedankenkreisen versucht werden,
wie sie für Eros aus griechischen Anschauungen möglich
schien, so bringen wir es über Allgemeinheiten nicht
hinaus. Nur sehr dünne und lose Gedankenfäden knüpfen,
für unsere Erkenntniss wenigstens, jene fast freischwebende
Vorstellung an das indische Gedankengeflecht. Dass die
Liebeserweckung einem Gott zugeschrieben wurde, das
versteht sich bei einem Volke von selbst, das zur Patroni-
sirung aller seiner Lebensaffairen 330 Millionen Götter
bemühte; dass aber der Gott sein Amt gerade mit Bogen
und Pfeil vollzog, nicht etwa durch Berührung seiner
Götterhände, durch einen Trank, durch Genuss eines
Apfels, wie andere Liebeszauberer der Sage, das lässt
sich aus anderen indischen Vorstellungen nicht so ganz
bestimmt verstehen. Es lag vielleicht nicht so fern, die
plötzlich den Menschen überfallende Liebespein figürlich
und nur sprachbildlich als Verwundung zu denken,
als wenn ein Pfeil (die gewöhnliche indische Waffe) im
Herzen steckte; und andererseits war der Inder gewohnt,
wie er in den Händen seiner Götter, des Indra, Çiva,
Bogen und Pfeil dachte, die von der Gottheit ausstrah-
lende Machtfülle, die Strahlen der gotthaften Majestät
unter dem Bilde niedergehender Pfeile sich vorzustellen.
Diese beiden Bilderreihen kreuzten sich in der Vorstellung Kâma's, und so stand die Anschauung des Liebesgottes, der mit seinen Pfeilen die Liebesnoth erregt, da.
Wenn diese Ausführung wirklich richtig ist, so lässt sie
doch nur so viel sicher erkennen, dass die Uebereinstimmung zwischen Kâma und Eros, so seltsam genau

und schlagend sie ist, doch nur eine zufällige genannt werden kann, eine zufällige selbst in jenem tieferen Sinne, dass sie ihrem seelischen Ursprunge nach wenig oder nichts miteinander zu thun haben. Es fällt aber gerade hieraus ein Licht auf die Beschränktheit des menschlichen Vorstellungs-Horizonts, auf die engen Grenzen, innerhalb welcher sich alle Symbolik und Mythe bewegt, so dass es ihnen mitunter begegnen muss, sich haarscharf zu treffen.

Ob aber Eros und Kâma — es ist unbestreitbar ein hübsches Symbol, das uns in ihrem Bilde gegeben ist, und für die Poesie, die nach aussen geht, eine werthvolle Sache, eine brauchbare Type. Die Poesie freilich, die nach innen geht, vergisst jedes Symbol: sie hat die wirkliche Sonne und überlässt jener andern gern ihre gemalte.

II. Das grosse Sterben.

Juli 1884.

In diese leuchtenden Sommertage, wo Alles in bunten, fröhlichen Farben steht und seines Lebens froh ist, fällt von der Ferne her ein kleiner, schwarzer Schatten — wie ein dunkles Wölkchen auf glatter See: wahrt euch, ihr sorglosen Segler! Denn von neuem hat der unheimliche, gelbäugige Gast aus Indiens Dschungeln an unsere Wohnungen gepocht, das Gespenst ist wieder unter uns, und die Gefahr tritt uns hart an, wie der steinerne Gast den Don Juan. Immer bereit, seine tödtliche Herrschaft auszudehnen, haust ja jener verderbliche Dämon nicht zu fern unseren Grenzen, in seinem Heimatlande Indien, ohne Aufhören und holt sich dort unablässig seine Opfer. Eigene Angst macht mitfühlender: blicken wir einmal von der eigenen Gefahr auf die fremde Noth, die nie endet, manchmal aber sich zu einem Jammer aufthürmt, welcher schwer auf dem Herzen jedes Menschenfreundes lasten muss. Selbst von ihr bedroht, suchen wir die Cholera an ihrer Brutstätte, an dem Orte ihrer gewaltigsten Wirkung auf; das menschliche Herz ist schon so, dass es in seinen Sorgen aus dem Anblick grösseren Jammers einen elenden Trost empfängt.

Mahâmâri: „das grosse Sterben", nennt der Inder diese schreckliche Geissel seines Landes — das Wort wirkt wie ein offenes Grab. Es ist keine Krankheit mehr, es ist der erbarmungslose Tod; und wo sie heimisch ist oder hindringt, finden die Geier und Schakale der Speise zu viel. Das grosse Sterben! Städte und Flecken werden öde, ganze Striche zu grossen Leichenplätzen; wo der schnelle Tod sie überraschte, allenthalben entstellte Leichname und Keiner, der die gebrochenen starren Augen zudrückt. In reissender Schnelle zieht der Tod wie ein gieriger Raubvogel seine Kreise, bald ist ein ganzes Land verseucht, und in stumpfer Ergebung erwartet alles Volk den tödtlichen Hauch. Furchtbare Hitze und schreckliche Hungersnoth, welche die Seuche begleiten, machen das Elend voll und das Leben zur Hölle. Und solche Gräuelscenen sieht seit vielen Jahrhunderten fast jedes Jahr in irgend einem Theile Indiens; der Dämon schlummert nie. Hat er eine kurze Feierstunde gehalten, so war es, um desto entsetzlicher loszubrechen. Seine Wuth hat sich noch nie erschöpft.

Aber seiner Brutstätten und Schlupfwinkel sind auch viele in dem überreich gesegneten Lande. Was sonst Segen ist, die fabelhafte Fruchtbarkeit des Bodens, die ungeheure Ueppigkeit des Pflanzenwuchses, wird Strafe. Wo, wie im Deltagebiete des Ganges, heisser dunstender Schlamm meilenweit den Boden bedeckt und Reisfelder und Rohrdickicht daraus so schnell aufschiessen, dass die Sonne bald nicht mehr durchdringen kann, da mischt und kocht die tropische Natur in den heissen, stillstehenden Dünsten die giftigen Keime aus, welche tausendfachen Tod bringen. Das Gangesmündungsland ist so der grösste Choleraherd Indiens; hier entweicht sie nie. Aber auch sonst, wo die Sonne in den dicht-verschlungenen, schwülen Dschungeln über dem Sumpf-boden brütet, am Stromlauf aller grösseren indischen Ge-wässer steigt das gelbe Gespenst aus den Schleiern, die den Boden decken. Die grossen Städte Indiens, die Stätten eines blühenden und lärmenden Lebens, sind zu-gleich die Emporien des Todes, ständige Choleraquartiere, welche der Krankheit ihre regelmässigen Opfer liefern. Von diesen festen Punkten brechen, begünstigt und ge-leitet durch Misswachs, Hungersnoth oder abnorme Wit-terung, die grossen Epidemien ins Land, schreitet „das grosse Sterben" mit furchtbar raschen Schritten aus, bis ein endliches Hinderniss, das öde Meer oder riesige Ge-birgswälle, über die kaum ein Pfad führt, ihm eine Grenze setzen — wenn nicht ein unseliges Schiff den tödt-lichen Keim nach einem fernen Erdtheile weiterträgt oder eine Bergkarawane das Nachbarland mit ins Unglück reisst.

Ist es hier ein Naturverhängniss, welches die Ausdeh-nung der verheerenden Krankheit befördert und begünstigt, so kommt noch durch menschliche Thorheit und Kurz-sichtigkeit ein Factor hinzu, welcher der Verbreitung des Uebels den grössten Vorschub leistet. Es sind das die so häufigen Pilgerzüge in dem frommen, verbeteten

Lande. Riesige Ansammlungen von Menschen an Flüssen aus allen Theilen der Halbinsel unter den denkbar schlechtesten Verhältnissen; dürftige Gewandung, ungewohnte kalte Bäder und eine elende Diät, wenn nicht gar völlige Enthaltung von jeder vernünftigen Nahrung — welch eine Gelegenheit für den Einbruch der Cholera unter die bethörten, todgeweihten Schaaren! Ist das Unglück geschehen, dann stiebt Alles auseinander und der Choleratod fährt auf tausend Wegen. Als am 11. April 1879 zu Hardwar in Hindostan, dort, wo der Ganges aus dem Himâlaya austritt, gelegentlich des grossen Kumbhafestes vorübergehend mehr als eine Million frommer Wallfahrer zusammengeströmt war, brach die Cholera kurz vor dem Schluss des Festes, welches Wochen hindurch dauert, in heftigster Weise aus und wurde durch die flüchtenden Pilgerschaaren über ganz Nord-Indien verbreitet. So wird die Krankheit immer und immer wieder durch das vielgeprüfte Land geschleppt, und es ist kein Ende der Noth abzusehen. Die Pilgerzüge abzustellen, was ein Europäer als wirksamste Massregel empfehlen würde, ist eine völlige Unmöglichkeit, wie Jeder begreift, der die fanatische und zähe Frömmigkeit des Hindu kennt; würde er doch tausendmal eher sterben, als von seinen religiösen Gewohnheiten lassen. So bleibt hier, wie überhaupt so manchmal bei eigenthümlichen Verhältnissen dieses reichen armen Landes kein Hoffnungsschimmer, dass das grosse Elend dieser Seuchenzüge bald gelindert oder gehoben werde.

Wie im Grossen und Allgemeinen ist die indische

Cholera aber auch am Individuum von entsetzlichem Charakter. Man begreift es, bei dem hochtropischen Klima des Landes, dass sie ihre Opfer mit vernichtender Wuth anfällt. In kürzester Zeit besorgt der Dämon seine grausige Arbeit. Es ist uns aus dem vorigen Jahrhundert, nach Schilderungen von Augenzeugen, der Bericht eines französischen Arztes und Reisenden über eine indische Cholera-Epidemie erhalten, welche vielleicht die erste deutliche Beschreibung der Krankheit in unserer abendländischen Literatur und darum immerhin von einigem Interesse ist. Herr Sonnerat gibt sie in seiner „Reise nach Ostindien" (1774—1781), noch ganz ahnungslos, welch unheimlichen Gast er uns darin ankündigt. „Die Epidemie", schreibt er, „fiel während der Zeit ein, da die Nordwinde wehen; sobald sie aufhörten, verschwand auch die Krankheit. Ihre Symptome waren ein wässeriger Durchlauf mit Erbrechen, gänzlicher Entkräftung, brennendem Durst und heftigen Schmerzen. Oft verlor der Kranke den Verstand, die Sprache und das Gehör; der Puls war klein und gedrängt, und das einzige Rettungsmittel, das der Bruder du Choisel von der ausländischen Mission dagegen ausfindig machte, war der Theriak und bittere Arznaien. Die indischen Aerzte konnten nicht einen einzigen Kranken retten." — „Vermuthlich", setzt der „pensionirte Naturforscher des Königs" dazu, „floss die verstopfte Ausdünstung in die Blutmasse zurück, und die drängte sich in den Magen u. s. w." — was wenig besser klingt, als die Ansichten der indischen Aerzte über das Uebel. Denn man meine nicht, dass die indische Medicin mit dem Uebel sich nicht sehr ernsthaft und nach Kräften beschäftigt habe. Ihr grösstes Lehrbuch, das Werk des Suçruta, gibt schon vor etwa fünfzehnhundert Jahren ein sehr zutreffendes Krankheitsbild der Bandhalasika, der „Eingeweide Verzehrenden"; ihre Symptome hat man mit indischer Beobachtungsschärfe meisterlich aufgefasst und unter die verschiedenen Krankheitsformen gebracht; aber das war auch Alles. Heilen, den Kranken retten — unmöglich; das Einzige, was man vermochte, war, eine geregeltere Lebensweise noch vor der Erkrankung vorzuschreiben. Aber was nützte das, wenn die bitterste Noth oft Tausende zwang, zu essen, was sie eben fanden und hatten, zu wohnen und unterzuschlüpfen, wo sich ein Plätzchen fand? Die Noth des Lebens ist überall die stärkste Verbündete eines „grossen Sterbens", im Orient wie bei uns.

Der Inder fürchtet den Tod nicht, tausend Gefahren umlauern ihn stündlich, von denen unsere Cultur nichts kennt, und er stirbt gelassen, ja heiter; aber dieser Würgengel, dies Schreckgespenst der Cholera hat sich doch tief mit unheimlichen Zügen in sein Gemüth, in seine Phantasie eingedrückt. Bald gilt sie ihm als das Teufelswerk eines der bösen Geister, vor denen er sich, nervös-erregbar, wie er ist, nie sicher fühlt; bald als das Rachewerk der Todten, der erschlagenen Feinde. Die finstere, menschenschädelgezierte Kâli, mit feuerrother Zunge und furchtbaren Hauern, gilt als Choleragöttin, und es ist nicht ohne Bedeutung, dass ihr Cult in Bengalen, dem Choleralande, in höchstem Ansehen steht. In diesen Angstgebilden seiner Seele drückt jenes Duldervolk er-

greifend und naiv aus, was auch durch unser Gemüth geht, wenn der unsichtbare Tod auf Schatten-
schwingen vielem Leben naht. Aber wir dürfen ge-
troster sein: einer Kâli streuen wir darum keinen Weih-
rauch, sondern bauen auf eine andere Göttin, welche
uns helfen wird, wie sie uns geholfen hat — auf die
Wissenschaft.

12. Das Alpha und Omega.

In dem Aufsatze eines gelehrten Hindu las ich jüngst mitten unter indischer Gedankenbildung und gut indischen Wendungen die Phrase vom Alpha und Omega. In der Fremde achtet man alles Heimischen mehr: das Alpha und Omega aus der Feder oder vielmehr dem Bambusstäbchen des Pandit machte einen ganz eigenthümlichen Eindruck; es war eine kleine und zufällige Erinnerung an den weltumspannenden Völkerverkehr, der auch die kleinsten Culturstäubchen in alle Ferne trägt. Das Curiosum lockte zu längerem Verweilen; es spannen sich Gedanken an, Combinationen boten sich dar, welche ihm nun ein ganz anderartiges, eigenthümliches und allgemeineres Interesse zu verleihen schienen. Jener Inder mit seinem Alpha und Omega stand nunmehr da wie der Mann mit dem gekreuzten Ducaten, der das ausgegebene Stück nach Jahren wieder als Almosen zurückbekam. Denn das Resultat der Nachforschung über die Herkunft des Alpha und Omega war, dass es in letzter

Instanz eine indische Gedankenmünze ist, auf der das Kreuzlein ihres ersten Besitzers noch ganz deutlich zu erkennen. Allgemeine Speculationen über den Kreislauf der Dinge, die Rundfahrten von Gedanken und Sachen haben wir zur Genüge genossen; die Geschichte vom Alpha und Omega hat ein specielleres Interesse und musste einmal geschrieben werden.

Man blickt gegenwärtig in kein Buch, in keine Zeitung, wo nicht das Wort vom A und O, vom Alpha und Omega wenigstens einmal anzutreffen. Es ist das gelehrte Seitenstück zum populären ABC und thut immer seine Wirkung. Wo immer man vom Wesen und Kern, vom Anfang und Ende einer Sache reden will, bietet sich das A und O als willkommene Formel dar. Der innerste Punkt, die höchste Spitze und die tiefste Tiefe wird gleichmässig durch jenes Wort bezeichnet, das somit nicht nur ein formelles Seitenstück, sondern auch ein inhaltliches Gegenstück zum ABC, dem Symbole jedes Anfangs, alles Primitiven vorstellt. Die Feierlichkeit, jene gewisse Weihe, welche dem Worte vom Alpha und Omega eignet, so dass es wirklich zumeist nur bei hohen und bedeutsamen Gegenständen gebraucht wird, selten scherzhaft und nie bei Alltäglichem, begreift sich, wenn wir seinen Ursprung unter uns kennen. Es stammt — kaum darf gesagt werden bekanntlich — aus kirchlicher Quelle, aus der Offenbarung Johannis, wo es vom Höchsten, dem Einen Gotte, an mehreren Stellen mit seltsamer Feierlichkeit heisst: „Ich bin das A und das O, der Erste und der Letzte — der Anfang und das Ende" (Off. Joh. 1, 8, 11; 22, 13). Also ein Gottesname, ein empor-

ringender Ausdruck für das Tiefste und Dunkelste, das
unser Denken beschäftigt, ist unser Wort vom Alpha
und Omega in seinem Ursprung; kein Wunder, dass
ihm stets eine gewisse Würde geblieben, als es, dem
gemeinsamen Schicksale aller Worte erliegend, allmählich
eine weitere Sphäre erhielt, vom Erhabensten hinweg
auch auf Anderes Anwendung fand. An und für sich
ist der Ausdruck freilich seltsam genug für einen
Gottesnamen, einen Gottesbegriff. Nichts von Himmels-
glanz in ihm, nichts wie Ton der Posaunen, er klingt
wie aus der Schule, gelehrt, trocken, pedantisch. Es ist
der Gottesname nach der Grammatik. „Ich bin das A
und O", so redet nicht „unser Vater im Himmel", wie
uns der Heiland ihn nennen gelehrt; so redet auch nicht
der eifrige Gott der Juden, der einst aus Feuersäulen
und dem flammenden Busch zum Volke gesprochen. Die
Poesie des christlichen Glaubens lehrte schönere Worte
und Namen finden, wie das Neue Testament auf jeder
Seite bezeugt; das Jahvehthum war auch von viel zu
cholerischem Pathos, um jenes trockene, poesielose Wort
vom A und O aus sich zu erzeugen. Wie der Ausdruck
sich gibt, contemplativ, nüchtern-sinnig, ein Product
philologischen Denkens, macht er ganz den Eindruck, als
sei er zufällig von irgendwoher in die ganz anderartige
Vorstellungs- und Empfindungswelt des christlichen
Buches hineingerathen, aus verstreutem Körnlein, wie
eine fremde Pflanze mitten im christlichen und jüdischen
Weizen aufgegangen.

In der Bhagavat-Gita, dem hohen Liede der indischen
Philosophie, welches in tausend Wendungen das grosse

Eine, das allem Begriff und aller Sprache unerreichbar
bleibt, zu nennen und zu erkennen sucht, lautet eine
Stelle: „Ich bin das A unter den Buchstaben, das Band
im Zusammengesetzten (Worte); das ewige Schicksal
bin ich und der Schöpfer allenthalben." Und noch früher
in den Upanishaden, jenen tiefsinnigen Meditationen der
Weisesten unter den Weisen im indischen Walde, war
der Name parâparavastu: das Erste und Letzte, der
Anfang und das Ende für das ewige Brahman gefunden.
Die philosophische Terminologie bemächtigte sich in
Indien mit Vorliebe dieser grammatisch angehauchten
Gottesnamen. Das schöne philosophische Lehrgedicht,
der Kural des Tiruvalluver hebt mit dem Satze an:
„Das A als erstes haben alle Buchstaben, den Urseligen
als Erstes hat die Welt"; und ähnlich apostrophirt der
Çivavâkyer, ein tamulisches Preisgedicht auf Çiva, den
Herrn der Götter, denselben folgendermassen: „O Gott,
der du bist der Anfang und das Ende, der Ursprungsame,
der Hall und die fünf Buchstaben eigenen Lautes . . ."
Zu dieser Reihe von Gottesnamen, die aus grammatischer
Symbolik geboren, gehört offenbar auch unser Alpha
und Omega.

Es ist dem Inhalte nach die Combination zweier
citirter Wendungen: indem das Wort vom A mit dem
vom Ersten und Letzten verschmolz, stand die Benennung
Gottes als des A und O, des Ersten und Letzten da.
Ob sich diese Combination aber factisch in dieser Weise,
aus den beiden getrennten Elementen, im Kopfe des
Verfassers der Apokalypse vollzogen oder ob diese Wendung spontan und einheitlich, ohne historischen Zusammen-

hang mit den unleugbar sehr verwandten indischen, im christlichen Denken anschoss — das ist nun die Frage, welche sich schwerlich ganz ohne Rest auflösen, die aber doch wol in ganz bestimmter Richtung ihre Erledigung finden wird. Im Allgemeinen trifft der Blick des Gleichnisserfinders im Gebiete der Religion allenthalben dieselben naheliegenden Vorstellungen und Bilder, und die parallele Formenausprägung erstreckt sich oft bis auf die sprachlichen Wendungen, eigenthümlichen Rede-formen; Gott lässt seine Sonne scheinen und regnen über Gerechte und Ungerechte, wie die Lehre Buddha's sonnengleich leuchtet der ganzen Welt, Guten und Bösen, und wie der grosse Gesetzeslehrer über die ganze Erde seine kühlende Wolke breitet. Ja, jenes dringliche: „Wahrlich, ich sage euch" und „Wer Ohren hat, zu hören, der höre", das den evangelischen Ton so deutlich in uns anklingen lässt, es kehrt wieder in alten Sprüchen des buddhistischen Glaubens und legt uns so nahe, auch bei anderen Punkten verwandter Ausprägung nicht zu rasch nach der Entlehnungs-Hypothese zu greifen. Aber es gibt Gleichungen — und unser Alpha und Omega mit seinen indischen Parallelen gehört dazu — welche ihrer ganzen Art nach, als nicht auf der Oberfläche des menschlichen Denkens gelegen, unwiderstehlich auf die Entlehnungsansicht zutreiben. Wo eine Idee überall vorhandenen sachlichen und psychischen Motiven ihre bestimmte Gestaltung verdankt, wird man, wenn sie an verschiedenen Punkten auftaucht, von paralleler Ent-stehung reden dürfen; aber bei Ausdrücken, welche an dem einen Orte ohne Wurzeln, ohne natürliche Aus-

gangspunkte, paradox und unverständlich erscheinen,
während sie an einem andern, wo sie parallel auftreten,
ihre natürlichen Umgebungen, ihren deutlichen Mutter-
boden haben, ist die Auffassung, sie seien dort nicht
originell und spontan, sicher in ihrem Rechte. Beim
Worte vom Alpha und Omega liegen die Verhältnisse
aber in ganz unverkennbarer Weise so. Fassen wir mit
Recht diesen Ausdruck als das Product eines beschau-
lichen, reflectirenden Geistes, der gewohnterweise mit
grammatischen, wissenschaftlichen Terminis operirt, wo
andere Geister die blosse schöne Empfindung, ihr auf-
quellendes Gefühl reden liessen, so ist er ein eminent
indischer. Es steckt dem Inder tief im Blute, durch
Anlage und durch eine ausserordentliche Schulung, in
allen Gedanken, in seiner ganzen Symbolik eine Richtung auf das Reflectirte, das Gelehrte zu nehmen. Ueberall freut ihn die wissenschaftliche Färbung, ein gelehrter,
schulmässiger Beigeschmack eines Gedankens mehr als
nackte, naive Schönheit desselben, als ein schlichter,
treuherziger Empfindungston. Wenn man weiss, welche
Stellung die rein formale, grammatische Bildung mit ihren
tausend Umständlichkeiten, mit ihren Kategorien und
Distinctionen in der geistigen Disciplinirung der Inder,
welche Träger der geistigen Production waren, einnahm,
vermag man diese Richtung ganz wohl zu begreifen.
Geschmack, Phantasie, Erfindungstrieb, Alles bekam
Nahrung und Richtung von dem colossalen Wissens-
und Gedankenstoff, der als erste und wichtigste Seelen-
speise aufgenommen werden musste. Ein nimmer müdes
Interesse für alle Gegenstände der sprachlichen Welt ist

ja ein altes Erbtheil der gebildeten Inder, und schon
in jenem Stadium ihrer Entwicklung, wo die Griechen
zum Beispiel ihre Hymnen an die Götter sangen, naiv,
gebundenen Geistes, war dem Inder die Welt des Wortes
ein anderer Mikrokosmus, klangen ihm in den Sylben
und Rhythmen des heiligen Liedes die Rhythmen des
All wider. Ein Volk, welches das heilige Wort zum
höchsten der Götter, zum Wesen der Welt erhebt, welches
in mysteriösen Sylben, dem om und him, Abbilder gött-
licher Gewalt und Geheimnisse schaut, hat auch aus
der innersten Eigenthümlichkeit seines Geistes heraus
Worte. wie das: „Ich bin das A, der Anfang und das
Ende" geschaffen. Dieser natürliche Zusammenhang
mit dem sonstigen Geistesgetriebe fehlt aber beim jo-
hanneischen „Alpha und Omega" gänzlich. Nichts
weniger als eine Grammatiker-Seele hat diese phantastische Dichtung mit ihren wilden Bildern, ihren feu-
rigen Wendungen, ihren Ausdrücken, die wie Schwerter
schneiden und wie Pfeile zischen, hervorgebracht. Derselbe Geist, der den Höchsten geschaut, schneeweissen
Hauptes und mit Augen wie Feuerflammen, „und seine
Füsse gleich wie Messing, das im Ofen glühet, und seine
Stimme wie grosses Wasserrauschen, und hatte sieben
Sterne in seiner rechten Hand, und sein Angesicht leuch-
tete wie die helle Sonne" (Off. Joh. 1, 14), er hat unmöglich das Wort gefunden: „Ich bin das A und O."
Er hat dasselbe aufgefangen: Ideen und Worte fliegen
wie organische Keime, von stets herrschenden Strömungen
mitgeführt, nach allen Seiten herum, verschwinden oder
gehen oft überraschend irgendwo in fremder Umgebung

auf. Das Wort vom Alpha und Omega nahm wol nur in seinem Durchgange durch den Geist des apokalyptischen Dichters den griechischen Anstrich, den es äusserlich hat, an; seiner Seele nach ist es ein echtes und rechtes Hindugewächs, kühn und pedantisch, ohne rechte Poesie, aber ein gelehrtes Wort, ein Wort aus der Schule, ein Wort so recht nach dem Herzen des Grammatikers.

Die christliche Predigt, die Theologen und Kanzelredner haben diese Redemünze in Curs gebracht; aber ganz populär ist sie nie geworden. Zwar die geistliche Prägung hat sich verwischt, der Gottesname ward in den Dienst weltlichen Gedankenspiels hineingezogen, doch blieb dem Ausdruck immer ein fremder Duft, ein eigener Accent. Nicht das griechische Alpha und Omega ist daran schuld, nicht das griechische Kleid, sondern die indische Seele des Wortes.

13. Die Mütter.

Göttinnen thronen hehr in Einsamkeit,
Um sie kein Ort, noch weniger eine Zeit,
Von ihnen sprechen ist Verlegenheit.
Die Mütter sind es!

      Faust (aufgeschreckt):
        Mütter!

    Mephistopheles:
           Schaudert's dich?

    Faust:
Die Mütter! Mütter! 's klingt so wunderlich.

Meister Goethe hat uns in seinen unsterblichen Werken vor manchem dunklen Räthsel, manchen uneröffneten
Thüren gelassen, vor denen wir nun stehen, ohne den
rechten Schlüssel finden zu können, der sie uns erschliesst;
vor keiner in dem ganzen gewaltigen Bau des Goethe'schen'
Denkens stehen wir aber mit dem gleichen Unvermögen,
sie ganz zu eröffnen, und doch mit so starkem stetigen
Verlangen, dahinter zu kommen, als vor dem dunklen
geheimnissvollen Thore, hinter welches uns noch immer
die eigenthümliche Dichtung von den Müttern gerückt

ist. Fast können wir glauben, dass auch uns, indem wir
den Weg ins Innere der Dichtung suchen, der mahnende
Zuruf des Mephistopheles gelte: „Kein Weg! Ins Unbe-
tretene, nicht zu Betretende! . . .“ Und doch, wie Faust
den leuchtenden, blitzenden Schlüssel empfängt, der ihn
zu den Müttern führt, so geben wir es auch nicht auf,
einen solchen zu finden, der uns „die rechte Stelle wittert“
und uns die Mütter, ihr geheimnissvolles Wesen und
Reich erkennen lässt. Mancher freilich träumt, ihn schon
in Händen gehabt zu haben, und fand das Mittel Fau-
stens probat, stampfend in den tiefsten, allertiefsten Grund
zu versinken, „wo nichts zu sehen in ewig leerer Ferne“
— aber es kam wol Jeder, der die geheimnissvolle Thür
geöffnet haben wollte, nur zurück mit verbrannten Fin-
gern, wie das Marienkind im Märchen. So wollen wir
denn auch nicht mit einem neuen Schlüssel heranschlei-
chen, um das dunkle Thor zu entriegeln, das Goethe
vor seine Mütter gestellt hat. Diese Mütter, wir finden
sie ja auch anderswo in grösserer Klarheit und Deutlichkeit, sie schweben in leuchtenden Umrissen auf und
nieder in dem wogenden Gedankennebel aller Zeiten
und entschleiern da ihr geheimnissvolles Angesicht. Aus
dem dunklen Reiche der Ahnungen winken sie allerwärts,
und selbst aus dem vollen Leben sprechen uns ihre Züge
und Linien an. Nur ihr Abbild im Goethe'schen Geist
ist die verschlossene Dichtung von den Müttern, zu denen
Faust geht; ihr Urbild steht allenthalben vor uns, wenn
wir es nur zu finden vermögen. Wir wollen dieses Urbild aufsuchen, und so werden wir auch den Müttern
Goethe's ins räthselhafte Antlitz geblickt haben.

„Die Mütter! Mütter! — 's klingt so wunderlich!"
ruft Faust betreten — uns ganz aus der Seele. In der
That, wol Jeden stört und ergreift das neue Wort, wie
Mephistopheles höhnt, und unser Geist bleibt immer wie
betroffen an ihm hängen. Das Wort ist gleichsam das
pochende Herz in der Dichtung. Beim Mutternamen
schreckt Faust zuerst empor; wiederholt, trifft er ihn stets
schaudernd wie ein Schlag. Die Mütter! — Mütter!
hallt es grossartig immer wieder durch die Dichtung,
und selbst Mephistopheles spricht das Wort bedeutend
aus. Der Zauber dieses Namens ist es vornehmlich, der
jenen geheimnissvollen Gestalten ihr so wunderbares
Gepräge leiht.

Der Muttername, das theure Bild der Mutter durch-
leuchtet aber alle frühen Ahnungen, alle dunklen Vorstellungen des menschlichen Geistes, seitdem ihn seine
Flügel zum erstenmale von der niedrigen Erde und ihren
Sorgen emportrugen. Den Müttern wurden die ersten
Altäre aufgerichtet, das Bild der göttlichen Urmutter
war das erste, das der Mensch mit nicht leiblichem Auge
schaute Von der Mutter des Grossen Geistes der Indianer bis zur dunklen Isis und der erhabenen Demeter,
der „Mutter Erde" — überall die Mütter, die geheimnissvollen Mütter, die am Anfange aller Dinge stehen
und aus deren heiligem Mutterschosse Alles hervorging
und ewig kommen wird. Im Dunkel der Vorzeit ragen
solche Altäre der Mütter geheimnissvoll allerorten empor; um nur auf classischem Boden zu bleiben, so weiss
man, es haben die hellenischen Demeter, Hekate und
Gaia, die Alte, ihren altersgrauen Dienst, ihre Tempel

und scheue Verehrung, und geradezu die namenlosen „Mütter" in wiederholter Gestalt und von übermächtiger Art verehrt manche Landschaft als ihre Göttinnen.

Von einem solchen dunklen Altar hat auch Goethe seine Mütter herabgehoben. Es ist bekannt, wie der Dichter in seinen Gesprächen mit Eckermann die Stelle bezeichnet hat, die ihm die Anregung zu seiner Dichtung von den Müttern gegeben habe. Es ist eine Mittheilung im Plutarch, in der wir lesen, wie Nikias in Engyion, des Verrathes beschuldigt, sich zu retten, die Rolle eines Besessenen spielt, der, durch die Stadt rennend, sich die Kleider vom Leibe reisst und entsetzt und schaudernd ruft, die Mütter verfolgten ihn. Die Mütter nannte man geheimnissvolle Göttinnen, die in Engyion in einem besondern Tempel verehrt wurden. Man war daher entsetzt über den Ruf des Nikias, dass ihn die Mütter verfolgten. Niemand wagte es, ihn zu ergreifen, und er entkam. Nun ist es freilich, wie wenn der Künstler aus dem rohen Marmorblocke die schöne Gestalt meisselt, was Goethe aus diesen geheimnissvollen Cultgestalten gebildet hat; aber es müssen doch die wunderbaren Züge, die eigenthümliche Bedeutung, die er ihnen gab, irgendwie in den Müttern des Volksglaubens, den Tempelgöttinnen der Vorzeit angedeutet und wie vorbezeichnet liegen, da auf ganz anderm Boden sich derselbe Uebergang, dieselbe seltsame und tiefsinnige Umwandlung der mythologischen Figuren zu philosophischen Scheingestalten, zu metaphysischen Potenzen desselben Sinnes, wie die Goethe'schen Mütter es sind, beobachten lässt. In der That treffen wir die hehren Göttinnen im Grenzenlosen, wo weder Ort noch Zeit — im indischen Denken an, auch hier geheimnissvoll „die Mütter" (mâtaras) genannt, nur in grösserer Klarheit, wenn auch nicht in so grossen Worten geschildert.

Die indische Religion kennt eine kleine Zahl Göttinnen, die einsam, namenlos im Himmel thronen und von denen Alles in dieser Welt kommt und seinen Ursprung nimmt. Es sind die „çakti's", „die Wirkenden", die mit anderm Namen auch mâtaras, die „Mütter", heissen. Sie sind die Reichen, Gnädigen, Alles Verleihenden — urälteste Mächte, die vor dem geräuschvollen, prunkenden Dienste jüngerer Volksgötter sich in ein mystisches Dunkel zurückgezogen haben. Die indische Philosophie nun hat diesen Mächten, die sie aufgriff wie Goethe seine Mütter, eine eigenthümliche Weiterbildung zu Theil werden lassen — und seltsam zu bemerken — im Wesentlichen dieselbe tiefsinnige Umbildung, wie sie der Goethe'sche Geist in der Schöpfung seiner Mütterphantasie vornahm. Wir finden in den Upanishaden die Lehre von den çakti's, nach welcher wir an den Dingen zwischen Individuen, die vergänglich, und ihren Ideen (âkriti, Form, Gestalt, *ιδο.*), welche ewig sind, zu unterscheiden haben. Diese ewigen Species der Dinge bleiben nun nicht als blosse Formen isolirt stehen, man erkennt vielmehr einen innigen Zusammenhang derselben — und hier nähern wir uns dem unklaren Goethe'schen Grundgedanken sehr — mit den wirkenden Kräften (çakti), aus denen die Welt nach ihrem Untergange, aus denen alle Dinge der Welt, wie sie entstehen und vergehen, immer aufs neue wieder hervortreten. „Darum muss man zugeben", lautet eine solche Stelle aus den Upanishaden, „dass trotz der immer wiederholten Unterbrechung des Weltumlaufes (das heisst bei aller Veränderung durch Entstehen und Vergehen) für die Reihen der Gruppen der lebenden Wesen, Götter, Thiere und Menschen und für die verschiedenen Zustände der Kasten, Lebensalter, Pflichten und Belohnungen in dem anfangslosen Saṃsâra (Weltlauf) eine nothwendige Bestimmtheit vorhanden ist, welche bei der jedesmaligen Schöpfung den Schöpfern vorschwebt." Und diese mannichfache Bestimmtheit eben geht von den çakti's, den wirkenden Kräften, „den Müttern", aus.

> Euer Haupt umschweben
> Des Lebens Bilder, regsam, ohne Leben.
> Was einmal war, in allem Glanz und Schein,
> Es regt sich dort; denn es will ewig sein!
> Und ihr vertheilt es, allgewaltige Mächte,

lässt Goethe ganz in diesem Sinne den Faust von den Müttern sprechen. Man wird gestehen, dass wir hier denselben Gedanken haben, nur in zwei verschiedenen Einkleidungen; das einemal in nüchterner, schwerfälliger, mit der Sprache ringender Lehrdarstellung, das anderemal in dichterischem, farbenreichem, ausserdem zu besonderem Zwecke zugeschnittenem Gewande. Wie dem nüchternen Wachen ein schwärmendes Wahrträumen, so steht der indischen Lehre der Goethe'sche Gedanke gegenüber, aber der letzte Sinn ist in beiden derselbe, und wahrlich kein solcher, der auf der flachen Hand liegt oder auf den Zäunen wächst, und sodann: der chrwürdige Name der Mütter verbindet sich in gleicher Weise beiderseits damit. Blieb uns vorhin schon die gleiche mythologische Grundlage: die Mütter-Göttinnen der Vorzeit, als Problem aufliegen, so ist nun hier die parallele Vergeistigung jener Mythe, ihre gleiche Wendung ins Philosophische noch ein darüber gethürmtes bedeutendes Räthsel.

Eine Lösung für beide Fragen wird uns von einer Seite, welche der allgemeinen Aufmerksamkeit bisher noch so ziemlich entgangen ist. Uebernatürliche Bilder und Vorstellungen entwachsen immer zuletzt dem festen Grunde des Lebens, nähren und formen sich nach ihm; so hoch der religiöse und philosophische Gedanke, gleich einem leichten Ballon, steige, irgendwo und irgendwie ankert er doch im festen Boden des Menschenthums. Dies gilt denn auch durchaus von den „Müttern" der Sage und der Dichtung. Der Boden, in dem sie mit ihrem ganzen Wesen und ihrer Gestalt keimgleich schlummerten, ist das Mutterthum, worunter die ganze Sphäre der Wirksamkeit der menschlichen Mütter zu begreifen, das Mutterthum, das, alle Gebiete des Lebens, auch die geistigsten, berührend und beherrschend, von der dunkelsten Vorzeit bis heute webt und waltet, das dem menschlichen Dasein Schönheit und Milde, all unserm Thun eine andere zartere Art, unserm Denken mannichfachen Inhalt und neue Formen verlieh. Goethe wie die indische Weisheit entwickelten und verbanden in ihren Gedanken von den Müttern nur, was sie kraft des Mutterthums zu empfinden und vorzustellen vermochten; das Mutterthum selbst dachte da gleichsam in ihnen, wenigstens inspirirte es ihren Gedanken nach allen seinen Seiten, wie es auf einer geistigen Vorstufe die mythologischen Mütter hatte hervorwachsen lassen. Wie nun solchermassen die hehren Gestalten der Mütter an sich und sodann in ihrer so eigenthümlichen Bedeutung als metaphysische Potenzen, als die verborgenen Ordnerinnen und Bewahrerinnen des Lebens mit allen seinen Bildern und Formen, zuletzt im festen Grunde des Mutterthums fussen, das wird aus den Thatsachen des Lebens, den Umständen des Mutterthums wol noch mit einiger Deutlichkeit hervorgehen, und wir kommen mit diesem unscheinbaren Schlüssel dabei vielleicht dem Verständnisse der Goethe'schen Mütter näher, als wenn wir den Schlüssel Faust's hätten, den uns Goethe aber leider nicht zur Hand gab.

Kein Verhältniss, keine Beziehung im Leben, man könnte sagen in der ganzen Natur, ist im menschlichen Bewusstsein älter und geheiligter, als die der Mutter zu ihrem Kinde. Die Mutterschaft ist das älteste starke Band, das die Natur selbst zwischen Wesen und Wesen unauflöslich flicht; es ist das täglich wiederholte Wunder, das ewige Bild eines unbegreiflichen Geschehens und Waltens. Im Praktischen ist sie so die Grund- und Keimzelle aller Vereinigung geworden, das Fundament alles geordneten Lebens, für das langsam erstarkende Denken und Sinnen ein fruchtbares, weites und williges Symbol. Unsere Vorstellung, welche dem Kinde auch einen Vater gibt, welcher der Mutter in seinem Antheil ebenbürtig, kennt — so paradox es klingt — die alte Zeit durchaus nicht; die Mutterfolge, das Mutterrecht, das einst überall herrschte und mannichfache Spuren im Leben

hinterlassen hat, bezeugen es, denn sie beruhen auf der
Vorstellung einer ausschliesslich verwandtschaftlichen
Beziehung zwischen Mutter und Kind. Mutterliebe ist
ja die Hand, die sich zuerst schützend über das andere
Wesen legt; durch die Mutterliebe tritt zuerst der Mensch
aus sich selbst heraus und erstreckt sein Ich in Sorge
und Arbeit über sich hinaus. Um die Mutter sammeln
sich denn, der Natur und ihren Antrieben allein folgend,
die ersten kleinen Menschengruppen, und Schritt um
Schritt wird die Mutter als die Ordnerin der Arbeit, der
ganzen kleinen Geselligkeit um sie herum, als die Trägerin mütterlicher Hege und Pflege zur Herrscherin in
ihrem Kreise. Sie legte dann im steten Vorwärtsschreiten
des Lebens naturgemäss nicht nur ihren Kindern und
Kindeskindern, sondern auch denen, die um ihrer Kinder,
ihrer Töchter willen in ihr Haus eintraten, ihren Arbeits·
theil in diesem Arbeitskreise auf; sie bildete die Grund-
säule und den festen Punkt in der ganzen Organisation*).
Diese so allmählich herangereifte und consolidirte Stufe
des Mutterrechtes und der Frauenherrschaft, diese Mut-
terzeit bildet wirklich eine Stufe in der Culturgeschichte,
die noch heute lebendig in zurückgebliebenen Volks-
organisationen angetroffen wird, und es ist wie das Abend-
roth dieser entschwundenen Zeit, wenn noch in alten
Sagen längst über sie hinausgeschrittener Völker die

---

*) Erschöpfend und lichtvoll hat die Verhältnisse dieser
Geschichts-Epoche dargelegt und durch zahlreiche ethno-
graphische Thatsachen illustrirt der Cultur-Historiker J. Lippert
in seinem Buche: „Die Geschichte der Familie", welches
Jeder, der in der Familie steht, gelesen haben sollte.

Geistesgrösse, die Würde und Hoheit dieses untergegangenen Frauengeschlechtes gleichsam über unsern Horizont heraufleuchtet. Nur ein Abglanz dieser hehren Frauengestalten in dem verklärenden Spiegel der Mythe sind dann jene Mütter-Göttinnen, jene göttlichen Urmütter, denen der erste, heiligste Altar aufgerichtet ist; ist doch das Göttliche überall nur eine Fata morgana des Irdischen, und vermag der Mensch droben auch keine andere Macht über sich zu denken, als die er um sich, im Hause, in der Genossenschaft kennt und verehrt. Wem eine Mutter auf dieser Erde die höchste Autorität, der geehrteste Name ist, der wird auch in seinen Ahnungen höherer Mächte ihre Vorstellung, der Mutter geehrtes Bild in seinem Gemüthe tragen. Nicht der Zauber der Weiblichkeit, nicht das fesselnde und gebietende Frauenthum verleiht jenen Göttinnen ihre Göttlichkeit: das Mutterthum, die Mutterschaft hebt sie so hoch empor, die würdevolle und gebietende Stellung der Mutter im Leben, und darum heissen sie auch nicht die Götterfrauen, sondern die göttlichen „Mütter".

Aber nicht nur die gebietende Hand der Mütter fühlt und ehrt im Leben und seinem Widerschein, der Religion, der Angehörige jener früheren Zeit der Mutterherrschaft — auch ihren Schoss, der ihn getragen und ans Licht gebracht, hebt er an, in sein Denken und Sinnen aufzunehmen, und die Thatsache beschäftigt seine Phantasie wie seinen Verstand, dass sie die Bildnerin seiner selbst, seines Leibes mit Allem, was er ist und an sich trägt, sei. Die Gebärerin in ihr, die Spenderin des Lebens und des jungen Blutes wird ihm merkwürdig, und neben der schaltenden und waltenden Hausmutter tritt die Mater genetrix räthselhaft und wunderbar immer mehr hervor. Von hier richtet die Zeit ihre ersten naiven Blicke auf ähnliche Wunder ringsumher; was sie hier gelernt, überträgt sie unwillkürlich auf andere Erscheinungen, wo immer ein Bilden und Hervorkommen, ein Entlassen aus sich und lebensvolles Werden ihrem Denken mit stummer Frage entgegentritt. An dem Wissen vom schöpferischen Mutterschosse glaubt das Denken einen Schlüssel zu haben, der ihm den verschlossenen Bau der Natur mit ihrem ewigen Gebären und Bilden erschliesse — und meint es erst die Gleichförmigkeit der Kinder dieser Natur, ihre festen, stets wiederkehrenden Gestalten zu erkennen, so wird die Stunde für die Goethe'schen Mütter, für die mâtaras der Inder geschlagen haben, welche den ewigen Formen und Bildern des Lebens Existenz geben wie Mütter ihren Kindern, die das ewig erstrebte Dasein unter sie Alle nach Mutterart vertheilen — womit wir denn auch den Grundgedanken der Goethe'schen Mütter blossgelegt hätten. Noch ruhten diese Bilder freilich lange Zeit im Schosse des allgemeinen Denkens, als eine Neigung und Spannung, wie ein Krystall zu jenen eigenthümlichen Gebilden zusammenzuschiessen, bis sie nach manchem halben Gerinnen, vorübergehendem Aufleuchten endgiltig emportauchten, zuerst im Haupte des Inders, bleibend und zuhöchst im Geiste Goethe's, der ihr Bild mit schönster Poesie zu umkränzen wusste.

Vollendet steht hier, im würdigsten Rahmen, das Werk der Jahrhunderte, das nun die Welt dem letzten

Meister allein anschreibt und zu eigen gibt. Er dachte im Grunde nur den Gedanken zu Ende, zu dem der Einschlag schon in grauer Vorzeit von der ersten, die Mutterwange liebkosenden Kinderhand geschah und den die Zeit am sausenden Webstuhle ununterbrochen weiterspann; aber er dachte ihn zu Ende, wie der musikalische Genius die klagenden und jubelnden Stimmen im Winde, im Sange der Vögel, im Hallen der Donner in brausenden Symphonien zu Ende denkt. Die Zeiten begiessen und pflegen treulich den Baum, die gereifte Frucht fällt dem Genius in den Schoss.

14. Bei den Singhalesen.

Wien, im September 1885.

Der grosse Guckkasten, zu dem sich jede grosse Stadt, und so auch die unsere, mit jedem Herbst, wenn die Zeit der Stadt gekommen ist, verwandelt, hat aufs neue eine Bilderreihe in sich aufgenommen, welche erprobtermassen auf unsere Sinne mit allem Reiz der Fremde, der tropischen Welt und Natur, als ein seltsam berückender Augen- und Ohrenschmaus wirkt, uns betäubt und verdutzt, immer aber doch fesselt und lockt — Singhala in der Rotunde, unsere farbigen Gäste vom „Löwen-Eilande" mit ihrem wunderlichen Thun und Treiben. Als in der schwülen Hitze des vorigen Sommers das singhalesische Rotundenbild Tausende und Abertausende hinablockte in den Riesenraum, der von dem schmetternden Ruf der Elephanten und dumpfen Trommelwirbeln und Hornstössen aufreizenden Klanges wunderbar widerhallte, da konnte man sich wol fragen, woher denn eigentlich wol jene rasch errungene Popularität und Beliebtheit der fremden Colonie gekommen war, deren Name mit Einemmale in Aller Mund war und überall zündete, wie der Titel einer allbeliebten Operette, die mit ihren braunen Figuren und drolligen Elephanten und Zebukarren bis in die Marzipanwelt im Schauladen des Conditors drang und sich sogar — ein unschuldiges, fremdredendes Völkchen, das ja gewiss unsere Geheimnisse nicht zu errathen und auszuplaudern verstand — bis in unsere Briefe schlich, wo sie als artige Vignetten droben prangten. Ein plötzlich erwachter ethnographischer Spleen war es gewiss nicht, welcher diesen Massenbesuch hervorgerufen hatte — wozu auch die Erkenntniss mannichfacher menschlicher Typen für den, der sonst nie bedenkt und nicht bedenken kann, dass er ein Mensch überhaupt, ein weisser Mensch, der Erbe einer gewissen Blutmischung und von Anlagen ist, welche das Product einer uns eigenthümlichen, vieltausendjährigen Cultur sind, sondern nur weiss und im Sinne hat, dass er Der und Jener, Soldat oder Kaufmann oder Beamter sei? Unserm warmsinnigen und künstlerisch leicht erregbaren Volke imponirte das singhalesische Rotundenbild mehr von der künstlerischen Seite, als ein neuer, die Phantasie mächtig erregender Augenschmaus. Es war der ästhetische Genuss, den man suchte und in aller Ungelehrtheit zu finden wusste, es war das Schauspiel, das lebendige Wandelbild, das lockte. Erhoben durch die prächtige Scenerie, sah man auf einmal mit den Augen des Malers, des Künstlers, was uns sonst nicht alle Tage passirt, und die Scene erweiterte sich der ergriffenen Phantasie zum grossen Lebensbilde einer andern, farbenreicheren, vielumträumten Welt.

Aufs neue wird nun dieses fremde Menschenthum mit
seinen bunten Scenen und neuen Bildern durch tausend
Augen in unsern Geist einströmen, wird wieder die
liebenswürdige Theilnahme der Menge erfahren, die
leuchtenden Augen der Kinder, die fröhlichen Ausrufe
der Ueberraschung allwärts hervorrufen, wie es einem
grossen Schauspiele zukommt. Es ist dafür gesorgt, dass
wir noch Zahlreicheres und Bunteres zu sehen, eine
Symphonie noch fremdartigerer und bezeichnenderer
Laute und Farben und Bewegungen aufzunehmen bekommen, als das erstemal. Wieder, damit die fremde
Art recht deutlich und vielseitig zur Anschauung komme,
kein ruhendes Bild, keine unbeweglichen Gruppen, sondern reges Leben und Treiben, rauschende Scenen und
Züge, wie sie vor Allem dem Leben in der fernen Heimat
Inhalt und Färbung geben: die religiösen Aufzüge mit
ihrem fanatischen Ernste, der heissen Inbrunst aller
Theilnehmer und dem äussern Prunk der Ceremonie; die
öffentlichen Lustbarkeiten, wie sie als höhere Bildungselemente oder noch aus tieferen Schichten der Volks-
cultur zurückgebliebene Gewohnheiten das fremde Leben
färben, als dramatische Vorführungen, Tänze, Beschwö-
rungs- und Opferscenen; sodann endlich lebende Wan-
delbilder aus der Häuslichkeit und dem Arbeitsleben des
Völkchens, das auf seiner meerumbrandeten Insel als ein
uralter Culturstamm, ohne sonderliche Ansprüche, aber
dafür auch ohne Unruhe und Anfechtung sein Dasein
nahe der Natur hinbringt.

Wieder wird es der grosse, festliche Umzug sein, der
das Publicum am meisten erregt. Diese ruhig wogenden

Bewegungen der Elephanten in ihrem grellen Schmuck, dies gemessene Ausschreiten der Treiber, bronzener Gestalten mit hellem Turban und schreienden Kitteln — in seinem Contrast mit der nervösen Hast der leichtrollenden Zebukarren, welche einander den Vorsprung abzugewinnen suchen, und zu Allem die dumpfen Trommelwirbel, das helle unaufhörliche Glockengebimmel, das Neigen und Beugen, diese funkelnden Augen, die sich vor dem Heiligen so demüthig senken — das ist ein Bild, wie es eindringlicher von der religiösen Ergriffenheit, der lärmenden und schreienden Heilssucht und Frömmigkeit jener Kreise gar nicht gegeben werden kann. Und Alles um einen Zahn — den hochberühmten, wunderthätigen linken Augenzahn Buddha's, zu dessen Ehren solche Processionen in Ceylon unter feierlichem Tumulte stattfinden, der als theuerste Reliquie der buddhistischen Kirche, als der Ruhm und das Licht Ceylons gilt und irgend ein geglättetes, vergilbtes Stück Elfenbein ist. In den frommen Handlungen, in die sodann der Umzug ausmündet, haben wir ein Stück Kirchenleben vor uns, wie es sich aus dem edelsten und einfachsten Kern, der reinen und hohen Lehre Buddha's unter einem kleinen Geschlechte Nachfolgender kraus und complicirt und zu jener Aehnlichkeit mit dem katholischen Dienste des Christenthums rückbildete, die einem Jesuiten das Wort von der „Aeffung des Teufels" auspresste. Aber nur die Menschen und ihr Gebahren vermögen uns hier die Wirklichkeit zu vertreten, den äusseren Kirchen-Apparat, Tempel in Pracht und Grösse, riesenhafte Sculpturen und schwindelnde Thürme, glanzvolle Kirchenhallen mit

Schaaren gelbröckiger Buddhasöhne muss die Phantasie
hinzuzaubern, um dem lebenden Bilde seinen imponiren-
den und verständlichen Hintergrund zu geben. Aber
muss es hieran fehlen, so kann uns ein Augenfunkeln,
das Mienen- und Geberdenspiel der Frommen um so
tiefer ins Innere ihrer Religion, in ihre religiösen Seelen-
bewegungen blicken lassen — vielleicht besser als todte
Kirchenbücher und abstracte Religionsschriften, die
canonischen Quellen historischer Erkenntniss, es vermögen,
die ja nur ein Versuch der Vernunft sind, mit Gedanken
und Begriffen über das unmittelbare und begrifflose Gefühl Rechenschaft zu geben.

Kaum zu kurzer Besinnung hierüber gelangt, führt
uns das kaleidoskopartig sich verschiebende Wandelbild
schon neue Gruppen und Scenen vor, welche unsern Gedanken in eine ganz anderartige Sphäre, gleichsam eine
neue Kammer des fremden Lebens führen. Geschmeidige
Gestalten, in phantastischem Aufputz, mit Schellen- und
Glöckchenbehang treten vor, um die sonderbarsten Tänze
und Sprünge in wildwechselndem Rhythmus und nach
dem Tacte eines Gelärms auszuführen, für welches wir
das Wort Musik für zu gut halten. Sie werden uns als
„Teufelstänzer" bezeichnet, und unser Geschmack accep-
tirt gern diesen Namen in seinem wörtlichen burlesken
Verstande, in welchem wir eine eigene Mischung von
Hässlichkeit, Komik und satanischer, d. h. unmenschlicher
Art begreifen; aber so genommen, verdeckt das Wort,
wie jeder Witz, mehr die Sache, statt sie zu kennzeichnen,
und behindert das Verständniss, mit welchem wir doch
in jede, auch die bizarrste Erscheinung einzudringen

suchen sollten. Heute zur Belustigung des Volkes, zur
Befriedigung des unverwöhnten Geschmackes neugieriger
Zuschauer dienend, war eben diese Scene nicht immer
Schaustück, sondern Ceremonie, nicht von allem Anfang
an grotesker Spass, sondern unheimlicher Ernst.
Schieben wir die Scene in eine ältere Zeit mit unent-
wickelteren, dunkleren Vorstellungskreisen hinauf, so erkennen wir sie als die allgemeine urgeschichtliche Art
praktischer Communication mit den mächtigen Geistern,
von denen der Mensch auf dieser Stufe in bleicher
Geisterfurcht sich umringt wähnt, und die er sich zur
Hilfe verpflichtet, die er auch wol in sich aufnimmt,
um ihre Macht zu leiten. In ekstatischen Aufregungen
und Tänzen, in denen er den eigenen Geist entschwin-
den fühlt, meint er, in den ungewöhnlichen seltsamen
Zuständen, die er an sich auftreten fühlt, den Dämon in
sich zu empfinden: er gurgelt seltsame Laute, und sie
werden Orakel, er sieht und hört Schemen und Schein
— und die Geister sind um ihn, in ihm — und damit haben wir den „Teufelstanz" vor uns. So tanzt
ihn, sich berauschend und betaumelnd, der Medicinmann
der Indianer, so der afrikanische Fetischpriester unter
Gebrüll und narkotischer Verzückung — es ist Ein
Treiben und Ein Gedanke überall. Kommt noch dazu
das natürliche Bestreben, das so innerlich empfundene
Besessensein auch äusserlich zu kennzeichnen oder an-
zuzeigen, so begibt sich der Beschwörer in eine ihn
unkenntlich machende Vermummung, er wird durch Maske
und Costüm auch äusserlich ein Anderer, der Andere —
eben der furchtbare Geist, dessen äussere Erscheinung

nicht anders als schreckhaft, wüst, teuflisch sein kann.
Daher denn auch jene drei maskirten Teufelstänzer, die
wir, nicht ohne geheimes Grauen, so vor uns die finstere
Denkart einer Urzeit verlebendigen sehen. Freilich, den
drei braunen Gesellen ist das Bewusstsein von all dem
längst nicht mehr mitgegeben, sie tanzen die alte Zeit
mechanisch als eine Schau-Uebung, wie sie sie vielleicht
von Vätern und Vätersvätern her als Spiel gelernt und
als Spiel vorgeführt haben, aber die Form, die äussere
Gestalt der Scene haben sie, wenigstens abgeschwächt
und abgeschliffen, in ihrer Fertigkeit erhalten und in
ganz andere Zeiten gebracht, in die sie nun kommt wie
die finstere Eule in den lichten Tag.

Wie dagegen eine spätere Zeit ihre Tänze erfindet
und ausgestaltet, führen uns im nächsten Augenblicke
wie zu eindringlicher Contrastirung neue Gruppen, die
Stab- und Hölzchentänzer, vor. Da sehen wir wahre
Orgien der Körpergeschmeidigkeit und Behendigkeit, die
sich in verschlungenen Figuren, in Rapidität der Bewegungen so recht Genüge thun — ein springendes,
gleitendes, blitzschnelles Durcheinander, das im nächsten
Augenblicke vielleicht zu vollkommenster Ruhe erstarrt,
mit einem Contrast, der für alles Hinduwesen symbolisch
ist. Dem Wesen nach gehören sie sichtlich zu jenen
Kunsttänzen älterer Stufe, dem germanischen Schwerttanz
u. s. w., welche mit den eben gesehenen Teufels- oder
gewissen Tänzen der beiden Geschlechter nichts als die
Ausdrucksform gemeinsam haben. Sie sind Gymnastik,
nicht Sprache. An sie grenzt das eigentliche Gymnastiker-
und Akrobatenthum gerade so, wie an jene älteren be-

seelten, inhaltsvollen Tänze das primitive Drama, die Selbstdarstellung eines gewissen Geschehens.

Wie nahe noch in der That der Tanz auf jener seiner älteren Stufe der dramatischen Vorführung steht, so dass wir die ausgefallenen Mittelglieder uns unschwer in Gedanken zu reconstruiren vermögen, empfindet lehrreich wol Jeder, der das Schlussstück der Einzelproductionen, die dramatische Scene aus einem tamulischen Schauspiele, „Hariçcandra-Naṭaka" betitelt, mit Aufmerksamkeit verfolgt. Es ist ihm dieselbe leicht gemacht. Die auffallenden Costüme, die sich im ganzen Theaterkreise der indischen Welt, vom Himâlaya bis in das kleinste javanische Puppenspiel herab, so finden, die eigenartig, jedoch recht unschön vorgetragenen, an sich nicht üblen Melodien, die gleitenden unausgesetzten Tanzbewegungen, welche sich dem Pulsschlage der Handlung vollkommen anzuschmiegen scheinen, werden ihren Eindruck auf Keinen verfehlen. Wie hübsch ist es nun zu beobachten, wie aus diesem im Grunde genommen nur als Chortanz anzusprechenden Spiel das Dramatische in einzelnen Accenten des Tones und der Bewegungen herausstrebt, wie in Mimik und Geberdenspiel die epische Haltung in die dramatische Bewegung übergeht, wie zum Beispiel in jener Situation, wo die Mutter dem königlichen Vater ihr gemeinsames Kind vorstellt und die innere Erregung in ihrem auf einmal lebhaften Geberdenspiel, ihren Liebkosungen und heftigem Deuten hervorbricht. Was wir sonst nur, wie bei der antiken Dramatik, aus dürftigen historischen Nachrichten dialektisch zusammencombiniren müssen, hier haben wir

es lebendig vor uns, das Herauswachsen dramatischer
Elemente aus einem anderartigen Grunde, wie förmlich
vor unseren Augen ein Zug des Dramas nach dem andern
spontan und vorübergehend aus einem vorbereitenden
Stadium herausspringt. Unmittelbar leuchtet uns zugleich
an diesem Falle der ganze Werth des ethnographischen
Princips, die Augen überall um das ganze Erdenrund
herumzuführen, ein: voll ist die Ferne von Bildern
und Zuständen, aus denen ein blendendes Licht auf
unsere eigene Entwicklung und Art fällt. Eine Ahnung
dieser Wahrheit wird jeder Denkende sicherlich von
jener merkwürdigen Theaterscene in der Rotunde mit
sich nehmen.

Was aber diese so fruchtbare Erkenntniss überall
und so auch hier erschwert, ist das Eigenthümliche, mit
dem jede Menschengruppe und so die kleine Rotunden-
Colonie aus dem grossen gemeinsamen Rahmen der
Menschheit herausstrebt, ist die andere Farbe, die verschiedene Körperlichkeit, das fremde Costüm im weitesten
Sinne, in dem sie sich uns vorstellt. Diese Specialitäten
werden am leichtesten und schärfsten erfasst, treten ganz
und gar in den Vordergrund, stellen sich aber auch
darum dem ethnographischen Principe, den Menschen
durch die Menschen zu erklären, und sei ihre Haut
noch so schwarz oder braun, im Urtheil der Menge noch
vielfach abweisend entgegen. Inzwischen geben jene
bunten speciellen Züge einen rechten Augenschmaus und
eine fesselnde Bilderreihe, und das kann ja nicht anders
— wir kommen wieder dahin zurück — als für das
grosse Publicum die Hauptsache sein. Es ist wie mit

den bunten Farben der Blumen und dem fröhlichen
Pflanzengrün: der Botaniker wie der Ethnograph gehen
ganz andere Wege als die Menge. Wer zu schauen in
die Rotunde kommt, der wird ohne Reflexion einfach
sein Auge über die eigenartigen Figuren der Männer
mit dem gelockten, weiblich langen Haare, den funkelnden Augen, die doch so sanft scheinen, führen, wird
neugierig ihre sehnigen, geschmeidigen Gestalten mit
den aalgleichen Bewegungen und wieder der gelassenen,
ruhigen Würde, wie sie dem indischen Manne gewöhnlich eigen ist, verfolgen, und für die braunen, niedrigen
Weibchen, an denen nichts als der viele Schmuck auf-
fällt, vielleicht einen Blick des Bedauerns haben. Die
barbeinig herumstapfenden Rangen mit ihren defecten
Hemdchen und ihrer köstlichen Naivetät werden ihm
ein ganzes Bilderbuch füllen, an dessen Scenen selbst,
so klein sie sind, Manches gelernt werden könnte; wie
zum Beispiel, wenn ein solches Kerlchen ein dargebotenes
Bonbon, kaum dass man es ihm in den Mund gesteckt,
verächtlich wieder ausspeit und seine Kameraden damit
bewirft. O unverdorbene Natur! würde der Schüler
Rousseau's bei diesem Anblicke entzückt ausrufen, während wir uns sagen möchten, das kleine Barbarenmaul
sei eines Bonbons wol noch nicht werth; denn es will
selbst erlernt und angeboren sein, ein Bonbon zu würdigen.
Wie die braunen Gestalten so gemächlich von Hütte zu
Hütte schlendern und bequem herumstehen, in den weich-
rollenden Lauten ihrer Muttersprache mit mehr als
italienischer Zungenfertigkeit untereinander verkehrend,
so haben wir auch daran ein ungesuchtes, aber treues

Bild von dem Leben in der Heimat, das nicht viel anders als ein Lungern und Trödeln in der reichsten, üppigsten Natur, welche den Menschen der Arbeit ums Leben fast völlig überhebt, vorstellt. Freilich versteht man den Menschen, losgelöst von seiner Umgebung, auch in seiner Aeusserlichkeit nie ganz, und wo sind die herrlichen, von der Meerluft gewiegten Palmen, wo die üppigen Gestade, an welche die Brandung unaufhörlich tosend schlägt, wo die heisse, feuchte, von hundert Düften durchhauchte Luft der Perle Asiens, des Löwen-Eilands? —

Wem Goethe's Wort: „Am farb'gen Abglanz haben wir das Leben" zu Recht besteht, der wird Schaustellungen, wie wir eine nun unter uns haben, aufs dankbarste begrüssen. Tragen wir nun neben den malerischen Bildern auch ein bischen von dem Geiste der Fremde mit uns davon, wie es in lebhafter Intuition ja wol geschieht, so ist mit dem Unternehmen etwas um so Bedeutenderes geleistet. Und bereitet sich in den sympathischen Fäden, die hier und dort angesponnen werden, um fort und fort von neuem durchflochten zu werden, der Gedanke vor: wie alles Menschenthum im Grunde Eines sei und eben nur durch das Medium der Lebensverhältnisse und äusseren Geschicke eigenthümlich gebrochen und farbig zerspielt in allen Breiten der Erde zur Erscheinung komme — so können wir uns vollends eines wichtigen Schrittes nach vorwärts freuen. Denn dieser Gedanke ist die Basis einer wissenschaftlich begründeten Humanität, welche der religiösen und philosophischen als stärkste Schwester zur Seite treten muss.

Die Menschheit nähert sich ihrer Selbsterkenntniss auf
verschiedenen Wegen, in einem grossen Zeitalter durch
die liebreiche Predigt eines Heilands, in einem andern
durch die tapferen Schriften vorurtheilsloser Denker, in
dem unsern auch durch Schaustellungen wie das singhalesische Rotundenbild.

15. Der Rösselsprung.

Auf der letzten Seite unserer Unterhaltungsblätter, nach allem Guten und Ueblen in Wort und Bild, das wir darin gefunden, erwartet uns regelmässig noch ein eigenthümliches Dessert von Springmandeln und Knacknüssen, bei welchem nach künstlerischen Freuden auch die Kleinlust des Spielens und Rathens, des Sinnens und Räthselns zu ihrem Rechte kommt. Der gewöhnliche Leser, ein eiliger Gast, der sich nur geschwind einige Bissen von der Tafel holt, lässt sein Auge unaufmerksam und achtlos über jenen etwas mühsamen Nachtisch hinweggleiten, der dafür die ehrgeizige Jugend und das behäbige Alter vor sich an ruhigen Tischen versammelt und die Geister, alt und jung, ins Grübelstübchen schickt, aus dem sie meist gehoben durch einen kleinen Sieg in lebhafter Anregung zurückkehren. In Räthseln und Schachproblemen, mit Zifferspielen und magischen Quadraten findet hier der sinnende und grübelnde Verstand seine Arbeit und sein Genügen, und das Vergnügen des

Bretterbohrens wird da vollauf durchgekostet. Es geht uns ja doch nichts über den Genuss des eigenen Geistes, und über Alles setzen wir es, desselben in schmeichelhafter Art inne zu werden. Wie kämen wir sonst dazu, unsere Zeit mit der Auflösung und Enträthselung all der Probleme und Scherzfragen, der Bilderräthsel und Ziffernspiele wegzuwerfen und für unser gutes Geld noch obendrein uns müssiges Kopfzerbrechen einzukaufen?

In dem bunten Allerlei dieses Unterhaltungsfaches ist neben den mehr oder minder geistreich concipirten Schachproblemen wol die althergebrachte Rubrik des Rösselsprunges die ansehnlichste, die auch im Gegensatze zu der schwankenden Anziehungskraft der anderen ihr festes Publicum hat, das ganz geneigt scheint, sein beliebtes Spiel eine Kunst zu nennen. Auf demselben Boden sich bewegend, wie das edle Spiel Caïssa's, der Schachgöttin, nämlich dem Zauberbrette des 8×8, diesem arithmetischen Wunderdinge, hat die Fertigkeit des Rösselsprunges sich in der That zu hoher Vollkommenheit entwickelt und repräsentirt so wirklich etwas wie ein bescheidenes Zweiglein Kunst. Da haben wir das nie zu ergründende Schachbrett mit seinen 64 Feldern gleichmässig von losen, sinnleeren Sylben bedeckt, in denen, wenn nach der Ordnung des Springers wohl gefügt, nicht nur ein lebendiger sinnvoller Spruch schlummert, sondern auch eine kunstvoll symmetrische Figur steckt, welche die Eigenthümlichkeit an sich hat, jedes der 64 Felder zu berühren, ohne auch nur eines mehr als einmal zu beschreiten. Und dieses kunstvolle Manöver ist noch immer nicht, nach den zahllosen Lösungen, die schon dagewesen, erschöpft, sondern vervollkommnet sich vielmehr noch fortwährend — zum in sich zurückkehrenden Rösselsprung oder sonstigen überraschenden Kunststückchen, die jeder Rösselsprung-Liebhaber kennt. In immer neuen Weisen springt das Rösslein über seinen gewohnten Plan, indem seinen Sprüngen ein Lied oder Spruch — gleichsam als die Melodie seines Hufschlages — nachzieht.

Es ist im Grunde genommen eigentlich eine seltsame Geisteslaune, die sich in diesem Spiel ausspricht, und ein schrullenhafter Einfall, der sich doch überraschend durch Unterhaltungskraft lohnt, seine Seele. Phantasie und Pedanterie reichen sich darin die Hand, und aus dem dünnsten Faden entsteht spielend ein geistreiches Gespinnst. Es ist das Spiel eigensinniger Laune, mehr als chinesischer Pedanterie, und doch zugleich welche Intuition, welch ein geniales geometrisches Gefühl, mit Einem Worte: welcher Geist darin! Ein Euler oder Newton, den vor dem Schachbrette eine scherzhafte Laune überfallen, hätte den Rösselsprung ersinnen können — etwa als niedliche Nippe seiner Kunst für eine schöne Dame.

Wirklich bestätigt sich dieser Eindruck gewissermassen dadurch, dass wir erfahren, die Ehre der Erfindung des Rösselsprunges, der nun in aller Herren Länder daheim ist, gebühre dem Volke der Inder. Wenig jünger als das edle Spiel, auf dessen Boden er hervorgewachsen, ist eben der Rösselsprung, wie sein fürstlicher Agnat, das Schach, gleichsam eine Probe auf den indischen Geist, diesen launenhaften, spielerischen und eben darin zugleich

11*

pedantischen Geist, der in all seinen wunderlichen Schrullen und Sprüngen doch immer seine schöne Kraft überraschend bewährt. Haben wir oben den Charakter des
Spiels richtig erfasst, so war in der That der Inder das
richtige Talent, sich dergleichen einfallen zu lassen, er,
der so gern mit unsinnlichem Gedankenstoff spielt und
in eigensinniger Ausführung überraschender Ideen sei-
nesgleichen sucht. Ist doch schon die Erfindung des
Spielbodens, des ashthâpada, mit seinem so inhaltsvollen
8×8, eine Glanzleistung, voll Arithmetik — seine Leistung! Und zeigt nicht schon seine Erfindung der mannichfaltigen Gangart der Figuren im Schach einen geo-
metrischen Instinct, eine räumliche Phantasie, die ihn
auch als würdigen Schöpfer des Rösselsprunges erscheinen lassen? Einem gewöhnlichen Geist fällt vor dem fertigen Schachbrett nichts ein; der indische Geist aber,
spielerisch wie er ist, dem dabei gar Manches und Hübsches einfiel, hatte nun einmal auch die schöpferische
Laune, immer um die Ecke auf dem Brette herumzu-
spazieren, ein geometrischer Muthwillen, wie er bei ihm
nichts Seltenes ist, und die Grundidee des Rösselsprunges
war da. Nur galt es aber auch dabei, die bereits be-
schrittenen Felder — das lag im Witze — fernerhin
immer zu vermeiden: die Schrittbezeichnung lag also unmittelbar in der Sache. Und so kam dann auch die geheime geometrische Anlage der ganzen Idee zum Vor-
scheine und zur Anschauung in der Production einer
Figur, der Rösselsprungfigur, die von selbst Symmetrie
und Gesetzlichkeit forderte. Das Problem verwies sich
also aus sich selber auf das Papier zur graphischen Dar-

stellung und vermied die handgreifliche Empirie und
Uebung. Wie aber nun den Gang des Springers bezeichnen? Wenn Andere zunächst auf die Idee der Be-
zifferung dieses Weges gekommen wären — nicht so der
Inder, der ein viel zu grosser Vers- und Sprachkünstler
ist, um sich nicht seine Hilfe in diesen und allen analogen Fällen aus dem anspruchsvolleren Sprachstoff statt
von der schlichten Ziffernreihe zu holen. Diese Virtuosen einer gelenkigen Sprache, wie es so geschmeidig
keine zweite gibt, sind ja schon in ihrer eigenen Sache
und Kunst gewöhnt, Verse und Strophen zu drechseln,
die, sylbenweise angeschrieben, das lesende Auge in
allen möglichen Richtungen, von oben nach unten, im
Zickzack oder sogar auch schon in der Weise des Springers herumführen. Und braucht doch der Inder Wort
und Rede auch sonst, etwa um die Klänge einer Melodie,
die Aufeinanderfolge von Tönen zu fixiren, so dass seine
Noten eigentlich Wortstrophen sind, und dient ihm das
Sprachgut desgleichen sogar auch, die arbeitende Hand
zu führen und zu regeln, indem strophenweise Wortan-
reihungen ihm als Geheimmuster und -Vorlagen beim
Weben und Sticken dienen. Wie sollte dieser grosse
Sprachkünstler sein so fügsames Instrument nicht auch
in Darstellung des Rösselsprungs angewendet haben? Indem er, was er schon längst in Uebung hatte, seinen
Vers in Sylben auflöste — die Sanskritschrift leistet dies
ohnehin von selbst — und die Sprach-Atome nun über
den Weg des Springers streute, hatte er zugleich mit
dessen untrüglicher Bezeichnung denselben wieder cachirt
— ein Witz, für den der indische Geist am wenigsten

unempfänglich scheint. Welche Gelegenheit, dem Fürsten oder Edlen, an dessen glänzendem Hofe der geistreiche Pandit lebte, mit der Widmung des glücklich er-
sonnenen Rösselsprunges eine versteckte Schmeichelei zu
sagen — versteckt in wörtlichster Bedeutung — deren
Effect um so grösser sein musste, wenn sie etwa der Gefeierte selber fand! Zugleich aber vollendete dies erst
das Wesen des Rösselsprunges als eines freien Spieles
zwischen Zweien und drückte ihm den Charakter eines
Räthselspieles auf; in dieser Weise wird es nun flügge
und tritt in die Geschichte.

Aus dem noch grossentheils verschütteten Schachte
der Sanskrit-Literatur sind uns im Ganzen erst recht
wenige Proben indischer Rösselsprungkunst heraufbeför-
dert worden, und auch diese stammen nicht aus den
älteren edleren Schichten. Es ist ziemlich spätes und
geringes Gut, das uns der Zufall zunächst in die Hand
gespielt hat. In Nîlakaṇṭha's „Nîtimayûka", einer jener
eigenthümlichen indischen Encyklopädien für Ritual-,
Rechts- und Staatswesen, finden wir drei Rösselsprünge,
von denen der erste einem König von Sinhaladvîpa,
Ceylon, der zweite dem Vater des Verfassers, der dritte
dem Verfasser selbst zugehört. „Man ziehe", heisst es
da in unverbrüchlich metrischer Rede, „ein Schachbrett
(ashthâpada) mit 64 Feldern, schreibe die Sylben . . .
darin ein, worauf man das Ross unter Recitirung der
Sylben çrî siṁ hana etc. darauf herumführt." Der Vers
selbst, welcher Problem und Lösung ausdrückt, lautet:
„Unter König Çrî Siṁhana (gab es) eine reiche Schaar
kluger (Leute); es war bekannt die Bewegung des Rosses

(je) um ein Feld (weiter) in jedem Hause." Die Lösung
oder Lesung des zweiten Beispiels, das wie das erste
von einer gewissen alterthümlichen Eleganz ist und sich
gleich sinnig auf den Rösselsprung selbst und seinen
Verfasser bezieht, ist: „Im unvergleichlichen Palaste des
Fürsten Râmeça mit dem Beinamen Nârayana führte
Çankara das Ross aus seinem Hause mit 63 (Sprüngen)."
Das dritte Exempel dagegen belehrt uns über eine andere Art der Wegbeschreibung, indem die Lösung durch
keinen Vers nach Art der früheren, sondern durch die
im Einzelnen höchst raffinirt und erklügelt ausgedrückte
und so der Doppeldeutigkeit Thür und Thor öffnende
Zahlenreihe, zu einer Strophe angeordnet, ausgedrückt
erscheint. Wie manches geistreiche Spiel mag noch damit getrieben worden sein, das unserer Kenntniss einst-
weilen noch vorenthalten ist; denn ist eine Fertigkeit in
indischen Kreisen einmal bekannt, so wird sie bis zur
Virtuosität getrieben und in Ueberkünstelung allein der
wahre Genuss der Sache gefunden.

Das indische Manöver aber gefiel bald Mehreren, und
auch ausser Landes „führte man das Ross aus seinem
Hause mit 63", wie die indische Strophe naiv sagt. Es
waren die Araber, welche sich das Kunststück von seinen alten Meistern liehen und in ihren arithmetischen
Lehr- und Wunderbüchern damit Staat machten. Sie
goutirten aber dabei eigentlich weniger das geistreiche
Spiel, als sie es in den Hexensabbath ihrer magischen
Quadrate und talismanischen Figuren zu plumpem Ho-
cuspocus hineinzogen. Indessen war der Idee des Spieles
nichts anzuhaben, und aus der schwärzesten Mystik

tauchte sie nach Jahrhunderten in die reinere Sphäre denkender Arithmetik empor. Die Zeit eines Leibnitz ging nicht antheilslos an dem Problem vorüber, das sie wissenschaftlich zu beleuchten anfing, bis im Beginne des vorigen Jahrhunderts die allgemeinere Wiederaufnahme des Kunststückes von Rechenmeistern, die sich mit den damals in ganz Europa beliebten Bezifferungen der Glücksspiele beschäftigten, ausging und zugleich die Wissenschaft durch Euler und seine Nachfolger das Thema theoretisch endgiltig entwickelte. Seitdem blüht die freie Kunst des Rösselsprunges frisch und munter an tausend ihr gewährten Freistätten, und wenn noch etwas Neues in guter Art auf ihrem Gebiete tagtäglich erwartet werden kann, so ist allein die Fruchtbarkeit des Problems und nicht etwa eine Lauheit des bislang aufgewendeten Interesses davon die Ursache*).

Immer in dem bescheidenen Gange seiner Geschichte hielt sich das Spiel des Rösselsprunges nahe zum grösseren Herrn, dem Schach, auf dessen Grund und Boden es sein Rösslein tummelt, sei es, wie im Mittelalter, dass es sich überhaupt nur durch dasselbe und in ihm sein Dasein erhielt — indem der Rösselsprung als Schachproblem auftritt, mit der Aufgabe zum Beispiel, sämmtliche Figuren der Bretthälfte zu schlagen und im letzten Zuge dem König Schach zu bieten — sei es, dass er von den

---

*) Die neuester Zeit in illustrirten Zeitungen auftauchenden sogenannten Rösselsprünge, welche die verschiedensten Zeichnungen imitiren, dabei aber lustig Felder auslassen und Sylben zerreissen, sind plumpe Ausartungen des echten Rösselsprunges, gegen dessen Princip sie schnurstracks verstossen.

Schachbüchern seit jeher als angenehme Zugabe zur Hauptsache producirt wird, oder auch, dass er naturgemäss unter den Schachspielern sein eigentliches und beständiges Publicum fand. Es ist wie das kleine Fischlein im Gefolge eines grossen. Der eigentliche Grund aber, warum die Zwei so fest und nahe beieinander bleiben, ist, dass sie von Haus aus denselben Geist in sich haben, dass vielleicht derselbe alte Meister, der auf dem ashthâpada zum erstenmale ein „Schach dem König!" bot — zum erstenmale auch „das Ross aus seinem Hause führte mit 63".

16. Indischer Bergcultus.

Man hat es uns oft gesagt, der Alpinismus oder die
Liebe zu den Bergen habe erst eine sehr kurze Geschichte,
und in der That tragen wir Modernen das Bewusstsein
in uns, in jener Empfindung für die Gebirgswelt etwas
zu haben, was uns mit manchem Anderen von früheren
Zeiten, wir dürfen sagen, schon von der Art und Zeit
unserer Grossväter erheblich unterscheidet. Vergeblich
suchen wir im europäischen Alterthum nach einem Schim-
mer jener Stimmung des Gemüthes, welche in unserer
Zeit ganze Schaaren in die Berge treibt. Tieferes Naturgefühl ist ja überhaupt kein antiker Charakterzug. Es
ist seltsam, wie kalt, wie ungerührt Griechen und Römer
vor der lapidaren Schönheit des Gebirges, vor dem grandiosen Styl der Hochgebirgslandschaft geblieben sind.
Und dass es im darauffolgenden Mittelalter, der Herr-
schaftsperiode religiöser, naturfeindlicher Empfindungen,
damit erheblich anders geworden sei, lässt sich nicht
bemerken und wol auch gar nicht erwarten. Selbst

das Jahrhundert der Aufklärung, der ästhetischen Re-
volution stand der Gebirgswelt im Ganzen und Grossen
— Goethe brach, seiner Zeit voraneilend, auch hier
Bahn — noch reservirt gegenüber; man empfand dieselben
eher drückend, beängstigend als befreiend. Wir dürfen
es also, scheint es, wirklich als einen Vorzug unserer
Zeit betrachten, dass ihr zuerst so recht die Augen und
das Herz für einen grossartigen Theil der Natur aufgegangen sind.

Und dennoch ist dem nicht so. Vor vielen Jahrhunderten schon hat der Alpinismus in einem fremden,
fernen Lande Wurzel geschlagen und vielfach ähnlichen
Ausdruck gewonnen, als heute unter uns. Die Blätter
einer altersgrauen Literatur sind voll von seinen Einwirkungen und wir finden dort mit Erstaunen modernste
Empfindung in uralten Gefässen. Jene erste Wiege
des Alpinismus ist Indien, das Land des Himâlaya.
Wenn ich mir im Folgenden die Aufmerksamkeit für eine
flüchtige Betrachtung des Cultus der Gebirge bei den
alten Indern erbitte, so stütze ich mich eben vor Allem
darauf, dass damit der kurzen Geschichte des Alpinismus die hübsche Spanne fast dreier Jahrtausende zugesetzt
wird.

Worin wurzelt nun diese Ausnahmestellung der Inder
vor dem übrigen Alterthum? Da finde vor Allem die
Bemerkung Platz, dass die indische Cultur auf einem
ganz anderen, ungleich höheren Niveau steht als das
gesammte europäische Alterthum, daher überhaupt nicht
mit diesem auf eine Linie gebracht werden darf. Eine
reiche glänzende Vergangenheit hat dort schon Vieles

in sich geschlossen, was uns erst die neue Zeit gebracht
oder was wir noch von der Zukunft erwarten. Die
indische Cultur gegen die unsere: das ist in vieler
Hinsicht das zutreffende Verhältniss. Insofern werden
wir es schon im Allgemeinen begreifen, dass der Alpinismus, als Stimmung des Gemüthes betrachtet, dort nicht
gefehlt hat. Es kommen aber im Besonderen zwei her-
vorragende Factoren dazu, welche zur Erzeugung desselben zusammengewirkt haben. Es sind ein objectives
und ein subjectives Moment: erstens die Nähe des grossartigsten Hochgebirges der Erde, des Himâlaya, sodann
das tiefe Naturgefühl, der unglaublich rege und entwickelte Natursinn, den das indische Volk als sein be-
sonderes Erbtheil, den nicht geringsten Theil seines geistigen Pfundes mitbekommen hat. Das erste Moment ist gewiss von weittragendster Bedeutung für die Vertiefung der
indischen Bergempfindung gewesen; die Nähe einer gewaltigen Gebirgsmasse ist ja überhaupt überall Voraus-
setzung des Alpinismus, wenn er als Massengefühl auftreten und nicht das Vorrecht einzelner Weitgereister
bilden soll. Aber für sich allein wirkt sie nicht. Die
grandioseste Gebirgsscene, welche über die Anwohner
eine verschwenderische Fülle von Anregungen streut,
bleibt machtlos, wenn ihr nicht deren subjective Beschaffenheit, man könnte sagen ein Talent in ihnen ent-
gegenkommt. Eine classische Illustration davon haben
uns die Römer geliefert. Die Römer kannten die Alpen,
sie kannten die Schweiz. Ein ununterbrochener Zug
von römischen Staatsmännern, Officieren und in ihrem
Gefolge eine Menge von Literaten ging in der späteren

Zeit durch die Schweizer Alpen nach Gallien: aber nicht ein voller Brustton der Freude, des Entzückens über das Gesehene wird von ihnen vernommen. Was wir von ihnen hören, sind Klagen über die argen Strapazen der Reise, über die scheusslichen Wege und ähnliche Kläglichkeiten: nie beschäftigt sie das Grossartige der Naturscenen. Wir sehen also, dass auch das mächtigste Object dem Geist nichts mittheilen kann, was er nicht schon innerlich hat, dass die Dinge nichts in uns hineinbringen, sondern Alles aus uns hervorlocken.

In Indien war nun, wie gesagt, die subjective Empfänglichkeit für die Welt ausser uns, für die Natur im hohen Masse vorhanden. Vielleicht hat es nie ein Volk gegeben, dessen Empfindung in der Natur so sehr aufgegangen wäre, als eben das indische. Eine unermessliche Fülle von Natursagen, von Mythen, welche auf dem Gebiete der Ahnung dasselbe ausdrücken wollen, was später, in erwachteren Zeiten, die Wissenschaft begrifflich erfasst, geben davon eben so sehr Zeugniss, als der üppige Reichthum von Naturschilderungen, denen wir im grossen und im kleinsten Rahmen, in der Literatur begegnen. Das Licht- und Luftreich nicht minder, wie die Erde mit ihren Gewässern und Bergen, geben der Anschauung stets zu thun und setzen die lebhafte indische Phantasie in Bewegung; Fauna und Flora mit all' ihrer tropischen Ueberfülle der Gestalten und Farben sind Gegenstand scharfer, subtiler Beobachtung; und mit geschickter und geübter Hand gelingt es ihnen sodann geistreich darzustellen, was sie dem mannichfaltigen Leben und Treiben um sie herum abgesehen. So weit es unser

Thema, die Verehrung der Berge, betrifft, hoffe ich, wird
sich der Leser von der Wahrheit dieser Lobsprüche überzeugen; nach diesem kleinen Ausschnitt aber möge
er dann auf das Ganze und seinen Geist schliessen.

Als die Ârier vor etwa vier Jahrtausenden vom Westen
her in das Indusland zogen, ein herdenweidendes vieh-
schlachtendes Volk, und in steten Kämpfen mit einer
dunkelgefärbten Urrace, „der schwarzen, gottlosen Haut“,
ihre Sitze allmählich immer mehr nach Osten, dem paradie-
sischen Gangesgebiet zuschoben, da schimmerte den Be-
wohnern der Ebene aus weiter Ferne eine unermessliche
Reihe von Schneekuppen herüber: die Kette des Himâlaya.
Was später in Sage, Legende und Dichtung so voll und
reich austönt, die Begeisterung und das mächtige Staunen
vor dieser gewaltigen Bergwelt, dem präludiren in diesen
Urzeiten erst ganz vereinzelte Stimmen. Noch ist damals
nicht der schöne Name Himâlaya: „Eispalast“ für die
Kette gefunden; „diese schneebedeckten“: ime himavantaḥ
nennen sie die Sänger der Veda-Hymnen noch ganz
schlicht und schmucklos. Weder die Sage noch kunstreiche Schilderei ist mit der Bergwelt damals schon besonders beschäftigt, ästhetisch scheint die Empfindung
kaum noch angeregt. Es fehlt zwar nicht ganz an
stärkeren Eindrücken; der Aberglaube bezieht seine
Nahrung schon zum Theil aus dem Nimbus der fernen
Gebirgswelt. Doch was bedeuten solche dumpfe vereinzelte Empfindungen gegen die mächtige Bewegung,
welche sich des indischen Gemüthes bemächtigte, als
das Volk jener Gebirgswelt näher rückte und zuletzt
zum Theil unmittelbar unter seinem Banne stand? Denn

fortdauernde Einwanderung vom Westen her, Nachzüge, lebhafte Bewegung der arischen Stämme gegeneinander drängten bald einen Theil der Bevölkerung, die etwa bis zum 12. vorchristlichen Jahrhundert erst die westliche Hälfte Hindustans besetzt gehalten, östlich in die paradiesische Ebene des Ganges zwischen Himâlaya und Vindhya und nördlich wie südlich in das Gebiet dieser Gebirge selbst. Nach Norden zur Himâlayalandschaft früher als südwärts. Betreten wir mit den Einwanderern diese „zweite Welt“, wie die Dichter sie gerne nennen; versuchen wir es, ihren Eindruck mit grossen Pinselstrichen vor uns hinzustellen, damit wir dessen indische Ausprägung doch einigermassen zu beurtheilen im Stande seien.

Aus den schwülen Niederungen des Indus und Ganges kommend, durchquert man am Fusse der Riesenkette, welche sich in einer Länge, die der von Spanien bis Griechenland gleichkommt, hinzieht, einen Gürtel niedrigen, dschungelbedeckten, von hochbäumigen Wäldern überwachsenen Landes, feucht, von giftigen Dünsten durchhaucht, wo böse Geister des Fiebers, tückische gelbe Unholde -- wir würden sagen Miasmen — ihr Wesen haben. Dann erheben sich die ersten Vorhöhen, bis zu 5000 Fuss, ein zerrissenes Land voll Hügel und Berge, mit üppigen Zwischenthälern und lebhaftester Vegetation. Ueber dieses tritt man in die eigentliche Himâlaya-Hochgebirgslandschaft ein, wo die unermesslichen ewigen Schneefelder beginnen, mit grandiosen Hochflächen, Alpenseen, Ursprungsquellen, eine Art Schweiz nahe bei den Tropen. Hinter den Umwallungen dieser Landschaft steigt endlich die letzte höchste Kette zu schwindelnden Höhen empor, wohin noch kein Menschenfuss gedrungen ist, wo ewiges feierliches Schweigen, von keinem Laut unterbrochen, über den Gipfeln thront. Aber nun sehen wir die Landschaft mit den Augen des Inders an: Da beleben sich diese Berge mit Geistern und Götterschaaren, da gehen religiöse, fromme Schauer durch die Brust, stehen diese schneebedeckten Riesen da als erstarrte, steinerne Göttergestalten, auf die man pilgert, um sie zu verehren. Die Empfindungen des Erhabenen und religiöse Gefühle liegen in der Seele dicht nebeneinander; ihre Grenzen fliessen gern ineinander über, und auch in einem aufgehellten Bewusstsein kann ein mächtiger ästhetischer Eindruck Andacht im besten Sinne des Wortes wecken.

Wie viel mehr muss dies in einer Zeit geschehen, die Alles noch mythisch anschaut, wo die Phantasie geschäftig ist, jeden Eindruck des Innern zu verkörpern und als ein mythisches Wesen aus sich herauszustellen, als einen Gegenstand der Ehrfurcht und frommen Andacht? Früher als die reine ästhetische Auffassung, wie sie in Poesie und bildender Kunst zum Ausdruck kommt, ist überall die mythische, welche nicht schildert, sondern personificirt und verehrt. Wir werden beide Stufen im Bereich unseres Themas wahrnehmen.

Gewisse Gegenden des Himâlayagebietes verehrt der Inder als heilig. Es sind zugleich die geographisch und landschaftlich merkwürdigsten: gewiss ist daher ein Connex in der soeben angedeuteten Art hier anzukennen. Im westlichen Himâlaya ist die Gegend der

Indusquellen in der Vorstellung des Inders wol die ge-
weihteste: ein weltabgeschiedenes, zwischen 14000 und
15000 Fuss hochgelegenes Gebiet mit den heiligsten
Punkten — Ursprungsquellen oder hochberühmten Gipfeln. Die in feierlicher Stille schlummernden Gegenden
zugleich für den Menschen schwer zugänglich: an schwindelnden Abgründen, über fliegende Seilbrücken, auf
schmalen Felsenbändern führt der Weg den Waller hinan.
Den Waller, wohl; denn als ein solcher betritt der indische Wanderer den Himâlaya. Der moderne Bergfahrer geht auf die Berge des Naturgenusses, der erhabenen Empfindungen halber, welche die Grösse der
Hochgebirgsnatur in ihm erweckt; er erklimmt die
Höhen, um seine Thatkraft zu erproben und zu geniessen,
er will sich einmal im Vollgefühl seiner Energie und
Tüchtigkeit finden: der fromme Hindu wallfahrt zu
seinen Göttern droben, den Herren der grossen Natur.
Auch er nimmt die Beschwerden und Mühen des Weges
hin als heilsame Zucht und Probelegung und die Gefahren schrecken ihn nicht, wenn er ans ersehnte Ziel
denkt. Denn droben erwarten den glücklich Angelangten
die gefeierten Punkte alle: hier zum verdienstlichen
Bade lockend die vogelumflatterten Alpenseen mit den
goldenen Lotussen der Sage, dort an jenem steilen Pik
Yamunâvatarî: „Herabsteigung der Yamunâ" (19000
Fuss hoch), findet sich die Quelle des heiligen Stromes
mit vielen heissen Quellen in der Nähe, die unmittelbar
unter dem Schnee hervorkommen, eine Merkwürdigkeit,
welche die Heiligkeit des Ortes bei den Pilgern nicht
wenig erhöht. Und wieder nicht weit westlich im An-

gesichte der berühmtesten Gipfel des Schneegebirges, des Çrîkaṇṭha (d. h. Çiva), der Svargarohinî: „Himmelsleiter" und anderer die Quellen der Gangâ mit Tempeln und Bädern; eine z. B. in 11000 Fuss Höhe auf dem Hochplateau Hedavanâtha, überragt von dem 21000 Fuss hohen Pik Mahâpantha, d. h. „Der grosse Weg" — zum Himmel nämlich: denn der pilgernde Tourist, der diesen Pik erreicht oder, was oft geschieht, beim Versuch dazu verunglückt, geht geraden Weges in den Himmel ein. Wohl braucht es einer solchen Herzstärkung für den Pilgrim auf schlimmen Wegen, zumal in den wilden Einöden des Himâlaya.

Von diesen geheiligtesten Oertlichkeiten im westlichen Himâlaya strebt aber die Kette ostwärts mit noch immer zunehmender Höhe fort und erhebt sich nun zu den colossalsten Gipfeln, in deren Namen selbst ein Hauch ihrer Erhabenheit zu spüren ist. Da stehen die Riesen Candragiri *), „Der Mondberg", Çvetaghara *), „Die weisse Burg", der Pancacola, „Der Fünfgepanzerte", Dhavalagiri, „Der strahlende Berg" und endlich der weltberühmte Gauriçankara „Das Horn der Gauri". Doch tritt dieser Theil des Schneegebirges im Bewusstsein des indischen Volkes gegenüber den Yamunâ- und Gangâbergen beträchtlich zurück: das Inderthum hat eben in diese Gegenden erst relativ spät und in unvollständigem Masse Eingang gefunden.

Hier oben also ist die Heimat der Götter, auf diesen

---

*) C und Ç wird in Sanskritwörtern wie tsch und sch gesprochen.

unzugänglichen Höhen hausen die Himmlischen; wo
hätten sie sonst gleich würdig thronen mögen? Alle die
grossen Eindrücke, die mächtigen Empfindungen. deren
sich Niemand in solcher Umgebung erwehren kann, ver-
dichteten, verkörperten sich und der Geist der Berge,
wenn mir das Wort erlaubt ist, stand da — als Berg-
geist, als Herr der Gebirge, Giriça oder Giriçvara, der
Anbetung fordert, und dem sie angesichts seiner Welt gewiss
immer mit aufrichtiger Empfindung geweiht worden ist. Mit
Gott Çiva zu einem Wesen verschmolzen, thront er auf.dem
Kailâsa, der als Göttersitz zur Fabel geworden und in dessen
krystallenen Eiswänden, wie die Dichter sagen, die Mädchen des Himmels sich wie in Spiegeln beschauen. Im
schimmernden Glanz des Gipfels sah man das helle
Lachen des Berggottes, die strahlende Reihe seiner Zähne.
Des Gottes Haupt reicht bis über die Atmosphäre, da-
her heisst er Vyomakeça, „dessen Haar die Luft ist“.
Den Halbmond trägt er auf der Stirne, und aus seinen
Haarbüscheln selbst fliesst die heilige Gangâ. An seine
Seite als seine Gemahlin setzt die ordnende Mythologie
eine andere Gestalt, die furchtbare Durgâ, „die schwer
Zugängliche“ oder Pârvatî, „Die in Bergen Hausende“
geheissen; ursprünglich eine Personification derselben
Eindrücke, aus denen sich Çiva als Berggott krystallisirte,
aber mehr nach ihrer schauerlichen Seite. Sie ist die
Angst und Furcht des Hochgebirges, wenn es seine Schrecken
entfesselt, so heisst sie mit Fug und Recht eine Tochter
Himavat's, des Bergesalten. Das Götterpaar ist umgeben
von seligen Büssern und Geistern der Luft und der drei-
fach gezackte Kailâsa sieht olympische Seligkeit auf

seinen Höhen. Neben solchen Gestalten, deren eigentliches Bereich diese ganze Gegend ist, sind auch andere
indische Volksgötter hier herauf versetzt, eigentlich blos
der Erhabenheit der Oertlichkeit wegen, welche sie zu
Göttersitzen allein würdig machte; so vor Allem der
heitere, hilfreiche Gott Vishnu, von dessen Thaten Einiges im Himâlayabezirke localisirt ist. Berühmte Felsen-
thore am Laufe der Gangâ und des Indus sind sein
Werk; wo furchtbare Schluchten in den Bergen gähnen,
hat Vishnu sie aufgethan. So besonders die berühmte
Krauncaschlucht, von der die Sage geht, dass Vishnu,
als er vom Kailâsa nach Süden ziehen wollte, keinen anderen Weg fand als diesen, den er sich mit Pfeilen erst
durch die Felsen schiessen musste. Auch zu allen diesen Stellen wird vielfach gepilgert, wie wir selbst dergleichen von der Sage umklungene Punkte gerne aufsuchen. In diesem Zusammenhang zu nennen sind auch
die sogenannten „Çrîpadas", „die heiligen Fussspuren"
— Eindrücke in Felsen, welche Götter und Uebermen-
schen der frommen Menschheit zum Trost, als Unter-
pfand und Siegel ihrer Anwesenheit auf Erden zurück-
gelassen haben. In ganz Indien werden solche mit Vorliebe auf Bergesgipfeln gezeigt; im Himâlaya gibt es
auf einigen Hochgipfeln hochheilige Spuren Çiva's und
Vishnu's, in deren Anblick der indische Tourist etwa
das findet, was der europäische beim Gewahren des Stein-
mandels: das ersehnte Ziel beglückt in gleicher Weise,
ob es ein Steinhaufen oder ein Loch im Felsen ist; man
freut sich oben zu sein und schenkt der Merkwürdigkeit
eine kurze Minute der Betrachtung.

Neben der fluctuirenden Menge der Pilger, welche zum Besuch solcher geheiligter, zugleich berühmt schöner Punkte aus allen Theilen Indiens auf den Höhen des Himâlaya zusammenströmten, um erfrischt und geläutert wieder heimzukehren, haben die Berge droben aber sozusagen auch ein eigentliches Stammpublicum: die Schaaren der Büsser. Auf den einsamen Hochflächen, im Angesichte der Schneehäupter lebt stets eine Zahl von Männern, im strengen Ernste der Entsagung und freiwilligen Bestehen von Mangel und Pein. Nirgends, heisst es, ist die Büssung so vollkommen, als im Himâlaya — und wir vermögen das nachzuempfinden! Wahrlich, die Hunderte, welche vom Weltgetümmel geschieden ihr Heil in Sammlung des Gemüthes, Bezähmung alles Verlangens suchten, haben sich die rechte Umgebung erwählt, wenn sie sich auf die steilen Höhen des indischen Hochgebirges zurückzogen. Wo wird das Gemüth aller Erdensorgen, alles Kümmerns und Trachtens in gleichem Masse ledig, wie im Anblick der Bergesriesen, mitten in der feierlichen Ruhe der Schnee- und Felsenwelt? Die Empfindung davon war also der indischen Welt nichts Fremdes, sie war jenen Büssern wohl bewusst. Und so dürfen wir wol in diesen Männern, welche Jahre-, ja Lebenslang nahe den Eisgipfeln ein beschauliches Dasein führten, die eigentlichsten Träger der indischen Bergempfindung sehen, welche die Erhabenheit der Gebirgswelt bis auf den Grund gekostet und in ihr eigenes Wesen aufgenommen haben.

So steht für den frommen Glauben und die Sage der Himâlaya da als Wohnung der Götter, als der

Schauplatz ihrer Macht und Thaten, als die heilige, wunderthätige Gegend, welche Jeden, der sie aufsucht, ihren Segen spüren lässt. An Bedeutung für das indische Bewusstsein vermag sich mit ihm keine der anderen Bergmassen Indiens auch nur im geringsten zu messen: der Vindhya so wenig als das blaue Gebirge Nîlagiri im Süden oder die Ghatts, d. h. die Treppen ins Meer. Vom Himâlaya kennt man Namen und Sagen im fernsten Süden; wo seine leuchtenden Schneegipfel längst nicht mehr sichtbar sind, spricht man doch von ihm, als wäre er ein Gegenwärtiger. Es ist bezeichnend, dass ganz Indien, nach dem Gebirge sogar *Haimavata:* „Das Himâlayaland" genannt wird. Doch ist auch jenen niedrigeren Erhebungen die Aufmerksamkeit in nicht geringer Stärke zugewendet gewesen; Zeugniss davon sind die zahlreichen Legenden und Mythen, welche sich in ihrem Gebiete localisirt finden und in ihrer bizarren Phantastik den lebhaften Eindruck widerspiegeln, den das indische Volksgemüth von ihnen empfangen. Fliegende Berge, die vor verfolgenden Göttern flüchten; Bergcolosse, die von Riesenaffen versetzt oder im Fluge fallen gelassen worden; Gebirgshäupter, die sich in Ehrfurcht vor Weisen beugen und so gebückt verharren — das sind kleine Proben von dem grotesken Styl dieser Sagen. Man merkt, es fehlt hier der Nimbus der Hochgebirgsnatur, welcher die Mythenbildung in ganz anderer Weise inspirirt, ihr einen grandioseren Charakter verleiht, wie wir es beim Himâlaya gesehen. Von jenen niedrigeren Erhebungen erzählen sich die Anwohner drollige Geschichtchen: aber der Himâlaya wird als Berg *Meru* zum Sinnbild des Kosmos, der ganzen Welt.

Doch nun genug von Religion und Mythen, wiewohl der indische Geist sich am liebsten und erschöpfendsten gerade in ihrer Sprache ausdrückt und darin auch ziemlich verständlich ist. Sind aber die Eindrücke der Gebirgswelt aufs indische Gemüth nicht auch rein und ohne den mythischen Nebel zu haben? Hat sich die ästhetische Empfindung von der Hülle des Mythologischen nicht zu befreien vermocht? Gewiss ist dies der Fall; und der dichterische Ausdruck steht hinter dem religiösen, was Tiefe und Reichthum betrifft, schwerlich zurück. Die indische Poesie, mit Naturschilderungen überhaupt so viel beschäftigt, hat der Welt der Gebirge gewiss öfter und inniger gedacht, als unsere schöne Literatur bis auf die neueste Zeit, wo dergleichen allerdings sehr in Schwung, vulgo in die Mode gekommen ist. Sie holt sich Bilder, gross und klein, aus den Bergen; sie benutzt die mächtigsten Effecte der Hochgebirgs-Landschaft ganz im romantischen Style; entwirft farbenreiche, ausgeführte Gemälde davon im grossen Rahmen und hat auch eine Berglyrik entwickelt, welche sich neben der unseren mit Ehren behauptet. Das Alles leistet sie seit alter Zeit, und gerade die frühesten Dichtungen der Inder enthalten die wahrsten und empfundensten Stellen dieser Art. Es ist nicht schwer, eine kleine alpinistische Blüthenlese aus der indischen Literatur zusammenzustellen; vergessen wir aber dabei nicht, es seien blos einzelne Klänge aus einem vollen Geläute, welches Jeder vernimmt, der sich mit indischer Literatur beschäftigt.

Wie der Inder einen Berg zu schildern versteht, zeige vor Allem eine schöne Stelle aus der berühmten Episode „Nal und Damayanti" des Mahâbhârata. Vom Gatten verlassen irrt die Treue, den Entschwundenen überall suchend und voll rührender Klagen in bergiger Wildniss herum, Bäume und Thiere des Waldes nach dem Gesuchten befragend. Da kommt sie an einen hochragenden Berg, den sie begrüsst:

> „Hier aber den gipfelgeschmückten,
> Haupt-himmelan-entrückten,
> Blüthengebüsch-umkränzten,
> Sonnenstrahlen-beglänzten,
> Aus buntem Gestein gezimmerten,
> Von Metallen durchschimmerten,
> Löw-Elephanten gebärenden,
> Gefiederte Schaaren nährenden,
> Ströme herniedergiessenden,
> Baumwuchs zum Himmel spriessenden,
> Dieses Waldes erhöhte Warte,
> Dieser Einöde grosse Standarte,
> Den König der Berge seh' ich ragen,
> Ihn will ich um meinen König fragen.
> O seliger Berg, lustthauender,
> Himmelgleich anzuschauender,
> Einsiedlerhort, o Beschützer,
> Gruss Dir, o Weltbaustützer!" *(Nach Rückert.)*

Wer diese Verse hört, wird ihnen unwillkürlich mit den Augen folgen wollen, und ich glaube, auch der Stimmungston wird ihn unmittelbar ansprechen, als hätte ein moderner Poet geredet. So ergreift es uns auch in einer andern Episode des grossen Nationalgedichtes, dem sogenannten Indralokâgamanam, der Reise Arjuna's zum Himmel des Indra, mit der Gewalt des echt Empfuudenen, wenn Arjuna, nachdem er lange fröhlich auf dem Gipfel des Berges Mandara gelebt, nun von diesem Abschied nimmt:

„Den Frommen, die da Recht üben, den Einsiedlern, die
    Gutes thun,
Die den Himmel zu sehen streben, dienst Du, o Berg, als
    Zuflucht stets.
Durch Deine Huld, o Berg, wandeln Priester, Krieger und
    Vaiçyas auch
Zu dem Himmel gelangt, immer mit den Göttern, von Noth
    befreit.
O Fürst der Höhen, Bergkönig, du Zuflucht frommer Büssender!
Ich gehe, Dich zuvor grüssend: vergnügt habe ich auf Dir
    gewohnt.
Deine Gebüsche, Hocheb'nen, Deine Flüsse und Bäche auch,
Deine heiligen Badplätze hab' ich geseh'n in Menge hier,
Die anmuthigen Bergwässer, Deinem Rücken entquollen rein,
Die, wie der Götter Trank lieblich, hab' ich geschlürft, die
    fliessenden.
So wie ein Kind vergnügt weilet auf Vaters Schoss, o Heiliger,
Hab' ich auf Deinem Haupt Freude genossen, edler Bergesfürst!
Die von Nymphen besucht, tönen vom Gebete der Priester-
    schaar —
Sehr entzücket, o Berg, hab' ich auf Deinen Höhen stets
    gewohnt."

(Nach Holzmann.)

Lässt sich wol einfacher, naturinniger, wahrhafter schildern, wie Mensch und Berg sich befreunden, ver- brüdern können und wie es dann thut, zu scheiden? Man vergleiche doch die vielbewunderten Abschiedsscenen im Ekkehard, wo der an Seele und Leib auf der Höhe Genesene von seinen Bergen herabsteigt, mit diesem schlichten Erguss: ich glaube nicht, dass sie mehr als dieser zu Herzen gehen. Ebenso könnte recht gut in desselben Dichters Bergpsalmen eine Strophe eines geistlichen Sängers stehen, eines buddhistischen Mönchs im gelben Bettlergewande, der vor etwa 2000 Jahren auf den Höhen des Himâlaya seine Stimme zum Preis der Berge erhob und sang:

„Die weiten, herzerfreuenden Gefilde, von Kareri-Wäldern bekränzt, die lieblichen, da Elephanten ihre Stimme erheben, die Felsen machen mich fröhlich.

Wo der Regen rauscht, die lieblichen Stätten, die Berge, wo Weise wandeln, wo Pfauenruf ertönt, die Felsen machen mich fröhlich.

Dort ist gut sein für mich, der dem Heil entgegenringt, den Freund der Versenkung." *(Nach Oldenberg.)*

Solchen lyrischen Ergüssen, die so häufig begegnen und klingen, als wären sie von heute, eben unter uns entstanden, stellt die dramatische Poesie der Inder würdige dramatische Effecte aus der Bergwelt gegenüber. Ein moderner Regisseur könnte nicht stimmungsvollere Hochgebirgsscenen auf die Bühne bringen, als die Inder es gethan; er könnte nicht geschickter und mit feinerem Naturverständniss, als sie, die tragische Bewegung mit solcher grandiosen Naturumgebung harmonisiren oder auch contrastiren lassen. Fast jedes der grossen indischen Stücke hat Scenen, die sich in den Bergen abspielen. Der ganze neunte Act von Bhavabhûti's romantischem Schauspiel Mâlatimâdhava hat die düster-grandiose Berglandschaft des Vindhya zur Scenerie und die Jammerergüsse Mâdhava's, der seine verlorene, von Dämonen geraubte Braut Mâlati sucht, entladen sich da als vor dem vielleicht grossartigsten Hintergrunde, den je ein menschlicher Schmerzensausbruch gehabt. Wolken-verhängte Bergeshäupter sehen auf die Scene nieder, gleichsam ein stummer tragischer Felsenchor um den Jammernden geschaart.

> „Die Gipfel sind geschwärzt von thau'nden Wolken
> Und freudig schrei'n die Pfauen durch den Horst,
> Die Felswucht trägt verstricktes Waldgeäst,
> Dess tiefe Finst'rung Nester zahllos lichten.
> Das rülzende Geächz der Bärenbrut
> Schnaubt brummend durch die höhlenreichen Hügel.
> Und kühl und scharf und süss weht das Gedüft
> Von Zweigen, die der Elephant gebrochen."
>
> *(Nach Wilson.)*

In dem berühmtesten indischen Drama, in Kâli-dâsa's Çakuntalâ sind die letzten schönen Wiederfin-dungsscenen auf den Höhen des Himâlaya, auf dem Kimpurusha-Gebirge, dem höchsten Vollendungssitze der Büssenden gedacht. Wir mögen uns die Wirkung aus-malen: der reuevolle Gatte und König, die verstossene Geliebte und ihr Söhnlein bei einer stillen Einsiedel-klause auf den erhaben-prächtigen Höhen wiederfindend — eine liebliche Versöhnungsfeier in weltentrückter Berg-einsamkeit.

Auch in dem Schwesterstücke der Çakuntalâ, der Urvaçî, führt uns derselbe grosse Poet zu wiederholten Malen auf die Berge: gleich in den ersten Scenen finden wir uns auf dem Himâlaya, inmitten von Wolkenschleiern und himmlischen Tänzerinnen; und im vierten Acte ist uns eine reizend schöne Scene geschenkt, welche an die mitgetheilte Stelle aus Nal und Damayanti erinnern mag: ein Liebender spricht mit einem Berg und bittet ihn, der so Vieles von seiner Höhe schaut, um Kunde von seiner Geliebten. Es ist König Pururavas, der im Liebesschmerz um die verlorne schöne Urvaçî wahnsinnig in der Wildniss herumirrt, trotz Donner und Blitz und den wilden Güssen, die vom Himmel stürzen. Da ragt ein Gipfel steil in die Höhe: hinreissend strömen die Klagen des Königs, das Echo von der Bergwand antwortet den Jammerlauten und Fragen, und der Suchende glaubt sich am Ziel, endlich kommt aber doch wieder die grausame Enttäuschung.

Hat demnach die dramatische Kunst, wie an diesen wenigen Beispielen gezeigt worden, auch die Welt der Berge in ihr Bereich gezogen und für ihre Zwecke aufs effectvollste verwerthet, so ist die mit Vorliebe beschreibende Kunstpoesie der späteren Zeit, der ersten nachchristlichen Jahrhunderte vollends reich an mehr oder minder ansprechenden, künstlichen, ja raffinirten Schilderungen der Gebirgsnatur. Auch davon erlaube ich mir eine Probe einzuflechten, nur einige Strophen, um das Bild der reichen indischen Bergpoesie nach Möglichkeit zu vervollständigen. Ein gefeierter indischer Poet hat in seinem grossen Gedichte Kirâtârjunîya eine

höchst kunstreiche Schilderung des Himâlaya entworfen,
welche zu den Prunkstücken indischer Poesie gehört,
mit unnachahmlichen Wortspielen, Doppelsinnigkeiten,
Gleichklängen und sonstigem Wortzierrat überladen ;
gleichwohl aber, und dies ist das Erstaunlichste, von
warmer Empfindung durchseelt. Held Arjuna geht auf
den Himâlaya, um Büssungen zu verrichten; bewun-
dernd steht er vor dem Riesengipfel des Hemakuta, der
Stätte seiner künftigen Busse:

„Da sieht er nach den luft'gen Höhen droben,
Wo steil des Berges Gipfel auf sich bau'n,
Als hätt' er sich im Riesendrang erhoben,
Des Weltalls fernste Weiten noch zu schau'n,
Als wollt' er kühn des Himmels Veste tragen,
Den Weltenberg aufstrebend überragen.

Wie steht er da, belebt von tausend Wesen,
Wie eine zweite Welt so gross und reich:
Es treibt der Mensch tief unten still sein Wesen,
Und Geister wohnen hoch im luft'gen Reich:
Ihn schuf der grosse Gott, um seine Macht zu zeigen,
Denn diese zweite Welt, sie ist sein eigen.

Aus Felsengipfeln, die den Himmel streifen
Und schneebedeckt hell schimmern wie Demant,
Durchglänzt von Erzesadern, gold'nen Streifen,
Hat aufgebaut den Berg des Gottes Hand:
Dem Herbstgewölke gleich, das leicht sich ballt,
Vom Wetterschein vergoldet und durchstrahlt.

Er gab den Felsen, üppig grün sich raukend
Lianenlauben, für der Nymphen Chor;

Er thürmte Felsenwände, nimmer wankend,
Dazwischen hohen Schwungs manch' Felsenthor:
Zur Wunderstadt schuf er das Berggebänge,
Mit Mauern, Thürmen, Garten-Blüth-Gepränge.

Als schwäng' er weisse Riesenflügel, breiten
Sich leichte, dünne Wolkenflüge aus
Vom Bergesrücken hin nach beiden Seiten
Und schimmern in die Ferne weit hinaus;
Nie zuckt ein Blitz in jenen Höhen oben,
Nie rollt der Donner im Gewölke droben.

Mit klarem Wasser strömen rasche Quellen
Thalabwärts zwischen frischem Ufergrün,
Wo Elephanten weiden, wo an lausch'gen Stellen
Die blauen Lotusblumen duftig blüh'n,
Und auf den sanften blumigen Gestaden
Die Wellen plätschernd Dich zum Bade laden.

Ein Gürtel blühender Açoka schlingt
Sich röthlich schimmernd um den Berg im Thal,
Und eine Kette dunkler Wälder schwingt
Sich drüber hin mit Wipfeln ohne Zahl;
Wo Elephanten im Verborg'nen hausen,
Eiskörner von der Höhe niedersausen.

Schwarz steigt ein Gürtel düst'rer Fichtenwälder
Dann an der rauhen Felsenwand empor,
Auf seinem Scheitel glänzen Gletscherfelder,
Starrt ewig Eis aus ew'gem Schnee hervor.
Da stehst Du stillerschüttert, tiefbefangen,
Es schweigt des Herzens Qual und sein Verlangen.

(Der Verfasser.)

Es scheint mir überflüssig, nach dieser noch andere
Proben indischer Bergpoesie vorzulegen. Ich hoffe, die

Leser haben sich einigermassen davon überzeugt, dass
der literarische Ausdruck der indischen Bergempfindung
unter dem religiös-mythischen nicht zurückstehe, dass er
für eine so alte Zeit ein überraschend reicher und inniger
sei. Und Niemand wird sich dabei des Eindrucks wol
haben erwehren können, dass in jenem Lande in der
That, wie behauptet worden, eine Stimmung schon lange
erzeugt war, welche wir als allermodernste anzusehen gewohnt sind: der Alpinismus. Vielleicht haben diese kurzen Mittheilungen aber auch dazu gedient, die enge Verwandtschaft und Sympathie unseres und des indischen
Geistes überhaupt uns deutlicher ins Bewusstsein zu
bringen. Wir wurzeln mehr, als wir wissen, im alten
arischen Geiste, dessen schärfster Ausdruck, freilich oft
bis zur Caricatur getrieben, der indische ist. Gerade
die modernen begeisterten Bergfahrer mit ihren alpi-
nistischen Bestrebungen und Neigungen sind in dop-
pelter Weise Träger einer engen Beziehung unserer
zu der indischen Weise: erstlich vermöge der beiderseitigen lebhaften Empfänglichkeit für die Bergwelt,
sodann aber noch in einer sehr paradoxen Hinsicht,
mit deren Betrachtung vielleicht nicht unpassend
zu schliessen wäre. Wenn wir nämlich hören, wie so
Manche unter ihnen, alle Genüsse des verfeinerten
Lebens tage-, wochenlang verschmähend, in den Bergen
die härtesten Mühen und Entbehrungen freudig
übernehmen; wie sie den unglaublichsten Schwierigkeiten Trotz bieten, Geduld, Selbstverleugnung oft in
exorbitantem Masse üben, den eigenen Leib durch die
ärgsten Strapazen stählen und kasteien: so kann man

wahrlich nicht umhin, an eine eigene Seite der indischen
Welt, an die indischen Büsser der Berge zu denken, welche
in ähnlicher, nur viel abenteuerlicherer Weise es mit sich
selbst hielten und den Leib kreuzigten. Auch die indischen Asketen, sofern sie nicht verrückte Narren oder
schlimmeres sind, üben sich ausschliesslich in der Bravour der Askese, um des eigenen Willens immer Meister
zu sein, um sich in der Gewissheit zu befestigen, dass
dem energischen Willen nichts unmöglich sei Der pas-
sionirte Bergsteiger, um die eigentlichen treibenden Motive seiner Wagnisse befragt, gibt dasselbe an: der Alpinismus sei die hohe Schule moralischer Zucht und
Stählung des Charakters. Das Beste und Höchste, was
das kühne Steigen einbringt, seien doch die Momente,
wo man sich selbst gefühlt, seien die Siege, die man über
sich selbst, über das Träge und Schwache der eigenen
Natur errungen. Mit andern Worten: im Alpinismus —
versteht sich: im echten, z. B. eines Tyndall, Whymper
— steckt unverkennbar ein asketisches Element.

Zu jeder Zeit ist unter den Menschen der asketische
Trieb lebendig. Aber diese identische und wesensgleiche
Wurzel treibt in sehr verschiedener Art, erscheint in
immer neuer Gestaltung, je nach dem Bildungsinhalt der
Zeit. Wo wie in Indien oder im christlichen Mittelalter
die religiöse Empfindung bis zum Uebermasse vorherrscht,
wird die Askese ein religiöses Gewand tragen, werden
die Asketen von Profession im Mönchsgewande das Fleisch
kreuzigen und gegen sich selbst wüthen. Da werden sie
auf kalten nackten Felsen im Hochgebirge unbeweglich
ruhen, Tag und Nacht, wie in Indien, oder sich auf

Dornenlagern wälzen und mit Geisselhieben blutig zeichnen, wie im christlichen Mittelalter. Wo aber in einer
von düsteren Grillen befreiten Zeit ein lebhaftes Naturgefühl waltet, wo der Cultus des Erhaben-Schönen an
die Stelle religiöser Verehrung getreten ist, da wird die
erhabene Scenerie des Hochgebirges zum Schauplatz
einer geläuterten Askese, da üben die wahren Bergfreunde,
als Geistesverwandte der Himâlaya-Büsser, die schroffsten,
unzugänglichsten Gipfel erklimmend, Selbstüberwindung
und Selbstzucht, und sind in diesem freiwilligen Bestehen
von Müh' und Pein in Wahrheit — moderne Asketen.

17. Der Diamant in Indien.

Unter allen Dingen, welche das altberühmte Gangesgebiet seit jeher zum Märchenboden und Wunderland,
zum lockenden Ziel des Kauffahrers wie zum Zankapfel
kriegerischer Nachbarn gemacht haben, sind es neben
Gold und schimmerndem Elfenbein, neben den Natur-
schätzen der üppigsten Flora und den farbenprächtigen
Wundern einer artenreichen Fauna, vor Allem die
glitzernden Edelsteine, die der indische Boden so ver-
schwenderisch herausgibt, welche Ruhm und Reichthum
des Landes mit demantenen Lettern ins Buch von der
Erde eingeschrieben haben. Indien hat den Ruhm, im
Alterthume die Welt mit den begehrtesten und köst-
lichsten aller Dinge — im Grunde dem werthlosesten
Tand — versorgt zu haben, es hat für sich selbst das
glückliche Los — freilich, wenn man will, ein Danaër-
geschenk der Natur —, den grössten Besitz der höchsten,
allerdings zugleich unfruchtbarsten und todtesten Werth-
gegenstände zu hüten und zu vertheidigen; es besitzt

auch zugleich in unvergleichlichem Masse die grösste
Empfänglichkeit und die entzündlichste Phantasie für
die psychische Seite dieses Besitzes.

Alt-Indien ist so das classische Land der Edelsteine,
nicht nur wegen seiner factischen Natur- und Kunst-
schätze daran, sondern auch, worauf noch wenig oder
gar nicht ernstlich geachtet worden ist, weil die Schätzung
und intellectuelle Verarbeitung des Edelgesteins hier
unstreitbar ihre höchste Entwicklung gefunden hat und
mit den wirklichen Juwelen als der sie umschwebende
Nimbus, als ein buntes Strahlengeflecht von Vorstellungen
und Ideen merkwürdiger Art in alle Welt hinausge-
gangen ist. Die alte Welt und wir — von dieser
lernend — sehen durch indische Augen, wenn wir uns
vom Glanze der Edelsteine entzücken und zu mehr als
dem blossen sinnlichen Eindrucke davon inspiriren
lassen, was als Erbschaft des träumerisch-mystischen
Mittelalters hier bekanntlich gar mannichfach der Fall ist.

Jedenfalls würde, wer die Edelsteine Indiens in diesem
Sinne zu bearbeiten versuchte, das erste und wichtigste
Capitel einer noch zu schreibenden Culturgeschichte der
Edelsteine liefern.

Den unvergleichlich wichtigsten Platz in dieser glänzenden Gesellschaft nimmt nun durch Werth, Schönheit
und Berühmtheit der indische Diamant ein, er, der
höchste Werthgegenstand der Welt, der zu seiner fabel-
haften Schätzung wohl nur durch die überspannte Empfindung eines Volkes kommen konnte, dem die Natur
überhaupt eine Fülle prächtigen Edelgesteins in den
Schoss geschüttet — so seine Empfänglichkeit für derlei

13*

Reize steigernd, welches aber alle diese bunten Kostbarkeiten durch die unbesiegbare Härte, Reinheit und das
Feuer des Diamants übertroffen sah. Schwerlich wäre
der Diamant, bei allem absoluten Werth, zur Alles über-
ragenden Höhe seiner traditionellen Schätzung gelangt,
wenn er zuerst unter einer anderen, nicht durch die Ge-
schmacksschulung des indischen Edelsteinreichthums ge-
gangenen Civilisation bekannt geworden wäre. So aber
steckt in unserer traditionellen Bewerthung desselben
noch immer die alte indische Ueberschätzung, die indische Masslosigkeit in Sachen des Geschmacks und der
Verhimmelung des Ungewöhnlichen, der phantastische
Ueberschwang, mit welchem das verwöhnte indische
Urtheil auf das Eigenartige des wasserhellen Hartkörpers
reagirte. Es wird uns dies im Verlauf unserer Darstellung immer klarer und sicherer werden.

Die erste Bekanntschaft des Inders mit dem kostbaren Stein, die Anfänge seiner künstlichen Bearbeitung
und Fassung als Putzgegenstand und zu decorativen
Zwecken verlieren sich in bisher noch nicht aufge-
schlossenes Dunkel; kaum versucht noch die Mythe und
Sage durch ihre Geschichtchen und Züge dies Dunkel
zu lüften: Der Diamant erinnert durch seinen Namen
(*vadschra*) an den Blitz, ein Mythus macht ihn zu einem
Geschenk der Sonne; ernst zu nehmende Daten über die
erste Geschichte des edlen Steines fehlen uns vollständig.
Sobald unsere Quellen von ihm reden, tritt er bereits
als der vielbewunderte und begehrte König der Steine
auf, würdig allein der Götter des Himmels und — der
Erde, der Râdschâs und der Brahmanen, als deren

schönster Schmuck er gilt. Die Bilder der Götter schmücken sich damit; grosse funkelnde Diamanten bilden mit Vorliebe die Augen prunkvoller Idole, wie die des Vishnu zu Mathura einst durch den weltberühmten Kohinur, „den Berg des Lichtes" und einen gleichen Solitär, der verloren gegangen sein soll, dargestellt wurden; ebenso zeigt sich die Trimûrti in dem Felsentempel auf Elephante mit dem reichsten Brillantenschmuck ganz überladen. Doch ist es nicht nöthig, hier Beispiele zu häufen, wo durch die ganze Geschichte Indiens in allen seinen Breiten bis auf den heutigen Tag der Diamantenschmuck der Könige und Tempel den sprichwörtlichen Ruhm des Landes bildet.

Reisende, welche den Glanz der noch heute bestehenden Fürstenhöfe und Königssitze Indiens kennen zu lernen Gelegenheit fanden, sprechen noch jetzt, nach der unsäglichen mohammedanischen und mongolischen Ausplünderung, mit ungemessenem Enthusiasmus von der überwältigenden Diamantenpracht an diesen Sitzen des einheimischen Reichthums, wo oft der Râdschâ an seiner eigenen Person, Kleidung, Turban und Waffen, Brillanten im Werthe von Millionen trägt! Die orientalische, vorab die indische Märchenwelt, hat sich nicht umsonst mit solchen prunkvollen Bildern, mit dem Glanz des kostbarsten Gesteins, Alles gleich scheffelweise gemessen, mit Schatzkammern voll Juwelen u. s. w. erfüllt, es ist Alles ein Reflex — freilich durch den vergrössernden Spiegel der Phantasie — der an sich schon erstaunlichen Wirklichkeit.

Da kann es nicht fehlen, dass sich die ungemessene

Schätzung des Inders für diesen Stein, welche ihn dahin
führte, allmählich den Reichthum der Reichsten allein
nach der Zahl und Grösse der Solitäre ihres Besitzes ab-
zuschätzen — alle anderen Güter verschwanden dagegen
— dass sich diese überschwängliche Würdigung unseres
Steines nach indischer Art zu einer geschwätzigen, viel-
gegliederten, pedantischen Wissenschaft vom Diamanten
entfaltete, die ihre Lehrbücher besass, ihre Autoritäten
und Adepten kannte und von alter Zeit bis auf den
heutigen Tag in jenem vielschreibenden, tractätchenrei-
chen Lande ununterbrochen in Pflege und Ueberlieferung
stand. Es ist freilich eine sehr krause Kunde vom Diamanten, die sich da angesammelt hat, in der mit indischer Meisterlichkeit classificirt und rubricirt wird; halb
physikalische Speculation, halb Alchymisterei, ein Wust
von guter Beobachtung, richtigen Daten und dem aber-
gläubischesten Gefabel, viel Spreu und wenig Gold,
doch dient sie immerhin vortrefflich, um inne zu werden,
wie ungeheuer die psychische Wirkung des Diamants
mit seinen seltenen Eigenschaften auf den empfänglichen
indischen Intellect und die noch regere indische Phantasie und Leichtgläubigkeit gewesen ist. In dieser Hinsicht ist der Besitz des Inders kaum weniger massenhaft
und überwältigend, als der factische an dem edlen Ge-
stein, und wer von diesem spricht, sollte vor Allem auch
jenem Beachtung schenken, da erst damit der todte
Reichthum seine innere Bedeutsamkeit, seinen wahren
lebendigen Werth, den er eben im Bewusstsein des Inders besass, erhält.

Wenn unsere Würdigung des Diamants eine physikalisch-mineralogische und allenfalls nebenher eine poetische und sinnbildliche ist, so ergiesst sich die indische Wissenschaft des Vadschra mit unendlichem Schwall von allen denkbaren Seiten und Beziehungen her. Man kann sie nach den uns geläufigen Kategorien in die Physik, die Mystik und Aesthetik des Diamants scheiden, wenn freilich auch im Einzelnen die Sonderung schwer fallen mag. Jedenfalls wird es sich hier für uns empfehlen, das Mittheilenswerthe nach diesen drei Disciplinen gesondert zu bringen, um in dem massenhaften Stoff einigermassen Orientirung zu gewinnen.

Von den ausgezeichneten physikalischen Eigenschaften des Diamants zunächst weiss der Inder freilich die Länge und Breite zu berichten, aber seine Kunde hierin geht mit bis zum Ueberdruss fortgesetzter Variirung und Wiederholungen lediglich in die Breite, keineswegs überrascht sie durch kühnere Bemerkungen, tiefere Blicke. Farbe und Form der natürlich vorkommenden Exemplare werden in eigener Systematik im Zusammenhang mit den hauptsächlichsten Fundstellen langathmig beschrieben, bis sich, auf den allgemeinen physikalischen Grundansichten der Inder fussend, die Speculation über die Zusammensetzung des Diamanten rührt. Nach ihr besteht derselbe aus fünf Elementen *): Erde, Wasser, Aether,

---

*) Siehe Tarkasaṅgraha des Annam Bhaṭṭa. Sûtra 2: „Tatra dravyâni prtbivyaptejovâyvâkâçakâladigâtmamanânsi navaiva" — „Neun Elemente gibt es: Erde, Wasser, Licht, Luft, Aether, Zeit, Raum, Atman und Geist." Dies ist eine Lehre des philosophischen Systems: Vaiçeshikam des Kaṇâda, einer Art atomistischen Theorie und naturwissenschaftlichen Classificirung des Seienden.

Kraft und Luft, aus deren verschiedenen Zusammen-
setzungs-Verhältnissen man die mannichfach beobachteten
Farbennuancen und Durchsichtigkeitsgrade zu erklären
versucht, mit jenem scholastischen Spiel von Aeusser-
lichkeiten und Schulbegriffen, welche die gesammte an-
tike Naturspeculation charakterisirt; so z. B. wird die
Farbe der röthlich-braunen Stücke aus dem Vorwalten
des Elementes Erde, die Reinheit wasserheller Krystalle
durch das Ueberwiegen des luftartigen Elementes erklärt.
Natürlich findet das Funkeln und Glänzen des Steins
beredte Schilderung, man findet aber seltsamerweise
sein Licht stets kühl und kühlend, so dass der kühne
Glaube herrscht, dass Diamanten in heisses Wasser, Oel,
Butter oder dergl. getaucht, dasselbe kühlen. Deswegen
wird der Diamant auch so häufig mit dem Mondlicht
zusammengebracht, von dessen ebenfalls kühlender Ein-
wirkung die ganze indische Literatur, die poetische wie
die wissenschaftliche, durchdrungen ist. Nach alldem
wird es nicht mehr Wunder nehmen, wenn auch bezüglich
der Form der Krystalle bei aller Systematik, die sich
auch hier nicht genug thun kann, keine wissenschaftliche
Beobachtung Platz greift; man classificirt und notirt in
diesem Punkt lediglich in dem Geist der beispielsweise
mitgetheilten Bemerkung: „Ein dreieckiger Diamant
bringt Streit, ein viereckiger allerlei Furcht, ein fünf-
eckiger den Tod, ein sechseckiger aber ist gut."

Man merkt es sofort, dass man von einem dem indischen Geist nicht geläufigen Gebiet zu seiner eigentlichen
Domäne, wo er sich so recht zu Hause fühlt und lebendig bewegt, gelangt, wenn man von diesem physikalischen

Gebiet auf das mystische, in den Bereich der Phantasie
und des Glaubens übergeht. In dem, was man nicht
wissen kann und was der kritiklosen Einbildungskraft
bedarf, ist ja der Inder ein Meister, der seines Gleichen
sucht, wie man auch hier wieder sieht. Nicht die Eigenschaften des Diamants, nicht seine ästhetischen Vorzüge
und Reize, hier liegt der Speculation ein enger fictiver
Zusammenhang zwischen Diamant und Besitzer zu Grunde,
ein unerschöpfliches Thema, das die Speculation hundertfach variirt. Geheimnissvolle Kräfte des Steines für
Wohl und Wehe, Krankheit und Gesundheit, Ehre und
Macht sind ihr Thema, und es bedarf der ganzen riesenhaften Pedanterie des Inders, um in die tausenderlei
seiner Phantasie sich aufdringenden Beziehungen Ordnung und feste Regeln, wie dies geschehen, zu bringen.
Wenn in diesem so systematisch behandelten Wust von
Aberglauben und Mystik Einiges durchsichtiger und ver-
ständlicher erscheint, so bemüht sich Verstand und Vernunft bei anderen Zügen, die da gelehrt sind, vergeblich,
ihnen auf den Grund zu kommen, und es bleibt nichts
übrig, als daran zu erinnern, dass das Ungewöhnliche
das Unsinnige gern hervorruft und erklärt. Indem wir
nun einen Begriff von dieser weitverzweigten indischen
Diamantenmystik zu geben versuchen, knüpfen wir zunächst an die Grundüberzeugung des Inders von einem
geheimen Rapport zwischen Diamant und Besitzer oder
Träger an. Dass der Stein von einem ganz bestimmten
Einfluss auf das Wohl im weitesten Sinne seines Eigners
sei, steht dem Inder von vornherein so fest, dass er gar
keinen Grund dafür kennt oder vorbringt. Sein einziges

und mühsames Bestreben ist nur, den Gesetzen und den
Regeln dieses Einflusses auf die Spur zu kommen, ihn
in seinen weitesten Verzweigungen zu verfolgen und so
im Praktischen eine höchst seltsam fundirte Diamanten-
Mode und -Etiquette ganz unabhängig von den Rücksichten des ästhetischen Geschmackes zu schaffen.

Für den Inder, der das Gesetz der Kaste als ein
Naturgesetz anzusehen gewohnt, fast alles Mannichfaltige
in der Natur der Kasteneintheilung unterwirft, ist es
nichts Absonderliches, wenn er in seiner Diamantenmystik auch den Diamant in vier Kasten eintheilt und
demnach Brâhmaṇa-, Kshatriya-, Vaiçya- und Çûdra-
Diamanten kennt und nennt. Ihr durch gewisse Merkmale
gekennzeichnetes Wesen steht für ihn in ganz bestimmtem
Zusammenhang mit der Art des Einflusses, den man sich
von ihnen verspricht. Die Brâhmaṇa-Diamanten verleihen dem, der sie trägt, jeden Erfolg, den man sonst
nur durch das Opfer, diese ergiebige Wunschkuh des
gläubigen Inders, erlangt. Der Kshatriya-Diamant be-
wirkt die Vernichtung der Feinde des tapferen damit
geschmückten Kriegers, der Vaiçya verleiht Weisheit etc.
etc. Nun ist es ein recht luculentes Beispiel von der
spielerischen Denkart und Logik des Inders, dass er alle
Consequenzen und Subtilitäten des wirklichen Kastenwesens im vollen Ernst auch auf diese Diamantkasten
überträgt, was hier, wie bemerkt, zu einer Art Diamanten-
mode führt. Wie die Vermischung der Kasten untereinander dem Hindu im Leben ein Greuel, so sträubt
sich seine Pedanterie auch gegen die Kastenmischung
auf diesem seltsamen Gebiete: das Tragen von Diamanten

verschiedener Kaste wird als höchst unheilvoll verpönt,
und wie bei den menschlichen Kasten der Fall, fast für
jede Combination der Grad ihrer Verwerflichkeit und
Verderblichkeit in· einer Art Scala bestimmt. Ferner,
wie die Kasten sich möglichst untereinander und zu-
einander halten sollen, so soll diese Regel auch in Bezug
auf die Diamanten-Kasten befolgt werden, so dass es für
einen Kshatriya allein geziemend und räthlich ist,
Kshatriya-Diamanten zu tragen u. s. w. Die verwickelte
Diamanten-Etiquette Indiens, die noch weiter darzulegen
ermüden würde, steht so, wie alle Etiquette in dem so
ceremoniellen und überall tausend Rücksichten befol-
genden Lande, zunächst unter dem Zwange des herrschenden Kastenwesens, sodann beruht sie aber auf der
sehr fruchtbaren Fiction, dass jeder Diamant an sich
gleichsam ein Genius des Glücks oder Unglücks sei.
Gewiss ein seltsamer Gedanke, dass der edle Stein solchen Einfluss übe, aber wer die überlieferte Geschichte
so mancher berühmter Solitäre kennt und die jedes
grösseren Steins aus dem Charakter der Menschen sich
zu erschliessen versucht, kann sich wol leicht zu der Idee
eines solchen mystischen Einflusses verführt sehen. Gewiss hat mancher dieser kostbaren Solitäre seinem Besitzer Unheil oder Glück gebracht, aber auf eine ganz
natürliche Weise, mittelst der durch ihn aufgeregten
menschlichen Habsucht oder des ungeheueren Nimbus,
den sein Besitz verlieh. Solcher Rationalismus aber ist
natürlich dem glaubenssüchtigen Inder völlig fremd, der
solche Zusammenhänge nicht anders als mystisch anschauen, generalisiren und in ein festes System bringen kann.

Unbezweifelt also ist zunächst die Thatsache, dass es gute und böse Diamanten gibt. Jene gebührend zu schätzen und richtig zu verwenden, diese zu vermeiden, muss die Hauptaufgabe der Diamantenkunde sein. Da geht man nun sehr gründlich zu Werke; untersucht und prüft jede gute, beschreibt jede schlechte Eigenschaft (deren man sechs kennt), die überall in gewissen Eigenthümlichkeiten der Form und der Farbe bestehen; für diese Eigenschaften wird je eine Scala von Graden festgesetzt, und so ist wol die Klage des indischen Edelsteinkenners zu verstehen, dass die Kunst, einen Diamanten zu prüfen, eine schwere sei und in jedem Falle ungemeine Mühe und Subtilität erfordere. Verblüffend ist dabei manchmal nur die bestimmte Beziehung irgend eines physikalischen Merkmals, einer gewissen Sorte von Flecken u. s. w., auf die besonderen Arten von Wohl und Wehe, so dass von den himmlischen Freuden bis zur Heilung vom Schlangenbiss, von Tod und Verlust der Königsherrschaft bis zum abortus der Frauen Alles und Jedes irgendwie von einem Diamanten erhofft oder befürchtet wird. Der indische Diamant ist so der Talisman aller Talismane, der gefürchtetste aller Fetische, und wenn auch Vieles davon blos in den Schriften der Kenner, in den dunklen Köpfen verschrobener Mystologen existirt, so ist doch jedenfalls sein talismanischer Charakter unverkennbar und überwiegt weitaus seine wissenschaftliche und ästhetische Bedeutsamkeit im indischen Bewusstsein. .

Letzteres, das unreflectirte, selbstlose Gefallen an den Schönheiten des kostbaren Steines kommt im Verhältniss dazu ganz verschwindend wenig zum Vorschein. Die indischen Poeten nennen ihn freilich stets, wo es gilt, das Köstlichste zu bezeichnen; Myriaden Sonnen, heisst es, haben nicht sein flammendes Licht, er ist wie tausend Monde, und erleuchtet mit seinen milchweissen Strahlen die dichteste Finsterniss; ja bei einem ausgezeichneten Diamant sind sicherlich die Götter, sagt man, und kein würdigeres Opfer kann ihnen dargebracht werden, als er; das ist aber auch Alles. Das erste Wort ist immer, ob der Diamant „gut" sei, dann erst kommt seine strahlende Schönheit zu Worte. Die Kunst, derselben durch Schliff nachzuhelfen, ist in Indien alt, jedoch ist ihr Hauptbestreben zu allermeist dabei darauf gerichtet, dass der Diamant dabei möglichst wenig an Volumen verliere, und sie opfern unbedenklich jede Rücksicht auf Schönheit, Reinheit oder Regelmässigkeit der Erhaltung einer grösseren Masse. Unter diesen Umständen kann natürlich von einem eigentlichen Schliff in europäischer Art nicht die Rede sein, die Bearbeitung beschränkt sich auf die oberflächlichste Facettirung und Verkantung. Ein geschickter Schleifer mit europäischem Geschmack wäre in Indien Gefahr gelaufen, Gut und Leben zu verlieren, wenn er einem ihm anvertrauten Diamanten, und wäre derselbe in herrlichstem Schliff erstanden, so viel an Masse geraubt hätte, als die kunstvolle Bearbeitung eben verlangt. Besondere Grösse und Schwere sind in den Augen des Inders die Hauptsache am Diamant, die besondere und ausgesuchte Seltenheit der grossen Solitäre ist es, die ihm vor Allem imponirt, und es ist gleichsam die körperhaft gewordene Einzig-

keit, die seinen Sinn in den allergrössten Exemplaren des
Diamants förmlich berauscht. Wir bemerken so leicht,
dass dem ästhetischen Gefallen des Inders am Diamanten
ein ganz anderes Princip zu Grunde liege, als dem unsern,
dass er im Diamanten eigentlich immer nur einen körperhaft gewordenen Begriff, ein aufregendes Zahlenverhält-
niss, das aufreizende Gefühl des Seltenen und Einzigen
geniesst, nicht die sinnlichen, optischen Reize, die er
nur mit in Kauf nimmt, was vollständig zu seiner arithmetischen, ungeheure Masse und Zahlen, das Ausserordentliche liebenden Neigung stimmt. Indien ist so
das Land der grossen Diamanten, von denen eine gute
Zahl durch ihre sorgfältig geschonte Grösse weltberühmt
geworden ist, „der grosse Mogul‘‘, der „Regent‘‘, der
„Nassuk‘‘ und vor Allem der einzige, unübertroffene
Kohinur, der „Berg des Lichts‘‘, der Stolz Indiens, der
König aller Diamanten. Wie mancher dieser Steine
schwamm in Blut, wie manche Geschichte dieser Juwelen
ist eine Reihe von Gewalthandlungen und Verbrechen,
aber wie glühend begehrt, wie umschwärmt und be-
wundert, wie götzenhaft verehrt finden wir sie nicht
auch in ihrem Heimatlande, in dem das Zuviel und Zu-
gross der springende Punkt ist! Wir glauben in der
That, unsere Ausführungen nicht besser illustriren und
lebendig machen zu können, als wenn wir an die wie
ein Roman klingende Geschichte des Kohinur erinnern,
die in lebensvollen Handlungen und spannenden Kata-
strophen uns einen rechten Tiefblick in die Diamanten-
freuden Indiens eröffnet. Erst das strahlende Auge
Vishnu's in einem Tempel Mathuras, wird er von den

frevelhaften Händen der mohammedanischen Plünderer aus dem Standbild des Gottes herausgebrochen, entführt und hat nun die Bestimmung, lebendige Götzen zu zieren. An dem Stein aber klebt Unheil — er wechselt oft seinen Herrn, bis er zuletzt in den Händen der Mongolenfürsten lange Zeit bei einem Geschlechte bleibt. Aber es kam die Zeit, wo sein böser Genius wieder erwachte: er entzündete in Nadir Schah von Delhi die unstillbare Begierde nach seinem Besitz. Wie dieser, im Besitz des Geheimnisses, dass Mahmud Padschah, der Besitzer des Kohinur, sein kostbares Kleinod in seinem Turban berge, mit dem Glücklichen eine feierliche Begegnungsceremonie veranstaltet — Nadir Schah mit seiner persischen Schaffellmütze, die von dem kostbarsten Perlenschmucke strotzte — und, indem die beiden Herrscher die Versicherung ewiger Freundschaft und Brüderlichkeit tauschen, dieser, gleichsam von seinen freundschaftlichen Gefühlen fortgerissen, die höchste Bekräftigung ihres Bundes, den Sirbendtausch vorschlägt — dieses Bild verdiente seinen Maler, der die Selbstbeherrschung Mahmud's, der, ohne sich etwas merken zu lassen, in seinem Turban den Kohinur weggibt, der die zweifelvolle Erwartung, die Ueberraschung Nadir Schah's durch die Grossmuth des Andern, für die Ewigkeit festzuhalten hätte. So kam Kohinur an Nadir Schah; seine weitere Geschichte ist ein wüstes Netz von Intriguen, Gewalt und Blutvergiessen, und das einzig Erhebende in dieser Verwirrung ist der uns überlieferte Zug, wie der letzte indische Besitzer des Steines, der, um ihn sich zu bewahren und zu retten, das Aeusserste daran gesetzt hat, nach seinem endlichen definitiven Verlust wie von einem Wahn erwacht, wie von einer ungeheuren Verblendung genesen, den werthlosen Tand in seinem einstigen Gut aller Güter erkennt.

Wenn die überschwängliche Schätzung, die katastrophenreiche Geschichte des Kohinur für ein Symbol der Masslosigkeit des Inders in Sachen des Diamants überhaupt genommen werden kann, so darf Schah Schuya's schwer errungene Erkenntniss von der Nichtigkeit solchen Besitzes auch als das letzte edelste Wort des indischen Geistes über den Diamant überhaupt angeführt werden.

18. Der Mann im Brunnen.

Dreihundertvierundsechzig Tage im Jahre widmen die Lebenden, freigebig gegen sich selber, dem Leben mit seiner Süsse und seinen Sorgen, einen einzigen ausdrücklich dem Tode, wo wir zwischen Gräbern wandeln und Denen, die nicht mehr sind, Blumen und Thränen bringen, in ihrem Lose das unsere, das Schicksal aller Wesen beweinend. Gedämpfter erschallen dann die Stimmen des Lebens, Sterbeklänge tönen vor, und über diese lärmende, fröhliche Welt breitet ein finsteres Räthsel seinen tiefen Schatten. Doch, man kenne uns — es ist allemal nur ein vorübereilendes Wölkchen, vor dem und nach welchem der volle, ungeschmälerte Sonnenschein des Lebensmuthes lacht. Wir leben ja völlig dahin, als sollten wir ewig leben, und der Gedanke an das Ende ficht uns nicht an oder wird nicht eingelassen in das Getriebe unserer Gedanken und Empfindungen, an welchem das Leben selbst, wie ein sorgloser Steurer, sitzt. Wir sind wie das Kind, welches weiss, dass es mit dem Dunkel zu Bette muss, und harmlos fortspielt, bis die Mutter das unversehens Entschlummerte auf linden Armen in sein Bettchen hebt. Oder wir sind — wenn man uns darob zu tadeln findet — auch der Mann im Brunnen, der den ringsum lauernden Tod über der Süssigkeit einiger armseliger Beeren vergisst.

Kein Thema ist den Moralisten und Predigern jeden Schlages so geläufig, wie das hier angeschlagene, und vom fleischgewordenen „Memento mori" des Karthäusers, der in seinem Sarge schläft, bis zur flüchtigen Laune des Künstlers, der mit einer Kindergruppe einen Todtenkopf täuscht, predigen Wirklichkeit und Allegorie den Kindern der Welt die erschreckende Gewissheit des Todes, der ruhelos auf den Flügeln der Zeit hereneilt und nie ferne ist. Schwerlich ist jedoch jene bittere Wahrheit ein zweitesmal in so eigenthümlichem Style wie in dem durch Rückert's schönes Gedicht unter uns bekannten Gleichnisse vom Mann im Brunnen vorgetragen worden. Schwerlich ist sie anderswo mit solcher Pedanterie ausgeführt und mit solcher umsichtiger Drastik vor die Augen gestellt, wie in dieser merkwürdigen, von sinnbildlichem Detail ganz durchsetzten Parabel, und wenn es schon die Art dieser Gattung von Gleichnissen ist, sich vor der Weisheit der Natur, die allem Lebenden auch einen durch nichts zu erschütternden Lebensmuth ins tiefste Innere eingepflanzt hat, zu verschliessen, so ist doch nie mit solcher Entschiedenheit in positiver Weise die Thorheit jenes Lebensmuthes, der uns doch allein den Augenblick geniessen lässt, ausgesprochen worden. Hier ist kein objectives Bild mehr versucht, hier haben wir ein Strafgemälde vor uns, einen gemalten Vorwurf, der uns Alle angeht, der eine ungewöhnliche Härte der Auffassung auf eine ganz ungewöhnliche Art und Weise äussert.

Wie kommt Saulus unter die Propheten, wie unser mildsinniger Friedrich Rückert, der selbst „die sterbende Blume" nicht ungetröstet lässt, zum Rabengeschrei und Eulengekrächze? Warum das Zügenglöcklein so heftig läuten, ehe es noch an der Zeit ist, warum die seltsamsten Farben mischen, um die armen Seelen nur ja vor dem sicheren Tode gruseln zu machen? Der im schwarzen Brunnen hängende Mann, auf den oben und unten der Todesrachen lauert, der die Wurzel bald zerwühlt sieht, die ihn allein noch hält; in diesem Pechschwarz der Situation der Spott der rothen Beeren, nach denen der Unglückliche in bodenloser Vergessenheit gierig greift, und über dem Bilde mein, dein Name: das sind nicht die Gemälde, wie sie unsere Dichter auf der Staffelei haben. Diesen Artikel überlassen sie für gewöhnlich Denen, die mit dem Tode ihren Wucher treiben, und solche Waare haben auch diese in unseren Landen meist nicht auf ihrem Lager. Es ist eben fremder Pfeffer, der uns da so heftig in die Augen beisst, die Kost ganz anderer Gaumen, mit anderem Geschmack und anderen Bedürfnissen, als die unsrigen sind, und auf unsere Tafel nur durch Laune und Zufall gerathen. Poetischen Feinschmeckern, die an den vollen Schüsseln des Ostens wie des Westens naschen, widerfährt in all dem Kosten mitunter wol eine kleine Geschmacksirrung, und ihr über-

reizter Gaumen verkennt das zu starke Gewürz. So ist
es unserem grossen westöstlichen Mittler mit seiner
Parabel ergangen. Neben dem vielen Zuckerwerk seiner
Dichtung liebt der Orient zu Zeiten eine derartige recht
bittere und saure Kost, und in seinen Rosengärten duldet
er nicht ungern, für die Augenblicke der Nachdenklich-
keit, ein Denkmal der Vergänglichkeit. So tischt die
orientalische Dichtung an mehreren Orten inmitten
Heiterkeit und Rosen unsere bedenkliche, ernüchternde
Parabel auf, vor der wol im Augenblicke die Rosen ver-
bleichen und das Lachen verstummt, eines jener Mene
Tekel, welche sich die Morgenländer zu Zeiten an die
Wand schreiben lassen, um es über Nacht zu vergessen.

Im Divan des Dschelaleddin, wie in dem berühmten
Fabelbuche Kalilag und Dimnag, das durch alle orientalischen Sprachen gegangen ist, finden wir sie mit ihren
bekannten Hauptzügen, auch hier nicht ohne den Duft
der Fremde. Es ist das uns Allen geläufige Bild, nur
mit noch mehr symbolischen Details ausgestattet und
überladen: der Mann, der vor einem wüthenden Elephanten flieht und in einen Brunnen stürzt, sich jedoch
an zwei Zweigen, die über den Rand ragen, noch fest-
hält; seine Füsse ruhen auf vier Schlangenköpfen, die
aus Höhlen hervorschauen; auf dem Grunde der Grube
sieht er einen Drachen, den Rachen geöffnet, um ihn
zu verschlingen. Die zwei Mäuse, der Honig, der von
den Zweigen tropft, nichts fehlt . . . Und zum Schluss
die genaue und umständliche Deutung, wie das jeder
Orientale liebt. Der Brunnen ist die Welt, die vier

Schlangen die vier Feuchtigkeiten des menschlichen
Körpers, welche, wenn sie gestört werden, sich in tödt-
liches Gift verwandeln; die beiden Mäuse Tag und
Nacht, der Drache das Ende der Existenz, der Honig
die sinnlichen Genüsse. Aber derselbe Dschelaleddin,
der dies Gleichniss seinem Werke eingestreut hat, findet,
wo er aus sich selbst singt, aus einem himmelweit verschiedenen Geiste über dasselbe Thema das himmelweit
verschiedene Wort:

> Wol endet Tod des Lebens Noth,
> Doch schauert Leben vor dem Tod.
> Das Leben sieht die dunkle Hand,
> Den hellen Kelch nicht, den sie bot. . .

Wohin da mit unserm gelehrten, erklügelten und so
durchaus disparaten Gleichnisse? Der gleiche Boden kann
nicht so ungleiche Früchte treiben. Und wirklich weist
der herbe innere Saft, weisen Form und Zuschnitt der
Parabel uns nach einer ganz bestimmten Richtung. Wie
in ihr mit kaltblütiger Sammlung alle die bedenklichen
Einzelzüge zu einem trostlosen Gesammtbild gruppirt
sind, wie hier mit allegorischem Raffinement das Thema
des unausweichlichen Todes mit grösster Ueberlegtheit
und keinen Ausweg lassender Umsicht ausgestaltet ist,
befinden wir uns damit in einer Atmosphäre, die vom
Geruche der Vergänglichkeit, des Todes überhaupt ganz
erfüllt ist, in einer Gedankenwelt, welche das menschliche
Leben gewohnheitsmässig analysirt, wiegt und misst und
es zu leicht befunden hat, befinden wir uns nirgends
anders als auf dem Boden des Buddhismus. Dass sich

unsere Parabel wirklich in buddhistischen Kirchen-
schriften und Moraltractätchen*), mit denen sie als be-
liebter Predigtstoff bis weit ins Reich der Mitte gedrungen,
vorfindet, mag immerhin interessiren — es ist eine weite
Wanderung durch zwei Erdtheile, die sie gemacht hat.
Ein tieferes Interesse aber knüpft sich an die Erkenntniss des innern Zusammenhanges unseres Gleichnisses
mit der buddhistischen Geistesrichtung und Haltung überhaupt, wodurch es gleichsam durchsichtig ersteht und
sein Groteskes sich mildert, indem es sich belebt. Gerade
ihm, als einem höchst Eigenartigen, diesen Zusammenhang
mit dem buddhistischen Denken, diese vollere Beleuch-
tung von allen Seiten her geben, ist so viel, wie hinter
ein Transparentbild, das dunkel und unkenntlich in der
Hand liegt, die Lampe setzen — nun sehen wir erst
wirklich etwas und haben einen verständlichen Eindruck.

Doch lassen wir zunächst den Buddhismus selbst zu
Worte kommen und ihn unsere Parabel in seiner Weise
vortragen, ehe wir sie ihm an Gesicht und Mienen ab-
zulesen versuchen. Sie gibt sich in seinen Schriften in
jener beliebten, äusserlich dialogischen Form, worin die
Mitunterredner des Wortführers, gewöhnlich Buddha's
oder einer seiner Hauptjünger, zu nichts Anderm da
sind, als Ja zu sagen und sich an den Worten des
Meisters zu erbauen. Einstmals — lautet eine buddhistische Fassung in einem tibetanischen Texte — stellte

---

*) Vgl. Journal of the China Branch of the Roy. As. Soc.
N. S. Vol. XIX. P. I. p. 94 ff.

König Udâyana an den Vollendeten die Frage nach dem
Grunde der religiösen Ordnung und Zucht, worauf Bud-
dha mit unserm Gleichniss antwortete: „Stelle dir einen
Mann vor, den ein Waldbrand ringsum umschliesst und
ein wüthender Elephant verfolgt. Er sieht einen
Brunnen, daneben steht ein Baum. Starke Ranken wilden Weines schlingen sich an dem Baume hinauf und
hängen über den Brunnen herab. Dem wüthenden
Elephanten zu entgehen, hängt sich der Mann an den
Wein über dem tiefen Brunnen, aus welchem vier giftige
Drachen und vier Giftschlangen drohend ihre Häupter
erheben. An der dünnen Ranke, an welcher er hängt,
nagen eine schwarze und weisse Ratte. Giftige Bienen
umschwärmen den Mann und stechen ihn; zuweilen aber
lassen sie wieder ein dünnes Tröpfchen Honig in seinen
Mund tropfen. In seiner Gier nach dem Honig vergisst
der Mann stracks auf seine entsetzliche Lage. Ist er
elend oder glücklich zu nennen?" Verwundert antwortet
der König: „Die Lage des Mannes ist ja ganz und gar
fürchterlich, wie sollte er glücklich sein!" Und nun
Buddha: „Ein Gleichniss braucht es bei allem Wissen,
den Sinn zu künden. Die brennende Wildniss ist diese
Welt. Der Baum ist der menschliche Körper. Die
Weinranke ist die Wurzel des Lebens, der Elephant ist
der Tod, die zwei Ratten sind Tag und Nacht . . ."
und so geht die Deutung mit den buddhistischen Kategorien und Schlagwörtern Glied für Glied weiter zur
ernsten Mahnung des Schlusses: „Sieh' hier dein wahres
Bild, Mensch, und gehe in dich!"

Das ist nun völlig ein kleiner Grundriss des Buddhismus in jeder Hinsicht, seinem Geiste und der Form seiner Lehre nach; Fleisch von seinem Fleisch und Bein von seinem Bein. Dem in angeborener Liebe zum Leben und seiner Lust verstrickten Menschen die Augen zu öffnen über sein bejammernswerthes Schicksal und ihn über den wahren Zuschnitt dieses Lebens mit seinem endlichen sicheren Bankerott zu belehren, ist ja der eigentliche Zweck und Sinn der buddhistischen Lehre. Für sie ist der unbefangen in den Tag hineinlebende Mensch, er lebe der Lust oder der Pflicht, ein unglücklicher Blinder, der dem gähnenden Abgrunde entgegengeht; seine glückliche Versunkenheit ist ein Zustand, den sie nicht begreift, der ihr dem Schlummer über Giftschlangen gleicht und den sie in der eigenen Ergriffenheit von der Nothwendigkeit einer Umkehr des Sinnes nicht dulden will noch darf. „Niemand wähne sich glücklich vor seinem Tode", sagte der weise Solon, Glück und Unglück auf dem natürlich naiven Standpunkte im Leben und persönlichen Schicksale findend; der Buddhist hingegen besieht sich die ganze Natureinrichtung von Geburt, Alter und Tod und findet auf diesem metaphysischen Gebiete die unglückliche Anlage, die unselige Prädisposition zum Jammer der Welt. So wird ihm das Leben nichts Anderes als ein stetes Hinstürzen in den Tod; so der ganze Daseinslauf zu einer immerwährenden Flucht vor dem Schmerze, so die Stunde zum Sandkorn, das verrätherisch unter unseren Füssen entrinnt. Wir sehen deutlich, dass wir hier auf dem Boden stehen, der auch unser Gleichniss vom Manne im Brunnen trägt, soweit es seinen Kern und seine ganze Haltung betrifft. Die düsteren Kehrreimworte des buddhistischen Denkens „Noth und Tod" umschwirren uns auch hier, und die innere Noth und Bodenlosigkeit der glücklichen Stunde, wie sie hier im Bilde hervorgehoben wird, ist der alte Schmerz der Buddhisten.

Man kann ihnen dabei wahrlich nicht den Vorwurf machen, dass sie leichtfertig und oberflächlich am Werke gewesen; sie haben sich im Gegentheile ihren Schmerz und ihre Desperation sauer genug ·werden lassen. Wie analysiren sie nicht das menschliche Leben, graben seine tiefsten Wurzeln auf, legen seine Elemente tausendfach auf die Wage und wenden Alles um und um, bis die eine grosse Grundüberzeugung von der Hinfälligkeit alles Irdischen an dem grossen Bau der Welt sorgsam durchgeprüft und richtig befunden worden ist. Was so in der Lehre auftritt als die dem Buddhisten stets so lebhaft gegenwärtige Gruppirung der Daseinsmächte und Umstände des Lebens gegeneinander, worin dessen Unseligkeit so unabänderlich beschlossen liegt, das ersteht, von selbst die Stütze der Anschaulichkeit suchend, in einem solchen Angstgemälde der Phantasie, wie dem unseres Gleichnisses, das keinen Ausweg lässt, wie das System ihres Pessimismus scheinbar keine Gedankenlücke zeigt. In dem complicirten Apparat dieser Parabel spiegelt sich aufs schärfste der umfangreiche und zusammengesetzte Apparat des buddhistischen Denkens wider, und es ist gewiss ein Ausdruck dieser Verbindung, dass mit ihrer tieferen Erkenntniss des dhamma, der Lehre, auch die Auslegung dieser viel gebrauchten und gedeuteten Parabel seitens der buddhistischen Denker und Deuter vielfach schwankt, sich verflacht und vertieft, in jedem Falle aber ihre tiefinnerlichste Ueberzeugung vom Leben und dem Glücke des Lebens enthält, es sei das Leben des Höchsten oder des Niedersten, die wilde Lust der Sinne oder die stille Freude der Arbeit. Aber nicht nur bis auf Haltung und Anlage, bis in die feinsten Fäserchen des Stoffes hinein lässt sich die buddhistische Färbung des Gleichnisses aufweisen, insoferne der Bilderstoff, der dazu verbraucht wurde, völlig innerhalb des buddhistischen Ideenkreises lag, in welchem er als Sprachkeim und Wortbild aufgestapelt war. So der tropfende Honig der sinnlichen Genüsse, der wüthende Elephant als Bild des Schmerzes oder Todes, der Giftbrunnen der Existenz oder das häufige Wort vom Rauch und Brand dieser Welt — Bilder, die, so seltsam sie uns erscheinen mögen, doch alle gut und echt buddhistisch genannt werden müssen und so das passende Gefäss für einen Inhalt haben bilden helfen, der in keinen andern Kelch geht, als in dem er sich einmal der Welt credenzte.

Nun, ein Schluck von diesem herben starken Trank buddhistischer Kelterung, wie er uns in Rückert's „Parabel" geboten wird, geht hin und schadet nicht nach dem milden süssen Tropfen, den wir gewöhnlich in unseren Bechern haben; es ist gut, sich an ihn zu gewöhnen, denn er bleibt schliesslich von selbst den Menschen als Wermuth zurück, wenn sie den Kelch des Lebens bis zur Neige geleert haben. Der Inder und speciell der Buddhist gibt, mit jenem Trank im Leibe, freilich das Leben von seinem Anfange auf

und möchte am liebsten gar nicht über den Berg,
der zwischen Anfang und Ende liegt; wir machen
es gewöhnlich mehr wie Till Eulenspiegel, der lachte,
während er den Berg hinanstieg, aber weinte, als es
auf der andern Seite niederging, und nehmen jenen
bitteren Trank wie eine Art Essigschwamm an, — wenn
es denn sein muss. Der Philosoph, in dem Sinne, in
welchem es ein Jeder sein kann, aber rührt, nach einem
guten Rath, den Trank um und — trinkt Genesung.

19. Goethe's indische Legenden.

Der alte Goethe sass, erkältet und hustend, in einem
Lehnstuhl, mit dem Rücken in ein Kissen gesenkt, in
einer Abendstunde mit seinem Secretär beisammen. Er
spricht ab und zu einige Worte, das Reden scheint ihm
beschwerlich zu fallen. Er erwähnt ein neues Gedicht,
das er fertig gebracht, lässt es den jungen Mann von
seinem Orte holen und bleibt stille, wie der sich zum
Schreibtisch setzt, dasselbe zu lesen.

Schweigend folgt Goethe den Augen des jungen
Mannes, der das Manuscript mit gespannten andachts-
vollen Mienen studirt; nur manchmal tönt sein Seufzen
und Husten durch den Raum, bei dem der Leser mit
erschreckter Theilnahme aufblickt; er liest es zwei-,
dreimal, sinnt nach, liest wieder, um zuletzt in verwirrter
Ergriffenheit sich an den alten Dichter zu wenden, dem
er seinen etwas dunklen Eindruck gesteht.

„Freilich", bemerkt Goethe darauf, „die Behandlung ist sehr knapp, und man muss gut eindringen, wenn man es recht besitzen will. Es kommt mir selber vor wie eine aus Stahldrähten geschmiedete Damascener-Klinge. Ich habe aber auch den Gegenstand vierzig Jahre mit mir herumgetragen, so dass er denn freilich Zeit hatte, sich von allem Ungehörigen zu läutern."

„Es wird Wirkung thun", sagte der junge Mann, „wenn es beim Publicum hervortritt."

„Ach, das Publicum!" seufzte Goethe.

Das Manuscript, von dem die Rede ist, war die indische Trilogie Goethe's, seine vom Gebet und · Dank des Paria so merkwürdig eingerahmte herrliche Parabel, mit der Goethe mehr als dreissig Jahre nach seiner unsterblichen ersten indischen Legende: „Der Gott und die Bajadere", den indischen Goldfaden lange ziehend, hervorgetreten ist. Die dunkle Wirkung auf den ersten Leser, der Seufzer Goethe's über das Publicum seines Gedichtes, das den edlen balsamischen Wein der ersten Legende doch mit solcher Begeisterung aufgenommen, scheinen aber, nicht ohne tieferen Grund, für das Geschick jenes späten Nachtriebs ominös gewesen zu sein; das Gedicht ist, bei aller wortreichen Anerkennung, die es gefunden, im Grunde doch ein Schmerzenskind der Goethe'schen Muse, wie es als solches zur Welt gekommen, auch fürder in der Welt geblieben, auf die heitere schwellende Traube von „Gott und Bajadere", die sich mühelos dem Genusse darbietet, wie eine eckige, hartschalige Frucht anmuthend, deren seltsame Form dem Publicum vielfach den innern Kern, auf den es nicht leicht kom-

men kann, verbirgt. Die Anregungen zu beiden erfolg-
ten freilich zu gleicher Zeit, vielleicht in derselben Stunde:
als Goethe's Geist, in der Fülle der Jahre und seiner
dichterischen Kraft, die ästhetische Welt in allen ihren
Tiefen und Weiten durchmessend, gelegentlich auch einmal nach Osten ging und aus einem für seine Zeit sehr
verdienstvollen Reisewerke *) Belehrung über die noch
so fremde, mystisch angeschaute indische Art und Le-
benswelt schöpfte. Da trieb ein fremder Senkling sofort
in herrlicher Blüthe aus dem Stamm Goethe'scher Dich-
terkraft: die Legende von Gott und Bajadere, diese Dichtung voll innigster Wärme und höchster Schönheit, deren
ganze Tiefe allein durch ihre krystallene Klarheit durchsichtig und offenbar wird. Mehr als vierzig Jahre aber,
vernehmen wir staunend, hat sich Goethe mit den anderen
Anregungen getragen, die doch sozusagen an gleichem
Stengel hingen, bis er endlich im Alter, als er nicht mehr
hoffen konnte, sie weiter auszureifen, sie zu pflücken
sich entschloss. Bei der so rasch vollendeten ersten
Dichtung war es nur eine kleine beiläufige Anmerkung
von einem mythologischen Abenteuer des menschgewor-
denen Indra mit einem Bajaderenmädchen, das sich durch
freiwilligen Witwentod zur Göttin ihrer Genossinnen erhoben, gewesen, die Goethe anregte. Weit mehr dagegen
war, was dem Dichter den Gedanken und Plan zur Paria-
Trilogie gab; ein bereits gestalteter Stoff lag ihm hier
vor, und aus diesem quollen immerhin schon ausgesprochene
oder sich von selbst aussprechende Deutungen, wie Oel

*) Sonnerat, „Reise nach Ostindien".

aus aromatischem Stoff, die locken konnten, locken mussten, ihn in die Hand zu nehmen, und einmal das gethan,
immer sicherer und entschiedener' eine edle Blume, einen
Wohlgeruch, gerade zum Himmel steigend, zu versprechen
schienen. Wie verdienstlos immer der indische Legenden-
stoff mitgetheilt sein mochte, einzelne Schönheiten waren
nicht zu verderben, und auch aus dem dürftigen Kleide
sprach ein Etwas, das ein Dichtergemüth wol treffen
konnte, wenn es an ein solches kam. Es ist Mariatale,
die grosse Göttin der Parias, von welcher Herr Sonnerat,
„der pensionirte Naturforscher des Königs", den Bericht
abstattet. Gattin des Jamadagni und Mutter des Paraçurâma, beherrschte diese Göttin die Elemente, aber nur,
so lange sie reinen Herzens bleiben würde. „Einst, da
sie aus einem Teiche Wasser schöpfte und, ihrer Gewohnheit nach, eine Kugel daraus gestaltete, um es nach Hause
zu tragen, sah sie auf der Oberfläche des Wassers die
Gestalten einiger Gandharvas (eine Gattung von Sylphen,
die man geflügelt und ausserordentlich schön abbildet),
die über ihrem Haupte in der Luft umherflogen. Mariatale ward durch die Reize derselben bezaubert, und die
Lustbegierde schlich sich in ihr Herz; das schon zu-
sammengerollte Wasser löste sich plötzlich wieder auf
und vermengte sich mit dem übrigen im Teiche. Von
dieser Zeit an konnte sie niemals mehr ohne Geschirr
Wasser nach Hause bringen. Dieser Umstand entdeckte
dem Jamadagni, dass sein Weib nicht mehr reinen Herzens sei, und im ersten Ausbruche seiner Wuth befahl
er seinem Sohne, sie an die Todesstätte zu schleppen
und ihr den Kopf vom Rumpfe zu hauen. Der Sohn ver-

richtete den Befehl, aber Paraçurâma ward über den Tod
seiner Mutter so betrübt, dass ihm Jamadagni befahl,
ihren Körper zu sich zu nehmen, den abgehauenen Kopf
wieder daraufzusetzen und ihr ein Gebet ins Ohr zu
sagen, das er ihn lehrte, nach welchem sie sogleich wieder
zum Leben kommen würde. Der Sohn lief eilends dahin; aber durch ein unglückliches Versehen setzte er den
Kopf seiner Mutter auf den Rumpf einer Pariafrau, die
soeben wegen ihrer Schandthaten war hingerichtet worden. Diese abenteuerliche Vermischung machte, dass
das neuauflebende Weib die Tugenden einer Göttin und
zugleich die Laster einer Uebelthäterin besass." . .ᵧ.
Wie wir sehen, im Wesentlichen der Inhalt der
Goethe'schen Legende, die den Stoff nur poetisch verklärt;
auf das vorhandene Relief der Handlung hat Goethe blos
die herrlichen Farben seiner Poesie strahlen lassen. Aber
im Indischen, nach der eigenen indischen Auffassung
und Bewerthung, darüber lassen weitere einheimische
Quellen keinen Zweifel, haben wir hier nichts als ein
mythologisches Histörchen neben tausend anderen zu
mythologischen Zwecken zurechtgemacht vor uns, eine
Cultfabel, vom Priesterwitz ersonnen und allein die geistliche Neugier befriedigend. Das Verhältniss, in welchem
die arische Religion, die arische Gesellschaft mit ihrer
Götter- und Mythenwelt, zu dem Urglauben und Teufels-
cult der „schwarzen gottlosen Haut" stand, die führende
Rolle jener, bei sorgfältiger Vermeidung jeder Berührung,
drückt sich in jener abenteuerlichen Mischung der Brahmanin mit dem Lasterleib der Pariafrau aus. Es ist das
arische Haupt, das dem todten, unreinen und sündigen

Pariakörper aufgesetzt ist — weil doch dieser Körper einmal vorhanden und irgendwie mit dem arischen Wesen zusammenzubringen ist. Die Fabel gilt für die Parias: sie wissen wohl, dass ihr Cult und Glauben wie ihr ganzes Wesen eine arische Spitze, ein arisches Haupt erhielt; sie gilt aber auch vom Standpunkte des Brahmanen, der es sich nicht anders zu denken vermag, als dass, was Göttliches und Verehrtes in der verworfenen Paria-Gemeinde vorgefunden wird, zu solchem nur werden konnte durch Zusatz arischer Würde, durch Einimpfung brahmanischer Göttlichkeit. Daher sonst die Abfalltheorien, die gefallenen Genien und andere Hinterthürchen einer herrschenden und sich siegreich verbreitenden Mythologie. Der eigenthümliche Cult, den diese Pariagöttin geniesst, ist ein deutlicher Beleg für diese Auffassung und nur ein anderer Ausdruck jenes Verhältnisses von Arierthum und Pariathum: das Haupt Mariatale's allein wird in das innere Heiligthum ihrer Tempel gestellt, wo auch die höheren Kasten es verehren; ihr übriger Körper aber wird an die Thür des Tempels gestellt und daselbst von den Parias angebetet. Dies ist die fromme Praxis zu jener Theorie der Legende. Die indischen Quellen lassen es uns sogar noch deutlich erkennen, wie jene Legende, um dem dargelegten Gedanken zu dienen, zurechtgemacht wurde, denn in ihr steckt ein ursprünglich brahmanischer Sagenstoff, mit ganz anderer Spitze und anderer Tendenz, dem die Hauptpointe der Legende erst künstlich angesetzt wurde. Im Mahâbhârata wird von Renukâ, der Gattin Jamadagni's, erzählt, dass sie auf dem Wege zum Flusse, um

zu baden, den Fürsten Mritikâvati mit seiner Königin
im Wasser tändeln sehend, auf deren Glück neidisch
wurde. Befleckt von unwürdigen Gedanken, benetzt,
aber nicht gereinigt vom Strom, kehrte sie voller Unruhe
zur Einsiedelei zurück, wo ihr Mann ihre Aufregung be-
merkte, und sehend, dass sie aus dem Stand der Vollkommenheit gefallen, wurde er ausserordentlich aufgeregt
und befahl seinen Söhnen, die Mutter zu tödten; Alle
verweigerten es, bis auf Paraçurâma, dessen rücksichts-
losen Gehorsam zu zeigen hier die Pointe ist: ohne Zaudern
schlug er ihr den Kopf ab. Sein Vater erlaubte ihm
zum Lohn eine Bitte zu thun, und so bat er seine
Mutter ins Leben zurück, so dass sie auch nachher
nichts von ihrer Enthauptung wisse, und es wurde gewährt. Von einer Pariafrau und einer Verwechslung
ihrer Leiber, der eigentlichen Pointe der nachmaligen
Legende, ist in der ganzen Erzählung noch keine Spur
zu finden. Doch bot sie immerhin die beste Gelegenheit zu jener tendenziösen Fortsetzung, und so kommt
die ganz specifisch brahmanische Mythe zu jener
abenteuerlichen zweiten Hälfte, wie das brahmanische
Haupt in ihr zum Lasterleib und der verhängnissvollen
Vermischung der Naturen. Ohne jeglichen Anspruch
auf tiefsinnigeren Gehalt und sinnbildliche Bedeutung,
wol in einzelnen Zügen von poetischer Schönheit, aber
in der Pointe gänzlich ohne Absehen auf eine solche,
gibt sich die indische Mythe somit lediglich als mythologische Urkunde, als theologisches Histörchen, wie sie
die Hindu-Religion mit ihren complicirten Verhältnissen zu Tausenden zur Vermittlung und Ausgleichung

des Systems kennt und benützt. Sie würde so gerade kein sehr wichtiges Blatt in der indischen Alterthumswissenschaft füllen, wo man auch begraben sein kann und vergessen.

Es ist das Vorrecht des Genius, dass er Unsterblichkeit ausstreut. Wie mit Götterhänden zieht er das Kleine, das Unbekannte aus seiner Verborgenheit und hebt es so hoch, dass es den Blicken nicht mehr entschwindet. Ferne, dass es bei ihm ist, wie mit Midas, der Alles stracks zu Gold verwandelte, was er berührte. Die vierzig Jahre, durch welche unser Dichter an der Unsterblichkeit der kleinen indischen Mythe schmiedete, geben uns zu denken. Was wir dem Genius allenfalls beilegen dürfen, ist eine geheime Wünschelruthe, die ihm überall das edle Erz und den goldenen Kern verräth, den er mit sicherer Hand herausläutert, wo Andere nur ein Häufchen Schlacke, ein werthloses Stückchen Kies zu sehen glauben. Eine solche hat wol in Goethe's Hand geschlagen, als ihm der Zufall Sonnerat's Werk mit seinem indischen Mythenbericht in die Hände spielte. Die Wirkung desselben auf Goethe's Gemüth, die eine vierzigjährige Neigung und die geduldige Begeisterung eines Lebensalters zu entzünden vermochte, kann nur durch die Divination des Dichters vermittelt sein; was erst nach vierzig Jahren dichterischer Arbeit sich golden auslieferte und doch vom ersten Augenblicke den goldenen Lohn verhiess, das hat ein Seher-Auge gefunden, den Blick des Meisters gefordert. Welche besondere Sprödigkeit und schwerste Schmelzbarkeit des Stoffes zeigt sich aber zugleich darin an, dass er der ungeheuren

15*

Kraft und Wärme eines poetischen Genius, wie dem Goethe's, welchem „Der Gott und die Bajadere" auf den ersten Wurf gelang, durch lange, lange Jahre widersteht, wenn die hochschwellenden Stimmungen der besten Jahre des Dichters ihn nicht von der alten Stelle im Dichtergemüthe, wo er sich fest eingelagert, zu rühren vermögen — bis er sich endlich der milden Kraft des Greises, nach dessen eigenem Zeugnisse nur bedingungsweise, weil ein Ende sein muss und jede Frucht endlich vom Baume fällt, ergibt.

Das Interesse, welches den Goethe'schen Geist an diesen fremden Stoff fesselte, wurzelt, wie die spätere Umrahmung seiner Legende zeigt, zunächst in der theilnahmsvollen Ergriffenheit für den in Goethe'scher Zeit in seinem Elend und seinem Jammer der Menschheit nahegekommenen Paria. In die vom Aufklärungszeitalter emporgehobenen Ueberzeugungen und Stimmungen, welche von den Schlagwörtern: Gleichheit, Freiheit, Brüderlichkeit inspirirt waren, fiel die Bekanntschaft mit den elenden, menschenunwürdigen Zuständen des indischen Paria, dieses armen Caliban der indischen Gesellschaft, wie ein sengender Funke: die Menschheit empfand dies Elend der Ferne wie eine eigene Wunde, wie einen offenen Schaden an ihrem Leibe, und die Pariafigur wurde mit Einem Schlage populär, zum Vertreter alles Geknechteten und Elenden, zum Prototyp des schon damals dumpf aufmurrenden Stiefkindes der Gesellschaft. Auch Goethe ging nach Indien zu Brahmanen und Parias, nicht um den Geist indischer Lebens- und Gesellschaftsordnung zu finden und darzustellen, sondern um des Schleiers willen, den er durchsichtiger und angemessener über die nackte Erkenntniss des Pariathums von daheim und überall zu breiten nirgends finden konnte, des Pariathums, wie es, das Kind des Elends und der Niedrigkeit, in den Hütten wohnt, und „den Blick zur Erde, den Geist zur Mühsal", den schweren Kampf um die Existenz kämpft — seiner Rechte, die unveräusserlich und unantastbar auch für dasselbe bestehen — und der Gerechtigkeit seines Loses und Schicksals. Denn um die Versöhnung und innere Rechtfertigung des menschlichen Paria, für dessen aufzuckendes Selbstgefühl und für dessen Anspruch, mit in die Ordnung der Dinge, in die ewige Gerechtigkeit und ihr Walten eingeschlossen zu sein, in der Legende ein Spiegel und heilsamer Massstab aufgestellt ist, handelt es sich ganz allein in der Goethe'schen Trilogie. Nicht zu einem aufreizenden Protest gegen die bestehende Ordnung der Gesellschaft wird die Pariafigur, wie um Goethe herum so vielfach geschah, von ihm selbst gebraucht. Sie löst nur die Weisheit, die Goethe vor Allen besass und übte, den Menschen, der für sich fordert und klagt, auf sich zurückzuweisen: „Du hast, was du bist", in einem herrlichen Gleichnisse der menschlichen Natur, wie es die Legende gibt, aus. In diesem Bilde der wunderbar gemischten Göttin mit dem edlen Haupte und dem unedlen Leib, „weisen Wollens, wilden Handelns" . . . „mit dem Haupt im Himmel weilend, fühlen Paria dieser Erde niederziehende Gewalt . . ." scheint die Forderung des Paria, Antheil zu haben an der ewigen Gerechtigkeit und so der Existenzwürdigkeit im eigenen Gewissen versichert zu sein, abgewiesen und erfüllt zugleich. Das Verhängniss der Menschennatur, wie es uns aus dem Schicksale der Göttermutter entgegenblickt, „immer wird es wiederkehren, immer steigen, immer sinken, sich verdüstern, sich verklären, so hat Brahma dies gewollt . . ." — es ist doch dasjenige, was der Paria in lichten Augenblicken erfleht und erflehen muss: „ . . . oder eines lass' entstehen, das auch mich mit dir verbinde", der geistige Halt, die innere Stütze in dieser zweifelvollen Endlichkeit, in der ihm gerade ein so trübseliges Los gefallen ist. Es müsste aber nicht der ideal-pantheistische, das Göttliche als tiefsten Grund und innersten Lenker allüberall tieffühlende Goethe'sche Geist hier der Wortführer sein, wenn nicht zu der aus seinen tiefen Gründen gelehrten Rechtfertigung des menschlichen Loses und Lebens die Verheissung von Trost und Gnade treten würde, wenn nicht das Wort: „denn von oben kommt Verführung wenn's den Göttern so beliebt", sein glorreiches, tröstliches, weihendes Widerspiel fände: „Dort erglühen tausend Augen, ruhen lauschend tausend Ohren, denen nichts verborgen bleibt". Erst durch die Gnade vollendet sich Goethen die ewige Gerechtigkeit.

So liegt Vieles und Tiefstes in dem aus indischem Schachte gehobenen Schatze. Die vierzig Jahre der Arbeit sind ihm wahrlich zu gute gekommen. Letzte Schlüsse überall, kein loser, flatternder Faden; was wir erhalten, steht für immer und kennt kein Weiter. Es ist wirklich, wie Goethe sagt, eine aus Stahldrähten geschmiedete Damascener-Klinge. Möchte man sie über-

all nur recht tapfer schwingen gegen das nächtige Haupt
von Wahn und Aberglauben, tapfer schwingen gegen
die hässlichen Gespenster, die in jenem heiligen Bezirke,
wo die „Legende" wie eine lichte Capelle mit dem
Gnadenbilde aufgerichtet ist, gern hausen und schweifen.
Man wird sie aufs Haupt treffen mit der herrlichen
Waffe.

20. Die indische Frau.

Man kennt und nennt voll mitleidigen Schauders unter uns die indischen Wittwen, die dem Gatten willig in den heissen Tod folgen; man schwärmt und träumt von den reizenden indischen Bajaderen, die durch Theater und Ballet populär geworden sind; den blühenden Baum, von dem sie nur versengte und abgefallene Blüthen sind, kennt man nicht: die indische Frau, die lebendige indische Weiblichkeit. Und doch verdiente wohl das Weib, das in unerhörter Art dem Manne pflichtmässig das grausame Opfer der Existenz darbringt, schon um dieser willig getragenen ungeheuren Ueberspannung ihrer Pflicht willen vor allen ihren glücklicher gestellten Schwestern Andenken und Beachtung, verdiente die Weiblichkeit, die sich in der pflichtmässigen Todestreue vollendet, auch in ihrer lebendigen Entfaltung und ihren lebensmuthigen Kräften jene Aufmerksamkeit, die das in irgend einer Hinsicht Ausserordentliche beanspruchen darf und sonst so leicht erregt.

Ungleich ihren orientalischen Schwestern, die das ganze wehmüthige Mitleid der völlig Enterbten einflössen, fordert ja die indische Frau, wenn wir sie erst recht kennen, gerade auf diesem heiteren Gebiete des Lebens durch ihre ganze Art unsere sympathischeste Beachtung und Hochschätzung heraus, eine Beachtung, die noch viel nachhaltiger und eindringlicher ist als die, welche ihr pflichtmässiger Wittwentod, mit der Kurzlebigkeit des Sensationellen, ihr einbringt. Nach beiden Richtungen, im Leben und Sterben also, ist die Erscheinung der indischen Frau eine eigenartige, nicht gewöhnliche, und verspricht ihre Physiognomie ergreifende Züge, fesselnde Linien — ein Frauenbild, das aus ganz anderem Stoffe gebildet ist als der weiche, blasse Thon oder das lockende schwellende Fleisch unserer Ideale. Es ist aromatischer, duftender, seelenvoller Stoff, der sich in Flammen verzehren mag, aus dem die Natur das indische Weib geformt hat.

Wie in der Natur überhaupt und speciell in der menschlichen Natur, so gibt es auch im Kreise der Weiblichkeit, wie sie über den Erdball vielgestaltig sich verbreitet, zwei Hemisphären, einen Norden gleichsam und einen Süden, einen kühlen, activen, civilisirten Charakter, der in der europäischen Dame mit der weissen Haut sich verkörpert, und ein südlich heisses, dunkleres, passives Naturell, das nichts hat als seine Natur — wir erkennen ihr Ideal in der indischen Frau. Was die Frau allein als solche, ohne den festen Grund der Gunst des Gesetzes, ohne geschützte Vorrechte und Privilegien, allein vermöge ihrer Weiblichkeit, vermöge der ge-

heimen Mittel und Reize derselben neben dem Manne
zu sein vermag — die indische Frau ist es im reichsten
Masse geworden. Nirgends ausserhalb des monogami-
schen, die Ebenbürtigkeit der Frau mit dem Manne
proclamirenden Christenthums erscheint die Stellung der
Frauen sowohl im Familienleben als auch im Culturleben
der Nation eine so bevorzugte als in Indien — aber
nicht kraft der geselligen Ordnung und der Gesetze,
sondern allein dank ihrer Persönlichkeit und der natürlichen unveräusserlichen Rechte des Talentes, hier des
Talentes der echtesten Weiblichkeit. Die indische Frau
zeigt wie an einem idealen Beispiele, wie viel die weibliche Natur auch auf ungünstigstem Terrain an Boden
und Herrschaft gewinnen, wie viel sie durch Geben
empfangen mag.

Freilich, wer diese indische Frau, diesen schönen
Stern des Familienlebens und der Nationalcultur, im
heutigen Indien suchen wollte, er würde sie nicht mehr
finden. Dieser Stern leuchtet mit voller Kraft und
schönem Lichte nur in der alten Zeit Indiens, jener Zeit,
da das indische Land allein noch dem Inder gehörte
und seine Cultur durch Jahrhunderte, in tiefer Insichge-
kehrtheit und Abgeschlossenheit nach aussen, rein und
eigenartig ausblühte. Aber das Land mit seinen lockenden Reichthümern und die in ihr emporgewachsene
Civilisation mit ihren culturellen Gütern ist nicht unberührt geblieben von den mannichfachsten tiefgreifenden
Einflüssen und Verunreinigungen durch fremde Einwan-
derer und Machthaber, durch scythische, mohammedanische
und mongolische Invasionen. Gerade das indische Frauen-

thum nun ist in seiner historischen Erscheinung und seinen moralischen Grundlagen durch diese fremden Einflüsse auf das empfindlichste alterirt worden: es wurde mohammedanisirt; man weiss ungefähr und ahnt noch viel mehr, was das zu bedeuten hat. So ist es gleichsam in der Mitte geknickt; die beiden Stümpfe wollen nicht mehr zusammenpassen. Aus dem freien, herzgewinnenden, in schöner Häuslichkeit wurzelnden Wesen von einst ist die verschleierte, von der Aussenwelt abgesperrte Orientalin geworden, die mit einem Fluch bei ihrer Geburt empfangen wird, und wenn sich auch mancher eigenster Zug ihres alten Wesens erhalten haben mag. die Zustände des einstigen indischen Frauenthums sind mit dem eigenthümlichen indischen Culturleben unwiederbringlich dahin. So müssen wir in das alte, in das eigentlich indische Indien zurückgehen, wenn wir die echte indische Frau, die weibliche Hälfte jenes merkwürdigen Sanskritvolkes, das überall und so auch in seinen Frauen aus eigenem und aus ganzem Holze schnitt, besitzen wollen.

Wenn wir den Satz als zutreffend gelten lassen, dass man aus der Stellung der Frau in der Gesellschaft auf den Grad der Moralität und des Fortschritts eines Volkes schliessen kann und umgekehrt, so müssten wir angesichts der wahrhaft hochentwickelten indischen Civilisation die erfreulichsten und erhebendsten Verhältnisse des indischen Frauenthums erwarten dürfen. Dass dem wirklich bis zu einem gewissen Grade so ist, kann lediglich nur dem kraftvollen Naturell der indischen Weiblichkeit zugeschrieben werden. Die gesetzlich ge-

regelte Lage derselben, ihre Stellung in der Gesellschaft
nach dem Recht und der geschriebenen Ordnung ist un-
günstig genug, um ein minder begabtes Wesen in Er-
niedrigung und Verkümmerung zu erhalten — wie dies
den andern asiatischen Frauen widerfahren. Vor dem
Buchstaben des Gesetzes ist die indische Frau nicht viel
mehr als ein unfreies, unmündiges Wesen*), das niemals
das Selbstbestimmungsrecht erlangt; ihre einzige Aufgabe, dem Manne eine erheiternde, dienende Gefährtin,
die Mutter seiner Kinder zu sein. Sie untersteht gänzlich dem Willen des Mannes, darf ohne Erlaubniss desselben keinen Schritt aus dem Hause thun; sie sitzt
nicht mit ihm zu Tische, sondern bedient ihn, ja, dem
Manne steht das Züchtigungsrecht von den mildesten
bis zu den schärfsten Formen der Absetzung von der
Würde als Hausfrau zu — manche Gesetzbücher verleihen ihm sogar das Recht, die Frau zu verkaufen, womit ihre Stellung völlig zu der einer Sclavin herabgewürdigt erscheint. Wenn es immer ein Zeichen freier
Selbstbestimmung ist, wenn die Frau neben dem Manne
die Verwalterin des eigenen Vermögens bleibt, so docu-
mentirt sich auch in diesem Punkte die sehr ungünstige
gesetzliche Lage der indischen Frau, die nie Besitzerin
eines selbständigen Vermögens werden kann, kein Recht
über die Mittel des Gatten besitzt und — ungleich dem
europäischen Brauch — keine Schulden machen kann,

---

*) Die Frauen werden nie mündig; in der Jugend ist ihr
natürlicher Vormund der Vater, verheirathet der Mann, ver-
wittwet der älteste Sohn.

die der Mann bezahlen muss. Auf Grund ihrer gesetzlich festgestellten Lage und Stellung also würde die indische Frau nichts anderes erscheinen, als die Orientalin
überhaupt ist: die verkümmerte Bettsclavin des Mannes
bei Nacht, sein lastbares, geduldiges Hausthier bei Tage.
Aber wer nun ins altindische Leben blickt, in die reiche
blühende Cultur, wie sie uns aus dem Spiegel der Dichtung und der Geschichte in treu erhaltenen Farben und
Umrissen entgegensieht — ein wie anderes Bild wird er
hier mit theilnahmsvoller Verwunderung finden! Statt
der gedrückten Magdschaft ein Frauenthum, das, von
der leidenschaftlichen Bewunderung der Männer getragen,
in reichster Entfaltung der geistigen und gemüthlichen
Gaben blüht, statt der Unfreiheit im Hause ein patriar-
chalisches Zusammenleben der Familie unter ihrer geräuschlosen Obhut, statt des Menschen Nr. 2, wie das
indische Weib nach dem Gesetze heissen konnte, sie eine
Zierde des nationalen Lebens, die das Frauenfähnlein in
Ehren neben den stolzen Bannern der Männer flattern
lässt. Die verborgenen Härten ihrer gesetzlichen Lage
freilich blieben, aber der gefällige Blüthenschmuck ihres
Wesens, der sich darüber rankte, entzieht sie völlig unsern
Blicken.

Ein weites Theater mit tausend und abertausend
fremdländischen Frauengesichtern, mit den schwankend
ungewohnten Physiognomien der dunklen Südländerin
thut sich uns nun auf, wenn wir den geistigen Blick
nach Indien richten, um seine Frauen zu studiren.
Lächelnde und ernste, knospende und vergrämte Gesichter,
blendend schöne und solche, deren Reiz sich erst dem

versenkten Blick entschleiert, schweben und schwanken
wie im Nebel, bis die tausend verschwommenen Physiognomien endlich in eine fester umrissene, bestimmter
hervortretende zusammenfliessen, die allen ähnlich sieht,
das innerste Wesen jeder zu enthüllen scheint, zur Gestalt der typischen indischen Frau. Indien ist doch in
hervorragendem Masse das Land der Typen; die mit
ihrem eigenen Stempel geprägte Individualität ist dort
überhaupt selten genug anzutreffen, und nicht nur der
indischen Frauenwelt allein scheint die Kraft und Neigung, Individualitäten zu bilden, fast zu fehlen. Dafür
wird man dort den Typus stets von besonderem Reichthum, wird man das durchgreifende allgemeine Niveau
überraschend hoch und bedeutend finden. So ist es
wenigstens mit den indischen Frauen, die vom Norden
bis zum Süden Indiens alle untereinander Schwestern
scheinen, keine bis zu gewissen Grenzen sonderlich anders im Wesen und Verstand als die andern, aber alle
bedeutend und interessant durch dieselbe anmuthige
Weiblichkeit, dasselbe eigenartige Naturell und Gemüth.

Dem indischen Weibe ist von der hochtropischen
Natur Indiens zwar nur eine kurze Blüthezeit zugemessen,
aber in dieser prangt es schön mit reichen Gaben. Es
erscheint in seiner Jugend immer reizvoll, hat immer
einige Schönheiten, nachtschwarze Augen, glühend wie
die tropische Zone, gross, von langen Wimpern um-
schlossen, deren Blicke allein die Welten erobern, wie
der indische Dichter sagt; Schultern, Arme und Busen
einer griechischen Statue würdig; kleine Füsse, die vom
Druck tyrannischer Schuhe nicht entstellt, sondern durch

langes Ruhen und coquette Ringe verschönert sind. Dabei eine leichte, fast ätherische Art zu gehen, runde, weiche Bewegungen des Körpers, die immer etwas Poetisches haben, Geschmeidigkeit und Grazie in allen, stets wohl und zart gebildeten Gliedern. Ein schelmisches Pflästerchen im Gesicht, eine farbenbunte Blume hinter dem Ohr und zierlicher Schmuck, sehr viel Schmuck überall vollenden die Einheitlichkeit dieser anmuthig-weichen Erscheinung. Die Inderin ist nie nachlässig in ihrem Aeussern; sie pflegt ihren Leib mit grosser Sorgsamkeit und ist in ihrer leichten Kleidung stets von natürlichem Geschmack. Eine leidenschaftliche Freundin von Wohlgerüchen, parfümirt sie stets Körper und Gewand und selbst im kleinsten ärmsten Dorfe fehlt neben dem Goldschmiedladen nicht eine bescheidene Parfümerie, welche den Bedarf der Dorfschönen deckt. Es stimmt vortrefflich zu ihrer ganzen Erscheinung, dass sie den Eindruck ihrer Persönlichkeit gern durch schelmische Klingeln an Arm- und Fussringen, durch die neckische Musik tönender Glöckchen und Schellchen en miniature zu heben liebt: all diese kleinen Tändeleien liegen in ihrem Wesen und sind ihre einzigen Mittel, die eigene Natur zu verdeutlichen, ihr nachzuhelfen. An der Naivetät dieser ihrer Mittel haben wir in der That einen guten Massstab für die naive Art und den ganzen Charakter ihrer Schönheit — zugleich aber in ihrer Mannichfaltigkeit und Beliebtheit das beste Zeichen ihres Wunsches, zu gefallen, zu erheitern und zu erfreuen.

Und wirklich ist das Innere dieses reizvollen, niedlich geputzten Aeussern ein Schatzkästchen echt weiblicher

Neigungen und Bedürfnisse, ein duftendes Seelchen, das doch mächtig und mit hoher Stärke begabt ist, so recht eine kleine, aber lebendige, von Innerlichkeit überquellende Weiblichkeit. Ja, die Seele der Inderin ist aromatischer Stoff. Sie duftet gleichsam von Zärtlichkeit und Hingebung, von Schalkhaftigkeit und Coquetterie; ihre Schamhaftigkeit und natürliche Sittsamkeit, ihre Anhänglichkeit und Treue sind ihr wie ein natürliches Parfüm. Wenn eine anders geartete Weiblichkeit, etwa die Französin oder Magyarin, ungefähr dieselben Eigenschaften wie ein Selbstverständliches besitzt und übt, gleichsam damit in ruhiger schöner Prosa verharrend — so ist bei der Inderin immer etwas Romantisches, ein eigenthümliches Parfüm von Poesie darüber gebreitet. Das indische Weib ist immer anschmiegender Natur, immer sich anzuklammern, eine Stütze zu umschlingen bedürftig, eine wahre Lianennatur, der es natürlich ist, den Träger zu suchen und, einmal ihn umschlungen, nicht wieder von ihm zu lassen. Die Treue der indischen Frau ist sprichwörtlich: es ist die stille pflanzenhafte Treue der Schlingranke, wie der indische Spruch selbst sagt, der auch ein anderes derberes Bild braucht in dem Gedanken: „Weiber und Krebse lassen nimmer los, was sie gefasst." Aber freilich liegt in dieser Lianennatur auch ein anderes, das scheinbar damit im schneidendsten Widerspruch steht, und das durch das indische Sprichwort angedeutet wird: „Weiber und Schlinggewächse umklammern gewöhnlich den, der ihnen zur Seite steht." Gewährt ihnen der Mann nicht Stütze und Halt, so sucht die Schlingranke einen andern Träger, und so schilt gar

manche üble Stimme ihren Sinn unstät wie der Wasser-
tropfen am Lotusblatt; ihr Herz nicht zu fassen, wie das
Gesicht im Spiegel; ihr Wesen beweglicher als das so
überaus bewegliche Quecksilber: „Einerlei ob schön oder
hässlich: er ist ein Mann, sie lieben ihn." Aber in demselben Athem preisen sie die lieblichen und rührenden
Gestalten der indischen Sage, in denen sich jene stille,
aber aus dem Innersten kommende Frauentreue verkörpert, eine liebende Damayantî, eine Savitrî, deren Treue
den Tod überwindet, eine Sitâ — Frauenbilder voll duftiger, hingebender Zärtlichkeit, deren Nachfolge der
sprichwörtliche Ehrgeiz der indischen Frauenwelt gewesen ist.

So ist denn der eigentliche Boden, in dem die Inderin wurzelt und fusst, die Ehe; sie ist die geborne Gattin,
lebt nur durch den Mann, lebt nur für ihn und verlischt
mit ihm, wie die Lampe, der das erhaltende Oel ausgegangen ist. In der Häuslichkeit hat sie ihre Lebensluft,
hier ist ihre Heimat, sind ihre Wünsche, wohnen ihre
Götter. Alle ihre Tugenden fliessen aus dieser Quelle,
alle ihre Fehler beziehen sich nur auf diese natürliche
Form ihrer Existenz. Die Inderin fühlt sich nur in der
Liebe, im Besitz ihres Gatten: „Der Schmuck der Frauen
ist der Gatte", sagt das Sprichwort, „und das Weib ohne
Gatten steht auch in vollem Schmucke doch schmucklos
da." Die Freude und Zufriedenheit des Mannes zu sein,
ist ihr Lebenszweck. „Hat der Gatte", heisst es, „Freude
an seiner Frau, so sind alle Gottheiten zufrieden gestellt."
Indem sie seinem Hauswesen als die unausgesetzt thätige
Leiterin der Hausgeschäfte vorsteht und immer dabei

das Wohl des Gatten als Erstes bedenkt und über Alles stellt, ist ihre Existenz für sie und ihre höchsten Wünsche ausgefüllt. Stets heiter und bei den häuslichen Geschäften thätig, sparsam und haushälterisch, dem Manne gehorsam, und ob nicht verschleiert, doch sittsam und zurückhaltend, als ob sie zehnfach verschleiert wäre, so suchte und fand sie der indische Mann, und wir dürfen wol glauben, dass dies der normale Fall gewesen, wobei Schattirungen ins Helle und Dunkle natürlich nicht fehlen. In kleinen und grösseren Bildchen des häuslichen Lebens, wie sie die Dichtung — dieser Spiegel des Lebens — bietet, tritt uns dies Bild von ihr gewinnend entgegen. Wie häuslich ist die indische Frau! Ein altes Paar — der Mann ist Weber und Dichter — ist in fröhlicher Armuth durchs Leben nebeneinander gegangen. Die wackere Hausfrau liegt auf den Tod; da fasst sie sich ein Herz, ihren Gemahl um Aufklärung eines kleinen häuslichen Räthsels zu bitten. „Als ich Euch, mein Herr, zur Zeit unserer Verheirathung das erste Mal Reis zurichtete, gebotet Ihr mir, stets ein Gefäss mit Wasser nebst Nadel daneben zu setzen; warum doch gebotet Ihr mir Solches?" Darauf antwortete der grundgütige Eheherr: „Liebe, um damit den Reis, der etwa herunter fallen möchte, aufzuheben und zu reinigen"; und sogleich starb die treue Gattin befriedigten Herzens. Nie hatte sie demnach ihr Gatte ein Körnlein Reis verschütten sehen*).

Und nicht kleiner als ihr haushälterischer Sinn, der

*) Vgl. Nr. 3: „Buss- und Hausstand" dieser Aufsätze.

bei den häufig sehr ausgedehnten indischen Hauswesen besonders schätzenswerth, ist der Gehorsam, ihre unbedingte Ergebenheit gegen den Gatten. Zu einem Dichter kommt ein Freund, ihn zu fragen, was besser sei: Haus- oder Bussstand? Der Meister antwortet ihm durch die That. Er ruft seine Frau gerade in dem Augenblick, wo sie am Brunnen schöpft; die lässt den Wasserkübel auf halbem Wege im Brunnen hängen und stürzt herbei, die Befehle ihres Herrn und Gemahls entgegen zu nehmen. Sie setzt ihm ein andermal kalten Reis vom vorigen Tage zum Frühstück hin, und er spricht: „Frau, das brennt mir ja auf der Zunge"; sogleich bläst die wackere Frau mit vollen Backen darein *). Gewiss, mit vielen anderen ähnlichen Geschichtchen eine übertriebene und überspannte Anekdote, aber in ihrem Geist unendlich bezeichnend für die Haltung der indischen Frau.

Eine Xanthippe, ja nur die stolze, herrschsüchtige Frau im Style einer Adelheid von Weislingen, ist in Indien undenkbar. Die stolzen hochfahrenden Königinnen der Hofschauspiele, vor denen der untreue König zu Zeiten eine ganz jämmerliche Rolle spielt, die ihn, ertappt, wie einen dummen Jungen behandeln, bestätigen nur als Ausnahme die Regel, denn auch sie sind am versöhnlichen Schlusse doch wieder die unterwürfigen, in Alles sich gehorsam fügenden, klugen Gemahlinnen. Der Inderin liegt es nun einmal im Blute, sich dem Manne unterzuordnen und ihren ganzen Stolz, ihre ganze Seele

---

*) Vgl. Nr. 3: „Buss- und Hausstand" dieser Aufsätze.

in ein wirthschaftlich kluges Besorgtsein um den Mann
und seine Wünsche zu setzen. Vortrefflich kommt denn
diese ihre Haltung in einer kleinen indischen Hausidylle
zum Ausdruck, welche zugleich zeigt, wie freundlich sich
zu der ernsten Pflichtführung der indischen Hausfrau
weibliche Anmuth zu gesellen, wie hübsch das Häuslich-
Nützliche sich mit leichter Grazie zu verschwistern
wusste — denn das Naturell der Frauen ist so nah' mit
Kunst verwandt, wie Goethe sagt.

Ein reicher Kaufmannssohn geht auf die Wanderschaft, eine brave Frau zu suchen. In seinem Wamms
führt er ein Büschel ungedroschenen Reisstrohs mit sich,
das er allüberall den heirathslustigen Mädchen, die ihm
vorgeführt wurden, mit der Bitte übergab: „Fräulein,
könnt Ihr mir aus diesem Reisstroh eine rechtschaffene
Speise zubereiten?“ Aber er wurde stets nur ausgelacht
und fortgewiesen. Endlich findet er in der Fremde ein
allerliebstes Mädchen, ärmlich gekleidet, mit wenig
Schmuck angethan: denn ihre Eltern sind verarmt. Ihr
Aeusseres gefällt ihm ausnehmend: die Füsse zierlich,
die Taille schlank, die Gestalt sanft gebeugt, die Arme
voll und weich, der Nacken lieblich gebogen und von
einem reizenden Köpfchen überragt. So spricht er sie
freundlich und zuthunlich an: „Fräulein, seid Ihr vielleicht im Stande, aus diesem Reisstroh hier uns eine
gute Speise zu bereiten?“ Sie ist erst verwundert, dann
aber nimmt sie, schnell gefasst, das Reisährenbüschel,
lässt es erst ein wenig an der Sonne trocknen, während
sie dem Gast Wasser zur Erfrischung bringt, wobei sie
doch noch Zeit findet, die Aehren fleissig hin und her

zu wenden. Darauf klopft sie sachte die Reiskörner aus und hat Acht, dabei die feinen Granen nicht zu zerbrechen. „Mütterchen", spricht sie zu einer alten Magd, „die Goldschmiede kaufen gerne solche Spreu, weil sie sie fürs Putzen der Goldsachen gut brauchen können. Trag sie doch zu Einem, du bekommst sicher einen Groschen dafür, und bring' darum ein paar Scheit Holz." Das geschah und das Mädchen schaffte emsig weiter mit Säubern, Stampfen und Waschen des Reises, bis sie ihn zum Feuer setzt — nicht ohne vorher einen frommen Segen gesprochen zu haben. Als der Reis gar geworden ist, löscht sie mit etwas vom Kochwasser das Feuer und schickt alsdann die kalten Kohlen durch die Alte weg — Abnehmer fänden sich schon — „einen halben Groschen bekommt sie immer dafür", sagte sie, „dafür bring' ein bisschen Grünes, Butter, Milch und Oel mit, dann auch ein paar Gewürze, Salbnüsse und Tamarindendatteln, wie du sie eben bekommen kannst." Das geschah denn auch, und nun goss das Mädchen, nachdem sie einige Specereien hineingethan, ·das Reiswasser in eine neue saubere Wanne und liess es gut auskühlen, wozu sie selbst auch half, indem sie mit einem Fächer sanft daran herumfächelte. Salz und Wohlgerüche streute sie darüber, fein geriebenen Salbnussstaub und Lotusduft und liess, als Alles fertig war und bereit stand, den Gast durch die Alte zum Bade einladen. Er that es, und als er sich mit Oel und Salben, die gleichfalls bereitgestellt worden, abgerieben, liess er sich auf ein Brett am sauberen und trockenen Estrich nieder. Da setzte ihm das Mädchen zunächst auf einem gelblichgrünen,

wohl zugeschnittenen Platanenblatt zwei Schüsseln mit
Wasser vor; und während er sich die Hände wusch, war
sie schon wieder mit dem Getränke zur Hand und stellte
es vor ihn hin. Und wie er trank, vergass er aller seiner
Mattigkeit vom Wege und wurde fröhlich. Nun wartete
sie ihm mit zwei Schüsseln Reis auf, eine mit der Zu-
that von Butter, die andere mit einer Sauce und aller-
hand Gewürz; den Rest ass er mit geschlagener Sahne
und wohlgekühlter duftiger Buttermilch und Reiswasser.
Das ganze Mahl schmeckte ihm prächtig.

Hurtig war sie auch mit dem Getränke zur Hand, und
er leerte eine Schale voll klaren, köstlich durchdufteten
Wassers mit Behagen bis auf die Neige. Als sie merkte,
dass sein Kopf ein wenig auf die Brust sank, ein Zeichen,
dass er ruhen wollte, überliess sie ihn, rasch die Ueberreste vom Mahle weggeschafft, wohlthätiger Ruhe und
hielt jede Störung von seinem Schlummer ferne.

Alles war zu seiner Zufriedenheit ausgefallen, daher
reichte er fröhlich dem Mädchen seine Hand zur Ehe
und führte sie heim. Sie aber pflegte und ehrte ihren
Gemahl mit unermüdlicher Liebe wie einen Gott. Dem
Hauswesen stand sie voll Emsigkeit vor und gewann sich
mit ihrer liebenswürdigen Höflichkeit alle Herzen im
Hause. Ihr Gemahl aber war von ihren Tugenden so
eingenommen, dass er ihr Haus und Familie gänzlich
anvertraute und alle Seligkeit und jedes Glück des Lebens allein von ihr erwartete und durch sie genoss*).

Das ist denn die indische Frau, wie sie sein soll, von

---

*) Daçakumâra carita 6,2.

der es dann heisst, dass kein Freund ihr gleicht, keine
Zuflucht ihr gleicht, kein Trost und kein Glück ihr
gleicht, und dass sie mit ihren Tugenden den sündigen
und sträflichen Mann errettet. Ein enger Kreis von
Tugenden und Pflichten, in den sie sich da eingesponnen,
wohl, aber die Hauptsache ist und bleibt denn doch,
dass Mann und Frau sich dabei wohl und zufrieden fühlten.
In ihrer Natur ruht der Mann gleichsam aus; sie zeigt
ihm ein heiteres Angesicht, auch wenn er sie bekümmert
oder missgestimmt begrüsst; sie widerspricht nicht seinem
Beschluss, sie überlässt den Rath dem Manne und be-
gnügt sich mit der stillen geräuschlosen That. Es ist
ein charakteristisches Kennzeichen der indischen Frau,
dass sie, obwohl klugen Rathes mächtig, sich doch nie
um solchen fragen lässt; ja der Mann, der in dieser Hinsicht, wie überhaupt, zu schonend, zu rücksichtsvoll
gegen sie ist, verliert in ihrer Achtung. Sie will nichts
Selbständiges sein und wünscht keine andere Herrschaft
zu üben als die durch liebende Blicke und freundliches
Lächeln, und so ist sie die lebendige Verkörperung des
Goethe'schen Wortes: „Dienen lerne das Weib beizeiten
nach seiner Bestimmung", ein Muster an Selbstbeschei-
dung und Selbstverleugnung, durch deren Schule sie ihr
ganzes Leben hindurch zu gehen hat.

Eine harte Probe davon und wol der dunkelste Punkt
im Leben der Hindufrau ist ihr Verhältniss zu den
Nebenfrauen[*]). Auch im alten Indien war es dem
Manne gestattet, neben der ersten Frau, der eigentlichen

---

[*]) Vgl. Reuleaux: Quer durch Indien, p. 142 ff.

Herrin des Hauses, noch einige Nebenfrauen zu ehelichen, und es ist nichts als menschlich, wenn diese Sitte
und Einrichtung als ein schwerer Druck auf der indischen Frauenwelt lag. Schon in der Phantasie des
kleinen Mädchens war und ist die bitterste aller Bitter-
nisse die, dass ihr Mann dereinst eine zweite Frau neben
ihr nehmen möchte; und es wurde dagegen gebetet und
gefleht und geopfert, ja mit augenauskratzender Heftigkeit verwünscht, freilich ohne sonderlichen Erfolg bis
auf den heutigen Tag. Die socialen Einwirkungen der
Mehrweiberei ziehen sich durch Geschichte, Sage und
Dichtung der Inder. Wir gewahren hier ein Doppeltes,
und es ist dies charakteristisch für das indische Frauen-
gemüth. Vielfach wird das Verhältniss der Nebenfrauen
als ein friedliches und freundliches geschildert, wie z. B.
in dem herrlichen Drama: „Mṛcchakaṭikam" oder „das
irdene Wägelchen", in welchem die erste Frau des über-
sanften Helden Cârudatta die in der Katastrophe ihr
zugesellte zweite mit inniger Freundschaft aufnimmt:
„willkommen, liebe Schwester!" So stark und selbstver-
leugnend war die Hingebung der indischen Frau, dass
sie über ihre natürlichsten, eigensten Instincte Herr
werden mochte, wo es die Wünsche ihres Herrn und
Gatten galt. Andererseits ist aber auch das Eifersuchts-
thema stehend und kehrt in vielen Schauspielen und
epischen Erzählungen wieder, freilich wegen der aner-
kannten Berechtigungen des polygamen Hausherrn ganz
anders gewendet als in unserem Drama, der Bühne wie
des Lebens, ungefähr im Sinn und Geist des Sprüch-
leins:

„Wohl tausend Sünden, gross und klein,
Zähl' ich von ihm, wenn fern er ist;
Doch wenn er auf den Mund mich küsst,
Fällt mir nicht eine einz'ge ein",

(Hâla, „Saptaçataka".)

worin sich doch eigentlich dieselbe Duldung und Toleranz wie in jenem ersteren Falle, nur mit einem schwachen Vorbehalte für die eigene Person versteckt. Aber auch so, trotz der Selbstverleugnung der indischen Frau in diesem heiklen Punkte, macht es doch den Eindruck, als ziehe sich eine gewisse Scheu, ein Augenniederschlagen wegen desselben durch das indische Wesen, und es ist hier vielleicht die einzige Stelle, wo die sonst so klare und durchsichtige Art des indischen Weibes ins Schwanken geräth und sich trübt.

Von diesem wunden Punkt hinweg zieht unsren Blick doppelt freundlich ein lichter Gipfel der indischen Frauenexistenz ab, der, eine Bekrönung jedes Frauendaseins, auch ins Leben der Inderin seinen warmen Sonnenschein wirft: es ist die Mutterschaft.

Wenn der indische Mann in seiner Frau zumeist die Mutter seiner Kinder, seiner Söhne, in denen er sich verjüngt erneuert, ehrt, so ist es der schwellende Stolz des Frauenherzens, die Gebärerin tüchtiger Söhne, die in der Welt Ruf und Ruhm erlangen, zu sein. Und nicht nur die Gebärerin, nein auch ihre Pflegerin und Hüterin, ihre Nährerin und Erzieherin — nach dem schönen indischen Spruche: „Zehn Lehrer überragt ein Erzieher an Würde, hundert Erzieher ein Vater, tausend Väter eine Mutter." Im alten Indien ist jene berühmte Verherrlichung der echten Mutterliebe, wie sie in der Fabel von den zwei Frauen, die vor Salomonis Thron um das eine Kind streiten, ursprünglich zu Hause, und die dort erflossene Entscheidung zeugt von noch tieferer Kenntniss des Mutterherzens als selbst die Weisheit des weisen Salomon. Denn dort wird der Streit so gelöst, dass es der König aufgibt, zu entscheiden, wer die wahre Mutter sei, und die zwei Frauen heisst, es unter sich abzumachen. Darauf fielen beide Frauen über das Kind her, und als ihr Kampf heftig wurde, ward das Kind verletzt und fing an zu schreien. Da liess eine von ihnen es gehen, weil sie es nicht ertragen konnte, das Kind schreien zu hören, was die Frage mit einmal entscheidet. Der Muttername ist denn auch der theuerste und höchste, den das alte Indien für seine Göttinnen fand: sie sind ihm die liebenden, barmherzigen Mütter, in deren Schutz er sich geborgen fühlt. Altindien hat auch so manche arme, treue Genoveva in seinen Sagen und Legenden, die sich von ihren Kindern nicht zu trennen vermögen, und um ihretwillen alles Elend und allen Schimpf erdulden, die auf eine verstossene Mutter fallen. Was für holdselige weinende Mütter stellt nicht die Dichtung vor uns, eine Çakuntalâ mit ihrem prächtigen, ungestümen Knaben, die im Einsiedlerhain den untreuen Gatten umsonst zu vergessen strebt, eine Sitâ, eine Urvaçî etc., die Alle als zärtliche Mütter den verlornen Gatten durch ihre liebliche Mütterlichkeit dauernd wiederfinden und an sich fesseln. Ja noch dort, wo sich die menschlichen Gefühle aufzulösen und zu erstarren begonnen haben, in den weltentfremdeten indischen Kreisen, wo man von

Hausleben und Kindersegen nichts mehr wissen mag,
ist es noch allein der starke Muttersinn der Inderin, der
aus der Verzerrung aller menschlichen Verhältnisse un-
gebrochen in schöner Naturkraft hervorschlägt. Ein
Weiser, den Sinn zur Busse und Abwendung vom Welt-
treiben gestimmt, hat die Liebe eines Pariamädchens
erweckt, ohne Wissen und Willen, und sie vermag ohne
ihn nicht zu leben. Er stösst sie zurück, wirft ihr einen
Stein an die Stirn, umsonst: sie kehrt jammernd zu ihm
zurück. „Wohlan, Weib! wenn Du Dich entschliessen
kannst, Deine Kinder zu lassen, wo sie geboren werden,
so will ich Dich freien!" Die Liebende stimmt zu und
wird Mutter von vier Mädchen. Sie liess, ihrem Versprechen gemäss, jedes derselben an dem Ort, wo es geboren wurde, aber nur, da diese selbst — o Wunder —
ein jedes die verzweifelnde Mutter trösteten: „Der im
undurchsichtigen Dickicht selbst den rauhen Dornbusch
mit Wasser tränkt, der wird auch uns Kindlein unser
Theil zumessen. O! Mutter, warum jammerst Du umher,
mich immer wieder aufnehmend, Dich immer wieder
nahend? Mutter, was welkst Du hin?" . . . Es ist ein
rührender Zug bei aller Verrücktheit, dass in Indien das
verlassene Kindlein durch ein Wunder die Mutter selbst
vermögen muss es preiszugeben: sie könnte es sonst trotz
Allem nicht. Zur Charakteristik der indischen Mütter
ist es dienlich zu bemerken, dass solche Gestalten und
Scenen das Einzige sind, was in Indien den Kindes-
mörderinnen anderer Länder antwortet. Von dieser
jammervollen Erscheinung wusste Indien nichts, und ist
das freundliche Bild seiner Mütter rein geblieben.

Aber noch ein Ereigniss macht im Leben des Weibes katastrophenartig Epoche; der Tod des Gatten, ihre Verwittwung.

Wir stehen hier vor dem düstersten Capitel unseres Themas. Denn für die indische Frau ist der Tod des Gatten mehr als das niederbeugende, verödende, die letzten Blüthen des Lebens entraffende Ereigniss unseres Familienlebens, es ist ein völliges hoffnungsloses Zusammenbrechen ihrer Existenz — als ob der Boden unter ihr sich spaltete und sie verschlänge. Es ist der Inderin bis in unser Jahrhundert unmöglich gewesen, den Gatten zu überleben; der schaurigste Tod auf dem brennenden Scheiterhaufen des entseelten Gatten endete ihre Existenz, die innerlich schon vernichtet war, auch nach aussen und vereinigte ihre Seele mit der des Mannes zu ewigen Himmelsfreuden. Es ist hier nicht der Ort, die Entstehung dieser grausamen Sitte, dieses furchtbaren Erzeugnisses eines fanatischen Wahns, zu untersuchen und seine Ausdehnung zu schildern. Wir wollen nur, was darin für die Kenntniss der indischen Frau, ihrer Seelengrösse und Leidenskraft Zeugniss ablegt, aufnehmen und ihrem leidensvollen Andenken erhalten. Denn, weit entfernt, dass sich die indische Frau nur gezwungen und weil das Leben einer Wittwe schlimmer war als der Tod, zu jener Selbstaufopferung entschloss: die Fälle von Wittwen-Selbstverbrennung, welche noch in der letzten Zeit trotz der strengsten Vorkehrungen der Regierung vorgekommen sind, bezeugen genugsam, dass ausser jedem Zwang, jedem Furcht- und Verzweiflungsmotiv die indische Wittwe von einem inneren Trieb, von einer unwiderstehlichen Regung des im Tiefsten aufgewühlten Gemüths auf den Scheiterhaufen geführt wurde.

In Sikandapur starb vor sieben oder acht Jahren ein sehr frommer und strenger Hindu. Seine ganz junge Frau, die ein Kind stillte, empfand einen so tiefen Schmerz über den Verlust des Gatten, dass sie weder essen noch trinken wollte, und in Folge dessen starb das Kind. Darauf liess sie einen Scheiterhaufen errichten, stellte ihr Lager darauf, und mit dem todten Kinde an der Brust liess sie sich von den lodernden Flammen zu Asche verbrennen. Diese grausam traurige stumme Scene athmet ganz den Geist des alten indischen Wittwentodes. Grossartig ist dieser Heldenmuth der sich opfernden Frau, wahrhaft im Tiefsten erschütternd ihre zum schaudervollsten Martyrium gefasste Ueberzeugungstreue, entsetzlich und himmelschreiend nur der allgemeine Zustand der Geister, der solche Scenen hervorrief und ertrug. Wir können, an so ganz andere religiöse und moralische Anschauungen gewöhnt, dem Vorgang und seiner inneren Bedeutsamkeit für den Inder kaum gerecht werden. Eine solche öffentliche, mit allem düsteren Pomp einer Grabesfeierlichkeit begangene Marterscene empört unser Bewusstsein und lässt uns die den Scheiterhaufen umdrängende Menge wie Mörder und Mördershelfer erscheinen. Und doch, wenn wir die Erzählung vom Feuertod einer wahren Satî, solch einer freiwillig dem neuen Gesetze zum Trotz sich opfernden Wittwe hören, so wird unser Eindruck ein ganz anderer sein. Ein indischer Gewährsmann gibt uns eine solche Erzählung, die in sich schon ein Culturbild ist und tief ins indische Gemüthsleben der Frau sowie der Betheiligten der grausen Scene blicken lässt*).

„Als ich noch ein kleiner Knabe war“, erzählte er, „sagte mir einst meine Mutter, meine Muhme werde eine Satî werden.

Ich verstand das Wort nicht; hin und her erwog ich in meinen Gedanken, was eine Satî doch sein möge. Als ich meine Mutter danach fragte, antwortete sie, Thränen in den Augen, meine Tante, ihre Schwester, ‚werde Feuer essen gehen‘. Alsbald empfand ich die grösste Neugier, das Ding mit eigenen Augen zu sehen, immer noch im Unklaren, was es denn eigentlich sein möchte. Eine deutliche Vorstellung vom Tode besass ich damals nicht; keinen Augenblick dachte ich daran, dass ich meine liebe Tante für immer verlieren sollte. Hinunter rannte ich ins Zimmer, und was ich da sah, war eine Gruppe düster dreinschauender Frauen, meine Tante in der Mitte, festlich gekleidet, mit all ihrem Schmuck, eine hellbrennende Lampe gerade vor ihr. Offenbar befand sie sich in einer religiösen Verzückung, ernst in Allem, was sie that, zugleich aber auch ruhig und gemessen, als ob nichts Auffallendes zu geschehen habe. Kurz gesagt, sie war in ihrer Morgenandacht begriffen, zugleich ungeduldig die Stunde erwartend, wo sie diese sterbliche Hülle ablegen sollte.

Mein Oheim lag als Leiche in dem anstossenden Zimmer.

---

*) Shib chunder Bose, The Hindoo as they are.

Mir schien, als ob alle versammelten Frauen die Tugend und den Muth meiner Tante bewunderten, nicht Wenige fielen ihr zu Füssen und sprachen den heissen Wunsch aus, nur einen kleinen Theil von ihrer Tugend ihr eigen nennen zu können. Was mich unter allen diesen Vorgängen am meisten betroffen machte, war, dass meine Tante mit einem Male auf die Bitte einer alten Brahmanin die Hand ausstreckte und einen Finger genau über die Flamme der Lampe hielt, wo er nach wenigen Secunden versengt war und sie mit Gewalt von der alten Frau zurückgerissen wurde. Diese hatte sie gebeten, so zu thun, um einen Vorgeschmack von der unerschütterlichen Festigkeit ihres Entschlusses zu erhalten. Die vollständige Gelassenheit, mit welcher sie diese Feuerprobe durchmachte, überzeugte Alle, dass sie eine wahre Satî sei, bestimmt, mit ihrem Gatten im Paradiese zu leben. Niemand vermochte eine Aenderung in ihrer Haltung oder ihrer Entschlossenheit zu entdecken, nachdem sie diesen schmerzhaften Versuch durchgeführt.

Eine kleine Trauer-Versammlung, ungefähr dreissig Personen, alle aus geachteten Familien, brachen wir nach einigen Stunden zur düstern Feierlichkeit auf. Meine Tante mit dem Rosenkranz in der Hand, ohne Schleier, schien heiter im feierlich hinschreitenden Zuge. Auf dem traurigen, einsamen und verlassenen Bestattungsplatz angelangt, kam der Polizei-Aufseher, ein Hindu, zur Stelle und fragte meine Tante eingehend aus, auf die verschiedenste Weise versuchend, sie zur Sinnesänderung zu bestimmen. Sie aber verhielt sich ent-

schieden und entschlossen; sie gab die unzweideutige
Antwort, dass ‚Solches ihr vorherbestimmt sei, und dass
Hari (Vishnu, der Höchste) sie und ihren Gatten vor-
gefordert habe nach Vaikunta‘.

Der Beamte, bestürzt über die Festigkeit ihres Entschlusses, trat zurück, den Vorgang zu überwachen,
während ein Scheiterhaufen hergerichtet wurde; er bestand aus trockenem Brennholz, Reisigbündeln, Fichten-
holz, nebst vielem Sandelholz, Butter und Anderem dazwischen, was der Luft einen durchdringenden Geruch
ertheilen sollte. Auch ein halbes Dutzend langer Bambusstangen wurden herbeigebracht, deren Bestimmung
wir später erst durch den Augenschein kennen lernen
sollten. Wir kleinen Knaben wurden angewiesen, uns
abseits zu stellen. Der Bestattungs-Brahmane kam sodann und las einige Mantras und Anrufungen ab. Nachdem der in neue Gewänder gehüllte todte Körper meines
Oheims auf den Holzstoss gelegt worden, wurde meiner
Tante bedeutet, denselben siebenmal zu umwandeln, was
sie that, indem sie eine Menge Blumen, Kaurimuscheln
und gerösteten Reis auf den Boden streute.

Es fiel mir damals sehr auf, dass nach jedem Rund-
gang ihre Stärke und Geistesgegenwart nachgaben,
worauf der Polizei-Vorsteher herantrat und aufs neue
und bis zum letzten Augenblick versuchte, sie von ihrem
verhängnissvollen Entschluss abzubringen; aber sie, an
der Schwelle eines grauenvollen Todes, in der letzten
Stunde ihres dahinschwindenden Lebens, Yâma's Ver-
hängnissfackel vor Augen, erstieg ruhig den Scheiterhaufen und legte sich ihrem Gemahl zur Seite, die eine

Hand unter sein Haupt, die andere auf seine Brust gelegt, und man hörte sie noch mit halb erloschener Stimme
‚Hari, Hari!‘ anrufen — als sie fast augenblicklich über-
deckt oder vielmehr begraben lag unter trockenem Holz,
während einige starke Männer den Holzstoss mit den
Bambusstangen niederdrückten und hielten, der alsbald
an allen Seiten in wilden Brand gerathen war. Ein
mächtiger Schrei der Bewegung erscholl aus der Menge,
bis der todte und der lebende Körper beide in eine
Handvoll Staub und Asche verwandelt waren. Als die
tragische Scene beendigt und die Aufregung des Augen-
blicks vorüber war, begannen Männer und Weiber rings
zu weinen und zu schluchzen, während noch Beifallrufen
und Gestöhne der Menge die Luft erfüllte.“

Werfen wir einen mitleidigen Schleier über die un-
absehbare Reihe solcher und ähnlicher Scenen aus' dem
alten und mittelalterlichen Indien! Aber nicht, ohne vorher aus jenen schaurigen Bildern die Züge unbesieglicher
Willenskraft, einer idealistischen Beherrschtheit ohnegleichen dem Bilde der indischen Frau mit schuldiger
Ehrfurcht einverleibt zu haben. In der That ist die
Möglichkeit und die nicht seltene Wirklichkeit eines
solchen Lebensausganges für die Inderin der hochtragi-
sche Grundton ihres uns bisher nur von seinen anmuthigen
Seiten bekannt gewordenen Wesens, eine dunkle, ernste,
mächtig ergreifende Folie ihrer sonst so lichten, freundlichen Erscheinung. Zum heiteren Spiel ihrer lebendigen
Kräfte die dunklen, tragischen Mächte ihres Busens:
das gibt nun erst ihr ganzes, volles Bild.

Mit dem Wittwentod tritt die indische Frau eigent-

Haberl., G.   17

lich schon ausserhalb des Rahmens der Familie, innerhalb dessen ihre Erscheinung sich zumeist hält und wir
sie bisher betrachtet haben. In diesen, die Menge
mächtig aufregenden und ihr religiöses Gewissen befrie-
digenden Dramen, in welchen die sich opfernde Frau einer
öffentlichen Pflicht Genüge leistet, liegt ihr schmerzen-
voller Antheil an der öffentlichen Religiosität des Volkes,
der in Indien allseits die wahnwitzigsten Opfer gebracht
wurden. So können wir von hier passend den Uebergang
nehmen zu der Bedeutung der indischen Frau im Culturleben der Nation, nachdem wir ihr allgemeines Naturell
und ihre Eigenthümlichkeiten als Familienwesen betrachtet haben. Von der Abschliessung der Frauen
gegen die Aussenwelt, wie sie die spätere indische Sitte
beliebt hat, war doch im alten Indien nicht die Rede;
die Frauen nahmen an dem geistigen und öffentlichen
Leben des Volkes ihren Antheil, sie gehörten zur Oef-
fentlichkeit, aus der sie später auch ihrer Erscheinung
nach fast verschwanden, als ein bedeutsamer, farben-
gebender, mithandelnder Theil. Sie gehen in den Lust-
hainen spazieren, wo sie denn die öffentliche Geselligkeit
wie anderswo durch ihre Gegenwart erst beleben; sie
sind die Zierde aller Feste, die da gefeiert werden; sie
besuchen das Theater, von dem aus ihre talentirten Ver-
treterinnen in den fast immer dominirenden weiblichen
Rollen auf das Publicum und seinen Geschmack wirken.
Aber noch mehr. Die indische Frau hat nicht nur Sinn
und Geschmack für die schönen Künste, mit denen der
Inder sein Leben schmückte, sie hat auch productives
Talent in denselben gezeigt, und die altindische Literatur-

geschichte weist nicht wenige Namen indischer Dichter-
frauen, welche Götterhymnen gesungen und lyrische
Poeme um die Wette mit den berühmtesten Pandits ge-
dichtet, auf. Noch heute bezeugt der orthodoxe Hindu
bei seiner Morgenandacht in alten Anrufungsformeln einer
ganzen Klasse alter Lehrerinnen und Dichterinnen seine
Verehrung. Aber nicht nur in den von Männern geschaffenen künstlerischen Formen bewegte sich ihr Talent,
sie wurde auch die Schöpferin einer eigenthümlichen
indischen Kunstform, des melodramatischen Auftrittes,
in welchem die Darstellerin Dichterin, Sängerin und Tän-
zerin in einer Person ist, eine Production, welche sich
unter dem kunstsinnigen Publicum Indiens, da sie meist
durch berühmte Virtuosinnen vertreten war, grosser Beliebtheit erfreute und in die so berühmten Bajaderen-
künste des neueren Indiens ausmündete.

Neben der künstlerischen Ader war es aber auch die
religiöse und philosophische, welche die indische Frau
mit dem öffentlichen Geist Indiens innig verknüpfte und
sie an seinen Gedankenkämpfen und intellectuellen Bewegungen ihren Antheil nehmen liess. Seltsam, dass die
indische Frau hier sogar auf einem Gebiete erscheint,
von dem Frauensinn sich sonst absolut fern gehalten hat.
Der grosse Philosoph Yâjnavalkja hatte zwei Gattinnen,
Maitreyî und Kâtyayanî heisst es; von ihnen war Maitreyî der Rede vom Brahman kundig, Kâtyayanî hingegen wusste nur, was die Weiber wissen. Mit der
ersten Gattin pflegt der Weise tiefsinnige philosophische
Gespräche; und so sind überhaupt die Philosophenfrauen,
welche ihren philosophirenden Gatten in gedankenreichen

17*

Dialogen weise Rede und Antwort stehen, in den Upanishaden, diesem gehaltvollsten Niederschlage indischen
Denkens, fast eine stehende Figur zu nennen. Ebenso
bemächtigen sich die Frauen der religiösen Formen und
Einrichtungen, welche die innere religiöse Entwicklung
Indiens begleiten und nach aussen darstellen, zum Zeichen,
dass sie auch hier ein integrirender Theil des Ganzen
sind. Mit den Männern verlassen Frauen und Jungfrauen
das Haus, um einsam im Walde dem Heil nachzustreben.
Weise Frauen erscheinen überall neben dem bunten
Volke der männlichen Propheten, und sowie der Buddhismus seinen Mönchsorden als eine Institution, durch gegenseitige Disciplinirung zum Rechten zu gelangen, geschaffen
hat, treten auch die Frauen an Buddha heran, mit der
Bitte, sie unter einem Nonnenverbande in seine Gemeinde
aufzunehmen, und der Meister gewährt es, obwohl wider-
strebend. Die indischen Frauen sind es, von denen die
grandiose Wohlthätigkeit, die dem buddhistischen Orden
auf Schritt und Tritt in den ersten Jahrhunderten seines
Bestehens entgegenkam, zum grossen Theile ausging.
Mit unerschöpflichem frommen Eifer und ebenso uner-
schöpflichen Mitteln sehen wir sie beschäftigt, an den
praktischen Aufgaben, welche die junge Gemeinde der
frommen Werkthätigkeit stellte, gebend, wirkend und
dienend mitzuarbeiten nach dem Muster der trefflichen
Matrone Vishâkâ, einer reichen Bürgersfrau zu Çravastî,
der Mutter vieler blühender Kinder und Grossmutter
zahlloser Enkel, welche die ersten grossartigen Wohl-
thätigkeitsanstalten getroffen haben soll, um die Jünger
Buddha's mit den wichtigsten Lebensbedürfnissen zu ver-

sehen. Die indische Weiblichkeit ist es endlich, welche wir als die Trägerin des in Indien so weit getriebenen Almosenwesens gegen Mensch und Thier ansprechen dürfen. Das Dasein einer so zahlreichen und markanten Volksklasse wie die der religiösen Bettler ist das Werk ihres mildthätigen Sinnes, verbunden mit ihrer sorgsamen Wirthschaftlichkeit, die nichts verkommen lässt: und ebenso dürfen wir die im indischen Leben so auffallenden zahlreichen Einrichtungen der Thierfreundlichkeit, das Futterstreuen allüberall, die Schonung und Duldung der zahmen heiligen Thiere in Haus und Stadt auf ihre Fürsprache, ihr Walten zurückführen. Nur von einem Kreise menschlicher Thätigkeit hat sich das indische Weib immer fern gehalten, und fehlt ihr gänzlich der Sinn, sich darin zu bethätigen: von der Politik, dem Drängen und Treiben um die weltliche Gewalt, und wir dürfen es ihr gewiss zum Lobe anrechnen, dass in ihrem Wesen jenes kategorische „Mulier taceat in ecclesia", das der Europäerin so oft und umsonst zugerufen werden musste, ganz eigentlich verkörpert scheint. Ihr Bild bleibt so immer frauenhaft, und der letzte Zug verknüpft sich mit dem ersten in der Harmonie einer einheitlichen, geschlossenen Frauenerscheinung, die dem blühenden Mangobaum gleicht, der zugleich in freundlichen Blüthen und lieblichen Früchten, Blätter, Blüthen und Früchte, Alles von demselben Dufte, steht.

Auch der verbissenste Weiberfeind, der es sei oder zu sein affectirt, kann nicht leugnen, dass die Frau wenigstens die Hälfte des menschlichen Geschlechtes ist, und dass so auch an ihr Bild überall zu erinnern ist, wo uns ein Bruchtheil der Menschheit in seiner Eigenart entgegentritt und interessant wird. Indien zumal ist nicht zu denken ohne seine weibliche Hälfte. Nicht als ob die indische Frau der Mittel- und Angelpunkt des männlichen Lebens und Strebens von Indien wäre; von Frauendienst, wie er anderswo wol zu Hause, ist der indische Mann fern, „denn", wie er sagt, „wer Frauendienst treibt, hat den Weg zum Grossen versperrt", aber sie ist doch sein Um und Auf in allen Stunden, wo er sich selbst gehört, wo er ruht und geniesst, seine seelische Heimat, wo er sich zu Hause fühlt, von der er dann dankbaren Sinnes spricht: „Wer keine Mutter im Hause hat, keine freundliche Gattin auch, der gehe in den Wald, denn einem Walde gleicht sein Haus!"

II. Skizzen und Aphorismen.

a. Zur Bildungsgeschichte.

1. *Das indische Bildungsideal.*

Daçakumâracaritam I. Capitel:

. . . „Als so der Kreis der Prinzen beisammen war, trieben sie Knabenspiele mit Schaukel und Steckenpferd, bis sie ins Alter kamen, die heiligen Weihen zu empfangen. Dann begann ihre Lernzeit. Die tüchtigsten Lehrer unterrichteten sie im Lesen und Schreiben aller Schriften, sie eigneten sich alle Landessprachen an, sie studirten emsig die Vedas und Vedângas und bekamen eine schöne Belesenheit in Epen, Schauspielen, Romanen, Novellen, Legenden und in den alten Märchen- und Heldenbüchern; auch in den ernsten Wissenschaften, wie Jurisprudenz, Grammatik, Astronomie, Logik und Metaphysik waren sie zu Hause; ferner lernten sie alle Instrumente spielen, vor Allem die Laute, übten sich in Melodramatik und Poetik; auch Juwelenzauber und Kräuterkunde und das andere magische Wissen blieb ihnen nicht fremd; sie wurden geschickt im Reiten von Rossen und Elephanten, hurtig im Gebrauche der verschiedenen Waffen, ja sie lernten, der Mensch kann ja Alles brauchen, selbst Gaunerkünste: Falschspiel und Diebesgeschicklichkeit . . . . ."

Da hätten wir denn das Bildungsideal der Inder, mit seinen Weitläufigkeiten und Auswüchsen, in nuce beisammen — im kleinen Rahmen eines Erziehungsberichtes. Wie der Inder den Schwall schon liebt, und in Übertreibungen nicht etwa verfällt, sondern heimisch ist, so tritt auch hier, naiv genug, der Studienbericht indischer Prinzen gleich als eine erschöpfende Übersicht der Universalbildung nach indischen Begriffen auf. Ist es überhaupt eine gewöhnliche Schnurre der indischen Erzähler, dass sie, anstatt ein Sträusschen zu binden, immer gleich einen ganzen Wald fällen und mit ihm dahergeschleppt kommen, — wir verdanken ihr wenigstens viel schätzbares Material. So auch hier. Wir ersehen aus unserer Stelle, was Alles überhaupt Gegenstand der Erziehung zu sein pflegte, wie neben der wissenschaftlichen Ausbildung auch die Pflege der schönen Künste und allerlei körperliche Fertigkeiten geübt werden mussten, um das Ideal

der adeligen Ausbildung zu verwirklichen. Da der Inder
überspannte Anforderungen oder doch wenigstens den
Schein derselben liebt, so fällt dabei freilich das Aus-
mass im Einzelnen ganz ungeheuerlich aus. So ist gleich
das Pensum der kindlichen Sprach- und Schreibstube
— alle Landessprachen und Schriftgattungen werden erlernt — derbe Charlatanerie: Indien hat kein geringeres
Sprachengewirr als unser polyglotter Continent, und was
die Schriftarten betrifft, noch weit grössere Mannichfaltigkeit. Bei den riesenhaften Verhältnissen der indischen
Literatur sodann ist die nachfolgende Schilderung der
literarisch-wissenschaftlichen Studien wol auch zum
grössten Theile nichts als Schwall: Prinzen — das ist
die Idee — sollen eben überall ein wenig beschlagen
sein. Der Veda, sechsmal so dick wie die Bibel, ein ganzer
Literaturkreis, Hymnisches, Rituelles, Legenden und
philosophische Conceptionen in den complicirtesten Verhältnissen befassend, ist das A und O des Unterrichtes;
dazu kommen die Vedângas d. h. die 6 Hilfswissen-
schaften zum Veda: Lautlehre, Grammatik, Etymologie,
Metrik, Ritual und Astronomie, also die gelehrten Grundlagen der Vedaweisheit. Zur profanen Literatur des
Dramas (wovon Kâlidâsa's Çakuntalâ nur der schöne
Morgenstern), der Romane, Novellen, Märchen etc. über-
leitend sind die grossen Epen, wie Mahâbhârata und
Râmâyana, sowie die purânas d. h. Weltchroniken mira-
kulösen Styls, genannt, Werke, welche den Indern im
vollsten Sinne das sind, was die homerischen Dichtungen
den Griechen bedeutet haben, — oder um einmal in
unsere Zeit zu blicken, wozu die Anhänger Richard

Wagner's die Schöpfungen dieses Componisten durch
künstliche Agitation erheben wollen, beiläufig gesagt,
als Leute, die den gestrigen Tag suchen: denn wir sind
allen Homeren für immer entwachsen. — Ein Mann von
Bildung sei also nicht nur in den heiligen Schriften,
sondern auch in der schönen Literatur zu Hause, er
habe Sinn für das, worin rasa, dichterische Empfindung
liegt; aber noch mehr: er sei auch wissenschaftlich nicht
überall Laie, vor Allem nicht in Grammatik, Jurisprudenz
und Philosophie, ernsthaften, ja difficilen Disciplinen,
die sämmtlich in uns ungewohnter Weise in indischen
Lebensverhältnissen und -Formen wurzeln und Bedeutung
finden. Die Grammatik, durch den Gebrauch des so
künstlichen, grammatisch geregelten Sanskrit als Umgangs-
und erste Literatursprache, der Eckstein der indischen
Bildung, Jurisprudenz im weitesten Sinne als die Lehre
vom Rechten und Schicklichen, als Lebensklugheit im
indischen nicht bureaukratisch verwalteten Kastenstaat
eine Nothwendigkeit ersten Ranges; endlich die Philosophie für den skeptischen und aufgehellten indischen
Geist ein nie gestilltes Bedürfniss. Von dem Ernst solcher Beschäftigung gibt es aber auch für den Inder
eine Flucht ins heitere Reich der Kunst, besonders der
herzbewegenden Kunst der Töne. Lautenspiel und Gesang schmücken seine Geselligkeit, rauschende Instru-
mentalmusik begleitet seine Feste. Die Vînâ, eine indische Guitarre mit zwei resonirenden hohlen Kürbissen,
ist das nationale Lieblingsinstrument; jeder spielt sie,
wie die Mandolina in Spanien, und in der Hand des
Virtuosen liegt nur sie, während eine Menge andrer,

schon in hoher (ved.) Zeit bezeugter Instrumente, wie
Posaunen, Flöten, Serinda, eine Art Geige u. s. f. eine
ganze Capelle auf die Beine stellen. Daneben ist eine
Production, an der Gesang, Tanz und Mimik zugleich
betheiligt sind, ungemein populär: der sog. saṁgîta
(Melodramatik), meist erotischen, aber edlen Inhalts.
Doch stärker noch als die musikalische und schau-
spielerische ist die dichterische Ader in der indischen
Gesellschaft verbreitet, und eine Schulung ohnegleichen
hat darin eine Virtuosität hervorgebracht, dass Viele in
jedem Augenblick fliessend Verse zu extemporiren vermögen, Jedermann aber bei Musse seine Sanskritstrophe
völlig glatt herausbringt. In diesem Sinne wird das
Dichten in Indien wirklich erlernt. Daher eine Fülle
von Lehrbüchern der Poetik. Zu diesen vornehmsten
der Künste (Kalâ), deren der Inder nur 64 zählt, kommen
nun noch die vielen minorum gentium: allerlei dunkle,
wie Zauberei, Wahrsagen, Traumdeutung; Fertigkeiten,
als Reiten, Fahren, Schwimmen, Turnen, wie wir aus
Bâṇas Kâḍambarî I, 15, überrascht sehen, vgl. den reichen
Kaufmannssohn der buddhist. Legende, der in Folge
von „Turnkunststücken“ sich eine bedenkliche Krankheit (Darmverschlingung) zuzieht, (Kern, Der Buddhismus I, 167), Waffenübungen u. s. f., endlich noch mit
einem starken Stich ins Faule, anrüchige Disciplinen,
wie Falschspielerei, Diebshandwerk und dgl. m., die, nach
indischer Art systematisirt, eine unbeabsichtigte, aber
starke Satire auf die landesübliche Tractätlein-Manie
sind.

2. *Sprüchwörtliches.*

In indischer Poesie begegnen wir manchmal der eigenthümlichen proverbiellen Wendung, wo von einem zufällig Planvollen die Rede ist: „in der Weise der Holz-
wurmschrift" (ghuṇâksharanyâyena). Die bekannte seltsame Aehnlichkeit der Bohrgänge des Borkenkäfers mit
Schriftcharakteren (besonders den eckigen, krausen indischen), welche dem Insekt auch unter uns den Namen
„Buchdrucker" (Bostrichus typographicus) eingebracht
hat, ist dem Inder für ein Schaffen, das eigentlich blind
und planlos, scheinbar Planvolles zustande bringt, sinn-
bildlich geworden und als geflügeltes Wort in seinen
Sprachschatz übergegangen. So intim ist uns die Sache
nicht geworden; ein indisches Schriftblatt, aus Rinde
oder Holzstreifen bestehend, in welche der Schriftzug ein-
geritzt wird, nähert sich aber auch in ganz anderem
Masse einem Ghuṇâkshara-Stücke, als unsere blanken
Blätter.

3. *Indische Namen.*

Ueber die indische Namenbildung wäre ein interessantes
Capitel zu schreiben, das namentlich für die religiösen
Verhältnisse Indiens von hohem Interesse sein würde.
Denn mehr als jedes Volk haben die Inder die Namen
ihrer zahlreichen Götter in den Benennungen ihrer selbst
und ihrer Kinder verbraucht — mit regelmässigen An-
klängen zwischen Vater und Sohn — gewöhnlich in Verbindung mit einem Element, das gleichsam die Person

unter den Schutz und Clientel der betreffenden Gottheit
stellt, wie z. B. Vishṇuçarma: „Dessen Schutz Vishṇu
ist oder sein möge", Kâlidâsa: „Knecht der Kâli" u. s. w.
Bei der Leichtigkeit des Sanskrit, neue Wortbildungen
hervorzubringen, ist so jede religiöse Bewegung in den
Familien an den Namen mit grosser Durchsichtigkeit zu
beobachten. Selbstverständlich haben dann aber auch
noch rechtliche und ethische Momente auf die Namen-
gebung gewirkt; ein Volk legt gleichsam sein Ideal in
den Namen, die es seinen Kindern gibt, nieder; man
findet in diesem Mosaik vielleicht richtiger die wahren
Züge des Volksgeistes als in mancher hochberühmten
Nationaldichtung. Etwas höchst Eigenthümliches ist aber
noch bei den indischen Namen zu beobachten, was aus
der höchst flüssigen, beweglichen Art des Sprachgutes
hervorgeht: das Eindringen der Synonymik selbst bis in
die Namen, diese festesten erstarrten Wortkörper, welche
bei uns aus guten Gründen mit zähem Conservatismus
sogar äusserliche Eigenthümlichkeiten, orthographische
Eigenheiten und Schrullen, veraltete Sprachformen u. dgl.
festhalten. In indischen Namen dagegen ist es ganz gewöhnlich, dass ein oder das andere Glied der Zusammensetzung mit einem Synonym vertauscht wird z. B.
Kshemendra (das ist Ksema-indra „Fürst der Erde") für
Kshemîshvara, was dasselbe bedeutet, oder statt Khaṇa-
bhûti: Khaṇabhudsch, und so oftmals. Der nächste und
häufigste Grund dieser Flüssigkeit der Namen und ihrer
synonymischen Umgestaltung ist ein metrischer; in Indien,
wo fast Alles in Versen und Metren dargeboten wird, begegnet die Nothwendigkeit, Namen unterzubringen, natur-

gemäss oft grossen Schwierigkeiten, welchen dann, bei
der erwähnten Flüssigkeit des ganzen Sprachguts und
bei der ungeheuren Leichtigkeit des Sanskrit in der
Wortzusammensetzung, in der angegebenen Weise abge-
holfen wird. Dass sich daraus im literarischen Verkehr
sogar eine Art Usus, „Spitznamen" zu geben, herausge-
bildet hat, wie wir von den Commentatoren erfahren,
liegt nahe, und wird bei dem intimen, mehr esoterischen
Charakter der indischen Publicistik nicht Wunder nehmen,
wogegen sie als Aeusserung einer gewissen satirischen
Neigung — da die satirische Ader der Inder sonst sehr
spröde ist — interessant und bemerkenswerth scheint.
Die schlimme Kehrseite dieser Eigenthümlichkeit aber
ist die Unsicherheit und Verwirrung, welche dadurch
leicht in die indische Literaturgeschichte kommt, wie
das unschwer einzusehen ist. Aber Rücksicht auf Alles,
was irgend mit geschichtlicher Fixirung und Genauig-
keit zusammenhängt, was dieselbe begünstigt und er-
leichtert, ist eben kein indischer Zug.

—

4. *Astrologisches.*

An welchem Tage, zu welcher Stunde, bei welchem
Stand der Gestirne, — das waren Fragen, welche den
vorsichtig-ängstlichen Hindu bei allen seinen Begehungen
angelegentlich beschäftigten. Ueberall ist ja der Wahn
zu Hause, es gebe gewisse Tage, an denen etwas zu
beginnen bedenklich sei, dies nefasti; — man nimmt auch
Omina und Portenta, wenn sie sich in bedeutenden

Augenblicken einstellen, nicht immer als ein ungläubiger Thomas hin; aber von dieser gewöhnlich das Eingeständniss scheuenden, im Einzelnen auch nicht ganz sicheren Stufe bis zur pedantisch ausgeführten, im indischen Leben entwickelten Form, dass Alles seine gewisse, von aussen bestimmte, durch die Conjunctur der Sterne, die Harmonie bedeutsamer - Daten (Geburts-, Alterszahlen und dgl.) festgesetzte Zeit und Stunde habe, ist doch noch ein weiter Weg. Aber er lag völlig auf der schiefen Bahn, auf der die indische Denkentwicklung überhaupt immer rettungsloser ins Bodenlose, ins Nebelreich des Imaginären und Fictiven gerieth und von der nüchternen Realität sich entfernte. So kam es, dass der Inder die rechte Zeit zu allen seinen Handlungen nicht rein aus ihren eigenen Momenten bestimmte, sondern, wie besessen, einen völlig imaginären Einfluss in erster Linie berücksichtigte, den des Himmels, der Constellation der Gestirne. Insbesondere bei weiter ausgreifenden Unternehmungen, wie Eheschliessungen, Reisen, Adoptionen, Unterrichtsbeginn u. dgl. m. war es unumgänglich geboten, sich zu versichern, dass die Stunde eine günstige, sumuhûrta sei, daher die Kunst des Horoskopstellens in Indien auch im elendsten Dorfe ihren Adepten hat und nährt. In Verbindung damit pflegte man auf die Conjunction der Gestirne bei Geburten zu achten, woraus sich ein eigener Zweig der Astrologie entwickelte, der immerhin eine gewisse Poesie einschliesst (vgl. Goethe, Wahrheit und Dichtung p. 1). Es versteht sich übrigens, dass der astrologische Unsinn in Indien mit gewohnter Gründlichkeit breitgetreten, in ein System gebracht und literarisch tradirt worden ist: welches Futter für das indische Combinations- und Rangirungsbedürfniss!

---

5. *Schatzgräberkünste.*

Hebung verborgener Schätze durch allerlei Zauber ist ein so allgemein begegnender Zug im Aberglauben der Völker, dass nur einige Specialitäten besonderer Art hier zu besprechen sind. Eigenthümlich und wie ein Reflex oder Niederschlag der Kunde von factischen Ausgrabungen und Schätzefunden auf Ruinenstädten in die magische Vorstellungswelt hinein ist der Zug, dass Schätze auf dem Boden alter zerstörter Städte zu heben sind. Nicht minder wie eine Vorschrift ex factis gibt sich die Regel, dass die günstigen Stellen meist unter Bäumen lägen: man vergräbt in Wirklichkeit eben Kostbarkeiten am häufigsten an diesen Orten. Merkwürdig ist dabei der Glaube, dass solche Bäume durch allerlei Zeichen dem Eingeweihten das Geheimniss anzeigen; es gehört das zu den magischen Wirkungen des verborgenen Geldes, wie der Zug, dass Mäuse, Ratten u. s. w. davon übernatürliche Kräfte und Behendigkeit erlangen (Pancatantra II, 1. Erz.), so dass sie sogar gegen ihre Natur springen; oder wie die verwandte Vorstellung, dass die Stimme des Raben auf den Bäumen, unter denen Gold vergraben liegt, schön und lieblich werde (Dsanglun, S. 342). Andererseits hat man neben diesen und ähnlichen spontanen Indicien auch eigene „Wünschelruthen", d. h.

magische Dinge, um Schätze selbstthätig auszuspüren,
so gewisse Zauberdochte, die von selbst aus der Hand zu
Boden fallen, wenn irgendwo Gold verborgen ist und
manches Andere mehr. Von der düsteren Phantastik der
Schatzgräberei unserer Sagen ist in Indien meist nicht
viel zu spüren; selten ist ein so abenteuerliches Pro-
gramm vorher auszuführen, wie es z. B. der Goethe'sche
„Schatzgräber" zu vollziehen hat; selten auch jener
strenge sittliche Geist, der das Eitle der Schatzgräberei
in den Sagen selbst, im gewöhnlichen Misslingen des
Unternehmens, häufiger empfindlicher Bestrafung des
Goldgierigen humoristisch oder bitter-ernsthaft geisselt.
Doch ist es wieder nicht öder, poesieloser Mammonssinn,
der sich im indischen Schatzgräberthum ausspricht. Das
indische Volk gleicht mit seinem phantastischen Begehren
nach arbeitslos gefundenem Golde dem trägen, sinnenden Hirtenknaben, der ohne Arg von versunkenen
Schätzen in seinen Bergen und Höhlen träumt.

---

6. Märchendinge.

In indischen Legenden und Märchen lesen wir nicht
selten von einem Hunger und Durst vertreibenden Edelstein, welcher an die magisch wirkenden Wunderdinge
unserer Märchen erinnern kann. Er ist nur eins von
den vielen zauberhaften Dingen, welche von Indien aus
in die Märchenpoesie der ganzen Welt eingedrungen
sind und es der erfindenden Phantasie so leicht machen,
eine Erzählung mit Wunderbarem ganz zu erfüllen. Auf

Haberl., G.   18

dem indischen Märchenboden wachsen sie alle, dichtge-
häuft, eins über das andere empor. Wir finden dort die
Urformen der Zauberdrehringe unserer Märchen in den
Wunschsteinen (cintâmani), welche Alles herbeischaffen,
was man sich denkt; die Urbilder unserer Schlangen-
krönlein in den berühmten Schlangenjuwelen (nâgaratna,
phanimani, çiroratna), da nach altem indischen Glauben
bejahrte Schlangen („Schlangenkönige", wie die Inder
sagen) Edelsteine von unschätzbarem Werth und magischer
Kraft in ihrem Kopfe haben. Die Ahnherren unserer
Siebenmeilenstiefeln erkennen wir in den magischen
Sandalen (yogapâduka) der indischen Märchen, welche
mit Windeseile durch die Lüfte tragen; das Tischlein-
deck-dich ist eine artige Verwandlung der indischen
Zauberschale, die sich immer aufs neue mit köstlichen
Speisen füllt. Der magische Spiegel, in dem Faust vor-
schauend Gretchen und Helenen erblickt, liegt in der
Hand jedes indischen Gauklers, um Vergangenheit und
Zukunft zu zeigen. Die Zaubersalbe, die unsichtbar
macht oder andere verblendet, der Zauberstab, durch
den geschieht, was man mit ihm schreibt, das magische
Schwert, die Zaubertrommel, deren Schall Armeen aus
dem Boden lockt u. s. w., sie sind alle unstreitbar Er-
findungen der indischen Phantasie, welche sich mittels
der zu Tage liegenden Kanäle von Uebersetzungen, des
literarischen Verkehrs überhaupt, und der zahlreichen
verborgenen der mündlichen Ueberlieferung, im Gefolge
des Handels, endlich auch besonders durch die Erzählungen der aus dem Orient heimkehrenden Kreuzfahrer
und Pilger im Abendlande eingebürgert haben. In

Indien treten sie aber nicht etwa allein als schlichte Märchenelemente hervor, wie bei uns fast durchweg: sie sind dort Objecte einer eifrig geübten Zauberkunst, einer magischen Literatur und, wie es scheint, die eifrig ausgebeutete Unterlage zu Prellereien der gläubigen Einfalt — wie etwa im christlichen Mittelalter Aehnliches vorgekommen ist.

7. *Eine Dichterschrulle.*

„Das Meisterwerk Prajâpati's, des Schöpfers" nennen die indischen Dichter das Weib, wie die unsern, und dagegen wäre nun ja nichts einzuwenden, wenn sie nicht die sonderbare Schrulle hätten, bei ihren Schilderungen weiblicher Schönheit diesen Gedanken praktisch auszuführen, als wären sie dabei gewesen und hätten Prajâpati bei seiner Arbeit auf die Finger gesehen, wie einem Künstler, der sauber niedliche Porzellanfigürchen formt. Prajâpati: „der Herr der Wesen", ist in den alten Kosmogonien der Gott, der vor allen Göttern und allen Wesen war, der Weltenschöpfer (dhâtṛ shaṣṭṛ), der (Aitareya-Brâhmaṇa 5, 32) im Anfang allein war und begehrte: „möge ich zur Vielheit werden, möge ich Geschöpfe zeugen", worauf in heisser Schaffensmühe die Welt, sammt Göttern und Menschen, aus ihm hervorging. Wie die Inder der späteren Zeit fast alle ihre sinnigen und schönen Gedanken und Bilder späterhin spielend vertrödeln und verwitzeln, so auch diese nicht verdienstlose naiv-philosophische Conception: er wird, wie

18*

gesagt, zu einer Art Puppenschnitzer, der sich, wenn
den Dichtern zu glauben ist, besonders mit schönen
jungen Mädchenkörpern befasst. So lässt in einer Novelle des Daçakumâracaritam der Poet einen durch den
Anblick einer Mädchenschönheit betroffenen Jüngling in
die Worte ausbrechen: „Wie, diese Gestalt sollte von
Prajâpati wie die andern Weiber geschaffen worden sein,
so planlos, so blind, wie der Holzwurm seine Schrift in
den Stamm bohrt? Nein, nein, sie ist sein Meisterwerk,
denn wäre es ihm ein Spiel, solche Schöpfungen zu
bilden, warum macht er die andern Mädchen nicht auch
so schön wie dieses? ...." Noch drolliger und seltsamer ist ein solcher Schöpfungsbericht gewendet in dem
Schauspiel Ratnavalî, wo der König in einem Couplet
erzählt, Prajâpati habe, als ihm die holdselige Sâgarikâ
zu bilden gelungen, vor freudigem Erstaunen mit seinen
vier Häuptern gewackelt und aus allen vier Mundöff-
nungen sich bravo! bravo! zugerufen. Ganz aberwitzig
dünkt es uns aber, wenn in Bâṇa's Kâdambarî (I, p. 11,
ed. Peterson) König Çûdraka angesichts der frischen, un-
berührten Schönheit einer Tschaṇḍâlajungfrau meint,
Prajâpati habe sich eben, als er sie bildete, gescheut,
die werdende Gestalt zu berühren (aus Furcht, sich an
der Tschandalin [tiefste Kaste!] zu verunreinigen): „denn
an Gliedern, die von der berührenden Bildnerhand ge-
streift, abgegriffen worden, könnte solch frischer Glanz
nicht hängen!" Der Inder ruht nicht eher, als bis er eine
Sache ins Absurde getrieben.

8. *Bildersprache.*

Die Sprache der Orientalen, und speciell auch der alten Inder, ist ganz durchsetzt von der kindlichsten und zugleich kühnsten Bildlichkeit. Diesen bildlich denkenden Völkern fällt sozusagen bei Allem Alles ein. Sie scheuen sich nicht das materiellste Sinnliche mit dem sublimsten Geistigen zusammenzubringen, wofern es nur in irgend einem Punkte, den sie gerade ins Auge fassen, angeht. Erträglich ist dies noch, wenn Gefühl und Witz den Blick des Gleichnisserfinders leitet, was bei indischen Autoren vorkommt, eine wahre Quälerei aber, wenn schlechtweg nur darauf los verglichen wird. Ein Beispiel für den ersten Fall, wo das Paradoxe durch ein durchschlagendes sinniges Gefühl gemildert erscheint, ist das folgende. Wo die indische Poesie den Gedanken zum Ausdruck bringen will, dass eine Alles überragende Macht uns überall sicher zu finden weiss (das Thema des hebräischen Psalms: „Und flöge ich auf den Flügeln der Morgenröthe . . . ." mit seinem declamatorischen Pathos), sagt sie: „Wenn man die Mutter auch unter viele Kühe versteckt, das Kalb sucht und findet sie doch; so auch u. s. w." Nun, dergleichen könnte man wol nie genug haben. Und wie witzig die Inder im Gleichniss sein können, zeigt der Spottvers (ein Epigramm aus der Subhâshitâvalî des Vallabhadeva 2300): „In Angst vor dem Löwen Grammatik, wo sollten die Rehe: Barbarismen umstreifen, gäbe es nicht das Dickicht des Mundes von Erziehern, Schauspielern, Astronomen, Aerzten oder Vedakundigen?" Dagegen geschmacklos: „Sie schlang die

Liane ihres Arms als Kranz um seinen Nacken" — und vollends entsetzlich: „Da sah er die geliebte Bhadrâ als eine reife, lange nach dem Wege der Erwarteten hingewandte erquickende Frucht von dem Baume seines ausdauernden Muthes . . . ." So steht hier ungleichwerthiges Gut massenhaft durcheinander und statt des ruhigen leichten Einströmens von Gedanken aus dem Text in unsern Kopf — ein fortwährender Augen- und Verstandeskitzel.

Hierher gehört auch die Bemerkung, wie kühn und nach unserm Urtheil oft geschmacklos die Inder in ihren Apostrophen an Personen sind. Wir gebrauchen da gern allgemeinere Wörter oder uranische Bilder („Sonne, Stern, Mondlicht, Himmel" etc.), anstatt deren der Inder am liebsten ein recht specielles und irdisches zur Verstärkung der Drastik setzt. Wir wollen gar nicht reden von den hochtönenden Anrufen: „O Elephant", „o Stier" u. dgl. m., die sich so häufig an hohe Persönlichkeiten gerichtet finden, aber recht charakteristisch ist es z. B., wenn die Mutter ihr Kind zärtlich: „O du mein Stirnjuwel" anredet, wo wir uns höchstens ein allgemeines Wort wie: „mein Schmuck", „meine Zier" verstatten würden. Man ahnt, was die Rede hierdurch für ein buntschillerndes Gewand erhält.

9. *Liebesschilderung.*

Daçakumâracaritam Cap. 5:

„ . . . Daheim erst, da die Schmerzen der Trennung kamen, fühlte sie so recht die Wunden der Pfeile des Liebesgottes, so oft ihr die Freundin von dem Geliebten

erzählte, und sie sich seiner Worte erinnerte. Alle
Nahrung wies sie von sich, jede Beschäftigung verdross
sie, und schmachtend, abgezehrt wie die schwindende
Mondessichel lag sie allein in ihrem Lusthause, eine
schlanke Liane, hingegossen auf ein schwellendes Blüthen-
und Knospenlager, das mit kühlendem Sandelwasser besprengt war. In diesem leidvollen Zustand vermochten
die betrübten Freundinnen ihre jugendliche Herrin nicht
länger anzusehen und bereiteten ihr Mittel, die innere
Gluth von ihr zu nehmen. Sie besprengten sie mit von
Sandel und kühlendem Kampfer duftendem Wasser aus
goldenen Krügen, hüllten sie in luftige Gewänder, aus
zarten Lotusfasern gewebt, und wehten ihr mit breiten
Fächern, grossen Wasserlilienblättern, kühlende Lüfte
zu. Aber wie kühles Wasser auf siedendes Oel ge-
gossen, all das Erfrischen und Kühlen machte gerade ihre
Fiebergluth erst offenbar. Die Arme, die Unselige ver-
zweifelte daran, was sie beginnen sollte. Schmachtend
senkte sie das Köpfchen, mit kaum offenen, thränen-
feuchten Augen warf sie unruhige Seitenblicke auf die
Freundin, ..." u. s. w.

Diese Scene, ein kleiner Beitrag zur Pathologie der
Liebe, ist ein stereotypes Prunkstück der indischen
Erotik, welches immer mehr an Weichlichkeit und
fader Ueberschwänglichkeit gewinnt, je öfter solche
Schilderungen in der Literatur schon gemacht worden.
Von der anmuthsvollen Darstellung liebender Versunken-
heit in Nal und Damayanti (2, 1—4):

> „Damayanti nach diesem Wort
> Des geflügelten Boten dort

War bei sich selber nicht weiter,
Sondern bei Nala dem Streiter.
In Sinnen und Staunen versunken,
Wankend und schwankend wie trunken;
Bald das Auge gewandt nach oben,
Ihre Brust von Seufzern gehoben,
Bald das Antlitz gesenkt zu Boden,
Mit von Schluchzen behemmtem Odem;
Die Wangen wechselnd roth und blass,
Die Lippen trocken, die Augen nass,
Ihre Gedanken zerstreut wie ihr Haar,
Ach, ach, seufzte sie immerdar . . . ."

bis zum poetischen Krankenstubenbericht der. Kunst-
dichter vom Schlage Daṇḍin's oder Bâṇa's trägt Alles
dergleichen wesentlich eine Farbe: kein Rosaroth
ätherischer Empfindung, sondern den kräftigen Fleisch-
ton sinnlicher Erregung. Nicht dass hier der Leidenschaft die psychische Seite gänzlich fehlen würde; der
Inder weiss wohl, dass die Liebe „manasija“: „im Gemüthe geboren“ ist, und entwickelt, zumal in der Spruch-
poesie, eine erstaunliche Feinfühligkeit in der Analyse
der seelischen Bewegung; aber er verweilt schildernd
mit Vorliebe bei ihrer physiognomischen Seite. Die indische Liebe, wie sie uns in der eigentlichen Poesie,
deren erstes Thema sie ist, entgegentritt, gibt sich als
ein Brand, der den Leib entflammt, ein acutes Fieber
mit bestimmten Symptomen; keineswegs als die Schöpferin
eines reichaufquellenden, vertieften Empfindungslebens,
als die wir sie seit dem Werther verstehen und bei den
Dichtern suchen. Redet unsere Poesie von einer inneren,

verzehrenden Gluth, so misst der Inder förmlich die Er-
höhung der Hauttemperatur und applicirt alles Ernsts
kühlende Mittel; sprechen wir von Wonneschauern, die
das Innere durchbeben, so berichtet jener, wie sich ihm
alle Härchen des Körpers sträuben und in Entzückung
starren; schlägt und pocht uns das Herz, so zuckt dem
Inder das Auge oder der Arm, und der Schweiss bricht
ihm aus allen Poren. Wir gehen nicht weiter und bemerken nur noch, dass der wundersam schematisirende
und rubricirende Geist dieses Volkes selbst über diese
Liebeszeichen, über alle physiognomischen Merkmale
dieser Leidenschaft Buch geführt und mit der riesen-
haftesten, abgeschmacktesten Pedanterie zu steif-systema-
tischen Compendien, dem sog. Kâma-Çâstra, verarbeitet
hat, von deren Geist eine kleine Probe: „Das Gesicht
oberhalb der Oberlippe bis zum Auge ist der passende
Ort zum Küssen, Beissen und Kratzen" eine Vorstellung
geben mag.

10. *Zwei Fabulirbücher.*

Eine allseitig originell und reich entwickelte Literatur,
welche nach den verschiedensten Richtungen des geistigen
Schaffens anregend wirken konnte, ist die altindische
Literatur vor Allem durch eine Seite der Production —
keineswegs ihre bedeutendste — für die Literaturen fast
sämmtlicher Völker Europas und Asiens von grösster Bedeutung, von massgebendem Einflusse gewesen: das ist
nämlich durch ihre Märchen-, Fabel- und Schwankpro-
duction. Das bussfertigste Volk der Welt war zugleich

das unterhaltungssüchtigste und Lust und Talent des
Fabulirens seine eigenste Gabe. Eine Menge eigenartiger
Formen, von der elementaren Thierfabel mit nüchtern-
didaktischer Grundlage bis zum raffinirten Thierschwank,
dessen didaktische Spitze unter dem Laubwerk prickeln-
der Frivolität ganz verhüllt scheint, vom sinnig-einfältigen
Märchen bis zur leichtgeschürzten Novellette, von der
knappen Anekdote bis zum satirischen Schwank dankt
jenem Triebe auf indischem Boden ihre Entstehung und
der beweglichen indischen Phantasie und Geistesfeinheit
ihre ausserordentliche Vollendung. Die Inder hätten nun
nicht Inder sein müssen — dieses lehrhafte, regelsüch-
tige, so sehr zur Reflexion geneigte Volk — wenn sie
den eigentlich ohne Reflexion, aus unmittelbarer Anschauung des Lebens entstandenen Conceptionen nicht
ihren didaktischen Gehalt und Werth abgeschaut und
demgemäss in ihrer literarischen Fixirung eine Form gegeben hätten, welche von jenem praktischen Gesichtspunkte beherrscht wurde. Dasselbe doctrinäre Wesen,
welches an den Anfang oder das Ende einer Erzählung,
Fabel u. dgl. m., wie sie in der Tradition existirte, ihren
abstracten Kern, den Apolog hinsetzte, streute auch in
den Fluss der Erzählung selbst aus der Fülle des indischen Sentenzenschatzes an passendem und unpassendem
Orte Weisheitssprüche ein; es reihte am Faden gewisser
einzuschärfender Wahrheiten eine ganze Zahl solcher
didaktisch gefärbter und zugespitzter Erzählungen auf
und gruppirte derlei Reihen zu grösseren lehrhaften
Ganzen: es entstanden solche durchaus aufs Didaktische
abgesehene Sammlungen und zugleich Ueberarbeitungen

des traditionellen Erzählungsschatzes, wie sie im berühmten Hitopadescha, „der freundlichen Unterweisung", oder dem noch berühmteren Pantschatantra, „den fünf Büchern", uns vorliegen.

Sowohl der Pantschatantra wie der auf diesem zum grössten Theile beruhende jüngere Hitopadescha geben sich äusserlich durch die einleitende Erzählung als ein „Fürstenspiegel"; doch ist dieser speciellere didaktische Zweck über den erwähnten allgemeinen, Lebensklugheit einzuprägen, hinaus in den Werken selbst kaum erkennbar. Im Rahmen verschiedener Haupterzählungen, deren Themata z. B. Entzweiung oder Erwerbung von Freunden, Handeln ohne Prüfung u. dgl. m., also Verhältnisse jedes Lebens sind, blüht eine bunte Menge von Geschichten auf, deren Thema das ganze menschliche Leben mit seinen Narrheiten und Eigenheiten, seinen überraschenden Fügungen und alltäglichen Vorfällen ist, bald mit menschlichen, bald mit thierischen Acteurs. Kein „novus Aesopus" aber und kein liebenswürdig-schlichter Lafontaine, die mit den einfachsten Mitteln eine ebenso einfache Wirkung bezwecken, darf hier erwartet werden. Die indischen Fabelbücher sind Kunstwerke von complicirter Organisation, von ausserordentlicher Mannichfaltigkeit der Formen und in ihrem Tenor nicht frei von Raffinement. Da ist nichts von jener holzschnittartigen Trockenheit der europäischen Conceptionen dieser Art zu finden, nichts von dem Kindertone unserer Hausmärchen — geistreich ersonnene und pikant vorgetragene Erzählungen werden hier, mit der Würze ganz prächtiger, fein zugespitzter Sinnsprüche reichlich versetzt

und in seltsamer Steigerung des Raffinements ineinander-
geschoben, nicht unähnlich den Sculpturen desselben
Volkes, in denen ja auch eine Gruppe von Figuren in
die andere hineinwächst. Es ist die Unterhaltung keiner
einfachen Geister, die in den zwei Büchern abgeschattet
ist; das geistige Niveau, auf welchem sie ihren Leser
aufnehmen, ist etwa das vieler unserer Gesellschaften, in
denen oft in Ermanglung eigenen Esprits die Unterhaltung eben in ähnlicher Zusammenwebung von Scherzen,
Schwänken und Kernsprüchen verläuft. Daher haben
jene Conceptionen, die dem Inhalt, dem Stoffe nach
längst in alle Literaturen der Welt übergegangen sind
und ein wahres Arsenal der Unterhaltungs-Literatur gespeist haben, durch ihre Form und ihren eigenartigen
Ton noch heute Reiz, sind nach einer Wirksamkeit ohnegleichen noch immer nicht abgenützt, noch kein altes
Eisen, sondern die alte treffsichere Waffe im Kampfe
gegen die die Menschheit im Osten und Westen be-
drohende Langweile.

b. Die Gesellschaft und ihre Moral betreffend.

---

11. *Indische Eremiten.*

Indien ist die Heimat des Eremitenthums, der classische Boden der Askese. Was im Christenthum nur als sanfte Mahnung, als abrupte Forderung auftrat („Liebet eure Feinde", Matth. 5, 44, „das Fleisch sammt den Lüsten und Begierden zu kreuzigen", Gal. 5, 24), das war in Indien ein geschlossenes, das Ganze des Lebens engumspannendes System von tief empfundenen Pflichten. Nie und nirgends ist „die Kreuzigung des Fleisches", ist eigenes Wehe so sehr zur Triebfeder menschlichen Handelns geworden, als im indischen Leben, wo jeder Brâhmaṇa, ja jeder Ârier im Alter seine Familie verlassen sollte, um als Einsiedler im Walde (vanaprâstha) immer härteren Kasteiungen obzuliegen, und gegen Ende seines Lebens, aller Erdenbande ledig, als Bettler (saṁnyâsin, bhikshu) nur noch zu s c h e i n e n, aber

eigentlich nicht mehr zu sein; wo Schaaren von Jüng-
lingen und kraftvollen Männern, lebenssatt, mitten im
Genusse des Daseins, oder ehe sie noch gelebt, Besitz
und Erdenglück dahinten liessen, um in strenger Entsagung und Abwendung von Allem, was dem natürlichen
Menschen freundlich und wünschenswerth scheint, einsam
der Erlösung nachzutrachten; wo endlich eine wahre
Bravour der Selbstpeinigung sich in abenteuerlichster
Weise entfaltete und selbst in dieser Verzerrung ein
Gegenstand höchster Bewunderung und Nacheiferung für
die Menge wurde. Das Verdienst der Askese war einmal in den Augen des indischen Volkes ein Alles über-
ragendes; man glaubte die Büsser im Besitz übermensch-
licher Fähigkeiten; man versprach sich Wunder wieviel
von ihrem Wohlwollen und Segen. So wurde der büssende
Einsiedler ein vielverehrter und vielbegehrter Mann,
dessen Rath und Hilfe das Volk weit und breit in Anspruch nahm. Die grosse Aehnlichkeit dieser seiner
Stellung mit der Bedeutung des christlichen Einsiedels,
des Bruder Klausners in Wirklichkeit und Poesie springt
in die Augen.

12. *Sonnen- und Mondkönige.*

Die ältesten und hervorragendsten Königsgeschlechter
im alten Indien heissen die Sonnen- und Monddynastie.
Von diesen abzustammen bedeutet für die indischen
Fürstenhäuser mindestens so viel, als für die römischen
Könige von Aeneas, für die griechischen Adelsgeschlechter
von Herakles oder Theseus oder König Kodros den Ur-

sprung zu haben, d. h. es ist das genealogische Ideal.
Fürsten als Sonnensöhne sind auch anderswo bekannt:
die peruanischen Inkakönige, die kaiserlichen Sonnensöhne Japans gehören zu derselben Reihe mit jenen indischen Sonnenkönigen, — aber Mondkönige? Fast
scheint da in mythologisch-genealogischer Maskirung ein
alter politischer und vielleicht auch religiöser Gegensatz
vorzuliegen. Die Könige der Sonne, jedenfalls die ältere
Dynastie, hatten ihre Reiche östlicher, am mittleren
Ganges, die Hauptstädte der Mondkönige standen im
Yamunâ-Gangesgebiet und waren das heutige Delhi im
Westen, Patna (Pâṭaliputra) im Osten. Die Mondlinie
ist aggressiv, eroberungslustig und -tüchtig; thatsächlich
verlieren zuletzt die Fürsten des Sonnengeschlechtes ihren
Thron, deren Unterthanen die Selbständigkeit an die
Mondkönige. In Namen und Vorstellung einer Mond-
dynastie für diese streitbaren Nachbarn des alten Sonnen-
geschlechtes wird man also wol einen genealogischen
Ausdruck jener Rivalität, wozu sich vielleicht noch ein
religiöser Gegensatz gesellte, erkennen dürfen. Die
Sonnendynastie ist nämlich mit dem Cultus Vishṇu's, des
Sonnen-Gottes, verknüpft; hingegen herrscht der Çivais-
mus im Gebiete des Mondgeschlechtes, und Çiva wird
ja vielfach mit dem Monde zusammengebracht (er trägt
einen Halbmond als Schmuck im Haar u. s. w.), eine
Verknüpfung, die selbst einen solchen Fall eifersüch-
telnder Pendantbildung darzustellen scheint, wie die
Nachbildung einer irdischen „Mondlinie“ nach einer
mythisch begründeten Sonnenlinie.

13. *Der Hausgeistliche.*

Wo immer Fürstenhäuser ihren Tag genossen, haben die geistlichen Männer im Hofstaat nicht gefehlt. Zum lustigen und üppigen Diesseits, zu Kämmerlingen und Schranzen, gesellte sich das Jenseits: der Pfaffe, um, wo es ging, offen oder versteckt Gewalt über dasselbe zu erhalten. In Indien, dem frömmsten Lande der Erde, ist dies den Vertretern der andern Welt ausgezeichnet gelungen. Schon in vedischer Zeit erscheint die Stellung des Hauspriesters (purohita) sehr solid fundamentirt, wenn es Rigv. IV, 50, 8 heisst: „Nur der König, vor welchem der Priester einhergeht (= purohita), wohnt wohlgerüstet in seinem Hause; ihm fügt sich die Erde zu allen Zeiten, ihm beugt sich das Volk von selbst." Selbstverständlich nistete sich das Geschlecht der Purohita zuerst an den Fürstenhäusern an, ehe sie in die Niederungen des privaten Lebens herabstiegen, denn Könige und Priester verstehen sich und arbeiten einander gern in die Hände: diese decken jener Herrschaft mit dem Schild überweltlicher Autorität, jene spenden Ehrenstellen und fette Pfründen. Die geistlichen Männer werden Hofcapläne, Gewissensräthe, Astrologen, Erzieher der Prinzen — kurzum Monopolisten des geistigen und geistlichen Lebens am Hofe. Meistens sind es menschenkundige, gelehrte Männer, Meister im Opferritual und in der Kunst, das Horoskop zu stellen, die den Vergleich mit den mittelalterlichen christlichen Hofcaplänen wol nicht scheuen dürften. Das Studium des Veda macht ihnen ihr Beruf zur Pflicht, und sie halten sich, wenigstens zum Theil, in der That an das Wort, dass ein Brahmane, der nichts gelernt, sei wie ein Elephant aus Holz oder ein Hirsch aus Leder. Natürlich fehlen auch solche nicht, die sich mit dem Schein der Vedaweisheit begnügen, und ausser ihren Ritualbüchern etwa einige 20 oder 30 Vedaabschnitte auswendig lernen, und ohne von ihrem Sinn eine Ahnung zu haben, in ihrem näselnd-singenden Ton doch mit grosser Gravität recitiren. Ihre Würde und ihr Einfluss ist erblich, ebenso wie die heilige Wissenschaft und die unheiligen Kniffe alle vom Vater auf den Sohn übergehen. In der Literatur spielen sie keine Rolle, höchstens findet sich ein Purohita hier und da als episodische Figur verwendet und dann mit grossem Respect behandelt, so z. B. der Hauspriester in Kâlidâsa's „Çakuntalâ".

---

14. *Brahmanenmord.*

Einen Brahmanen zu tödten, ist das schwerste Verbrechen, welches ein Hindu begehen kann, denn er tödtet einen Gott auf Erden. Durch die schwersten Androhungen im Diesseits und Jenseits hat sich diese führende Kaste ihr Leben gegen die andern Gesellschaftsklassen ausgiebig versichert, und einen Angriff auf das brahmanische Individuum zu einem Frevel gegen den ganzen Stand, gegen das Princip, dessen Verkörperung derselbe war, gestempelt. Wer einen Mordversuch auf einen Brahmanen machte, sagt das Gesetzbuch des Manu — der indische Pentateuch —, wird, je nachdem er in seinem Versuche weiter gekommen ist, 100 oder 1000

Jahre in der Hölle gepeinigt werden, dann aber in ein-
undzwanzig Geburten das Licht der Welt aus dem Bauche
eines gemeinen Thieres wieder erblicken· Wer gar das
Blut eines Brahmanen vergossen, wird ebenso viele Jahre,
als das Blut Staubkörner berührt hat, in der Hölle von
reissenden Thieren zerfleischt werden. Neben diesen
geistlichen Strafen aber leidet der Missethäter natürlich
die Strafe des Königs, welche an Härte und Furchtbar-
keit das weltliche Gegenstück zu jenen geistlichen Ver-
dammungen ist.

15. *Der Novize.*

Antevâsin: „Convictist", ist eine so gewöhnliche, wie
treffende Bezeichnung des brahmanischen Schülers oder
Studirenden, der etwas ganz Anderes war und anstrebte,
als der Frequentant einer Schule — von der niedersten
bis zur universitas litterarum — im modernen Leben.
Im alten Indien verlangte es nämlich die Sitte, dass
jeder Ârja seine Jugendzeit (nach Âpastambha Dharma-
sûtra 1, 1, 2, 16 wenigstens 12 Jahre) im Hause und in
der Zucht eines (später ausschliesslich) brahmanischen
Lehrers verbrachte, nicht so sehr um einen bestimmten
Lern- und Wissenstoff in sich aufzunehmen, als vielmehr
eine Uebungszeit fürs Leben, eine harte Schule sittlicher
Discipinirung durchzumachen. Uebung im Gehorsam
gegen den „guru" (wovon ganz ungeheuerliche Exempel
mitgetheilt werden, vgl. Mahâbhârata, Buch Paushya, 1,
3), in selbstleugnender Thätigkeit, wozu der Dienst im
Hause des Lehrers genug Gelegenheit bot, kurzum mo-

ralische Zucht, nicht Schulwissen war Ziel und Frucht
dieser Lehrzeit. Der Schüler (oder die Schüler, höchstens
4—5) verrichtete die Haus- und Feldarbeiten des „guru",
„des geistigen Vaters", und bediente das heilige Feuer;
er bettelte für den Lehrer die üblichen Liebesgaben zusammen, er that Alles, was ihm befohlen wurde. Was
derlei Beschäftigungen dem Schüler an freier Zeit übrig
liessen, wurde zum Studium des Veda verwendet. Nach
Beendigung dieser Lehrzeit trat der Schüler entweder
aus dem Lehrerhause und gründete eine Familie, oder
er verblieb über die gewöhnliche Zeit darin, nicht selten
selbst bis an sein Lebensende (naishṭika). Manche zogen
in den Wald und büssten als Einsiedler oder in Gemeinschaft mit Gesinnungsgenossen und Schülern, welche sich
an dem Beispiel eines Meisters zu stärken, zu erbauen
suchten.

16. *Entartete Brahmanen.*

Auch der „Stand der Philosophen", wie die Griechen
die Brahmanenkaste ehrend benannten, hat seine aus
der Art Geschlagenen, auch die Brahmanen erfüllen
nicht alle ihren Beruf. Sollte das Leben des brâhmaṇa
(Beter) nach den herrschenden Anschauungen und den
heiligen Schriften dem Studium der Vedaweisheit und
des Gesetzbuches, dem Dienste der Götter, der Lehre
und Büssung im Walde gewidmet sein, — die Wirklichkeit warf die Doctrin oft genug über den Haufen. Wie
sollte es geschehen, dass ein so grosser Stand von der
Sorge um den Unterhalt, um die Nothdurft des Lebens

19*

gänzlich absah, wenngleich die „Wunschkuh" der Brahmanen, die geistliche Gabe, in Indien mehr als irgendwo Milch gab? Es mussten also Abschwächungen des brahmanischen Lebensideals nicht nur praktisch vorkommen, sondern auch religionsgesetzlich zulässig sein. In der That gestattet das Gesetzbuch ausdrücklich dem Brahmanen, der aus inneren oder äusseren Gründen seiner idealen Lebensaufgabe nicht nachkommen kann, das Leben des Kshatriya, des Wehrstandes, oder des Vaiçya, des Nährstandes; aber nur, wenn es hiermit gar nicht geht, darf er auch von der „Wahrheit und Falschheit des Handels" leben, — nie aber als Knecht „das Leben eines Hundes". Es versteht sich, dass er noch weniger auf die Stufe der Unreinen, der Çûdras und Mletschas herabsinken oder gar bis zur Gemeinschaft mit ihnen verkommen soll, wofür die Literatur dennoch Beispiele, natürlich mit Abscheu und zum warnenden Exempel vorgetragen, bietet.

17. *Die Jainasekte.*

Die Jaina oder Niggantha sind eine der merkwürdigsten und verbreitetsten von den Sekten, welche in dem religiös so tief ergriffenen und veranlagten Indien unter dem Schutz der unbeschränktesten Gewissensfreiheit in grosser Zahl, eine nach der anderen, auftauchten. Noch heute besonders im Süden und Westen Indiens, unter der städtischen Handelswelt stark vertreten (durch ca. 5 Millionen Anhänger), scheint ihre Blüthezeit gleichwol schon überschritten: eine Menge vollendeter Bau-

werke, prächtige Tempel und Klöster, die ins zehnte bis
dreizehnte nachchristliche Jahrhundert fallen, bezeichnen
wol den Höhepunkt dieser Sekte. Ihre heilige Lehre
stimmt in den wesentlichsten Punkten mit der Buddha's
überein, wie ja auch Nâtaputa, ihr Stifter, ein älterer
Zeitgenosse des Buddha ist und völlig als einer jener
Wanderpropheten auftritt, für welche uns Buddha das
classische Muster ist. Einen Differenzpunkt begründet
dagegen das Verhalten beider Lehren gegenüber der
Askese. Während Buddha, weil er an sich erfahren, dass
Selbstpeinigung nur den Geist verdüstert, dieselbe ver-
wirft und seinen Anhängern ausdrücklich untersagt, legt
die Lehre der Jaina grosses Gewicht auf die leiblichen
Kasteiungen. Bezeichnend für die Jaina ist auch ihre
grosse Sorgfalt für das Leben der Thiere: sie sind es,
welche in positiver Wohlthätigkeit überall für Kranke
und alte Thiere Spitäler und Versorgungshäuser errichten, ja die Sentimentalität so weit treiben, dass sie auch
dem Ungeziefer sich wohlthätig erweisen, worüber in
Europa bekanntlich so viel Lachens ist.

18. *Die Aufwärterin.*

Die Aufwärterin und ehemalige Amme, welche ihrem
Fräulein in ihren Liebessachen hilft, ist in allen indischen Novellen eine fast stereotype Figur. Sie ist wol
allgemein menschlich und hat als solche ihr Denkmal in
Shakespeare's „Romeo und Julie" erhalten, — aber so
wichtig für das Gewebe der Erzählung, worin sie ge-

wöhnlich alle Fäden in der Hand hält, ist sie doch zunächst nur · in der orientalischen Novellistik, vorab der indischen alter und neuer Zeit. Es beruht das auf der Lage des weiblichen Geschlechts im Orient überhaupt, auf den Verhältnissen des indischen Hauses insbesondere — in ihrer zenana sind die Frauen und Mädchen eben von jeder Möglichkeit eines directen Verkehrs nach aussen abgeschlossen und bedürfen nothwendig einer verschwiegenen Kammerfrau, welche halb aus Liebe, Schwäche und angeborner weiblicher Intriguenlust, halb aus Gewinnsucht und Eigennutz den Neigungen ihrer Schützlinge werkthätige Beihilfe leistet. Es wäre interessant, diesen Typus einmal aus der Literatur herauszuarbeiten und dabei keinen Literaturkreis auszuschliessen; es würde sich vermuthlich herausstellen, dass derselbe stetig und fest ist, wie der des liebenden Paares selbst. Seine modernen Abwandlungen sind die Kammerkätzchen und Zofen unserer Lustspiele, von der Minna von Barnhelm bis auf das letzte, das noch geschrieben werden wird. In Indien nennen wir nur die Amme in Mâlati-mâdhava, in Mâlavikâgnamitra, in der Urvaçî, die verschiedenen Alten in den Erzählungen der Vetâlapañcaviñçatikâ, der Çukasaptatî u. dgl. mehr. Es ist ein Kennzeichen archaischer Belletristik, die Typen voneinander zu übernehmen und nur die verbindenden Data zu variiren.

19. *Aperçus.*

Besser und schöner als „Weltschmerz" drückt der Begriff und das Wort: „Geburtstrauer" — wie es die Inder kennen — das aus, was der metaphysisch Veranlagte empfindet.

* * *

Das Tugendideal der Inder bezeichnen sie als „schöne Kühle", „schöne Milde" (antanar, tamulisch) — und Seelenruhe ist hier zugleich das summum bonum. Wenn ihnen nur ein bisschen mehr innere Wärme bei äusserer Kühle vergönnt gewesen wäre!

* * *

Ein schönes indisches Sinnwort der Zufriedenheit verdient ans Licht empor gehalten zu werden. Es lautet: „Dem, dessen Fuss im Schuhe steckt, ist die ganze Erde mit Leder bedeckt." Hätte nur erst jeder seine Schuhe!

----

20. *Die Sakramente.*

Der heiligen Handlungen, welche gewisse Punkte im Lebensgange jedes Ariers in feierlicher Weise markiren sollten, gibt es in der brahmanischen Kirche nicht weniger als fünfzehn: in Indien zieht eben jedes rein häusliche, familiäre Ereigniss gern ein religiöses Mäntelchen über. Man verfährt in der Vertheilung dieser Sakramente sehr gründlich: ehe das Kind noch geboren ist, hat es schon drei Weihen überstanden; das vierte Sakrament besteht darin, dass dem Neugebornen mit

goldenem Löffel geklärte Butter, die Göttergabe, einge-
träufelt wird. Zwölf Tage nach der Geburt erhält das
Kind durch das Sakrament des nâmakâraṇam seinen
Namen; zum sechsten wird ein Opfer gebracht, wenn
man dem Kindlein zum ersten Male Sonne und Mond
zeigt — ein recht lieblicher Brauch —; weiter gelten
das Entwöhnen, das erste Essen von Reis, die Durch-
bohrung der Ohren für die Goldringe, das Scheeren der
Haare bis auf den Brahmanenschopf, die Umgürtung mit
der heiligen Schnur — unsere Firmung —, die erste
Einführung in die Vedas, die Trauung und endlich noch
die bekannte Sterbecceremonie, wobei der Sterbende den
Schwanz einer Kuh, des geheiligten Thiers, in die Hand
nimmt, als Sakramente, deren Reihe durch das Todten-
opfer, eine Art Seelenmesse für den Abgeschiedenen,
beschlossen wird. So umspannen diese sakramentalen
Handlungen das ganze Leben des Inders, sind aber ganz
auffallend besonders in der Jugend gehäuft, wol in dem
Gefühle davon, dass die Periode der Entfaltung und Erziehung die Zeit sei, wo die Würfel für den übrigen
Lebenslauf fallen, daher hier Opfer und Gebete zu den
Göttern, zum Schicksal u. s. f. am dringendsten scheinen.
Zugleich konnte es den hierarchischen Tendenzen der
Brahmanen nur dienlich sein, konnte es ihren Einfluss
auf den arischen Staat nur befestigen, wenn gerade auf
die jugendlichen Gemüther der Eindruck solcher unge-
wohnt feierlicher Handlungen, bei denen der Priester die
wichtigste Person, fiel. Denn was auf unsere Kindheit
wirkte, das verwinden wir nie völlig.

21. *Die heilige Schnur.*

Die heilige Schnur, ein gemeinsames Abzeichen aller Mitglieder der drei oberen (arischen) Kasten, durch deren Anlegung sich der Eintritt in die brahmanische Kirchen- und Staatsgemeinschaft vollzieht, ist nicht von gleichem Stoff und Ansehen bei den drei Kasten: bei den Brahmanen besteht sie aus drei Fäden Baumwolle (dem unschuldigsten Stoffe!), bei den Kshatriyas aus Hanf, bei den Vaiçyas aus Schafwolle — an allem und jedem soll man den Kastenunterschied merken. So wird auch die Einweihung mit dieser heiligen Schnur, welche auf der linken Schulter aufliegt und unter dem rechten Arm hindurch geht, bei Brahmanenknaben im achten, beim Kshatriya im elften, beim Vaiçya im zwölften Lebensjahr (von der Geburt oder Empfängniss an) vollzogen. Es ist das grosse Sakrament des Upanayanam, der Einführung beim Lehrer, wobei die Umgürtung durch diesen „geistigen Vater" erfolgt (vgl. Nr. 15). Von da ab darf der Arier niemals im Leben diese heilige Schnur abthun — bei Strafe, seine Kaste zu verlieren —, ein Symbol für den geistigen Strick, den die Brahmanenreligion jedem Zweimalgebornen von Jugend auf überwarf und mit dem sie ihn sein Leben lang einschnürte.

---

22. *Der Selbstmord.*

Im Daçakumâracaritam finden wir in einer Erzählung den Fall, dass Einer, der aus Noth und Desparation den

Tod sucht, von einem Hinzukommenden daran verhindert
und wegen der Feigheit seines Sinnes und Vorhabens
heftig getadelt wird. So redet man gerade auch in
Europa darüber. Es ist lehrreich, dass auch drüben, wo
sonst ganz anders über den Selbstmord geurtheilt wird,
diese unter uns täglich mit Selbstgenügen nachgesprochene
Ansicht begegnet: sie muss wol der gewöhnlichen Menschennatur sehr zusagen. Die indische Sprache nennt
ihn Âtmatyâga: „Ein-Sich-Aufgeben", „Von-Sich-Lassen",
und bezeichnet damit in der That das wahre Verhältniss schön und mild; ohne Gebelle, wie wir mit unserm
„Selbstmord", womit wir jene Handlung zum Verbrechen,
zu einer Art Mord stempeln. In Uebereinstimmung mit
dieser Ansicht, dass der Selbstmord nichts als ein Auf-
geben der Individualität bedeute und auf dem natürlichen, menschlichen Standpunkt ohne Vorwurf sei, steht
die indische Praxis des Selbstmordes: er tritt nicht so
sehr auf als sociale Erscheinung wie bei uns, als ein
Fliehen vor der Noth und dem Jammer des Lebens,
sondern als ein Act des Stoicismus oder eines aufgespannten Fanatismus. Nicht selten ist der Feuertod eine
freiwillige Abkürzung des Lebens, ohne dass dies gerade
durch schweres Leiden unerträglich geworden wäre;
Philosophen besteigen den Scheiterhaufen oder schreiten
mit verschränkten Armen ins Wasser, wenn sie glauben,
den Kreis des menschlichen Lebens und Denkens durch-
messen zu haben; königliche Greise suchen den Flammentod als letzte Ruhmesthat; fromme, schwärmerische
Seelen wallen an die heiligen Ströme, nach der Gottes-
stadt Benares, und warten auf den Steinstufen der Gangâ-

ufer kauernd, bis der anschwellende Strom sie erreicht
und mit sich führt. In andern Fällen ist offenbare
Raserei und religiöser Wahnwitz betheiligt. Man stürzt
sich an geweihten Punkten von Felsen, und indische
Könige haben sich veranlasst gefunden, an solchermassen
bedrohten Orten Wachen auszustellen, um die hinpilgern-
den Devoten an ihrem Vorhaben zu verhindern. Man
läuft den Krokodilen des Ganges in den Rachen, wirft
sich bei tollen Processionen unter die Räder des kolos-
salen Wagens mit den Götteridolen — nichts ist zu ver-
rückt und entsetzlich für den heissen, die Natur im
Tiefsten aufwühlenden Fanatismus des Hindu.

23. *Die Bestattung.*

Ganz im Einklang mit seiner philosophischen Ueberzeugung, dass der Geist ewig lebe und durch den Tod
nur entweicht, wie der Mensch seine alten Kleider ab-
wirft, um neue sich umzuhüllen, kümmert sich der Inder
wenig um seine leiblichen Ueberreste: er baut seinen
Gebeinen weder Paläste wie der Aegypter, noch ist es
sein sehnlicher Wunsch, mit den Seinen auch im Tode
vereint zu sein und in geweihter Erde zu liegen, wie
dem Hebräer und dessen so vielfachen Erben, dem Christen,
sondern er übergibt seinen todten Leib dem Feuer. In
den ältesten vedischen Zeiten, in denen das Opfer noch
das Alpha und Omega des ganzen Cultus war, der Mittelpunkt des religiösen Denkens, war das Feuergrab, das
man dem Todten gab. ein Feueropfer; der Mensch wurde

den Göttern geopfert, und wie jede andere Spende kam
auch er so in ihre Nähe. Später, als es den Brahmaisten
Sünde war, eine Leiche zu berühren — Alles, was sonst-
wo durch abergläubische Vorstellungen sich verbietet,
wird in priesterlich formulirten Lehren rituelle Sünde —
und heilige Waschungen auf eine solche Befleckung vor-
geschrieben waren, da mochte auch das Bestreben, andere
vor dieser unheilvollen Berührung zu bewahren, die Verbrennung der Leichen in der Sitte erhalten haben: so
war man den gefährlichen Gegenstand gründlich los.
Allerdings gab es Sekten, welche diese Art der Bestat-
tung verabscheuten; die Çivaiten sammt ihrer ganzen
Sektenfamilie, denen das Feuer als heiliges Element rein
war und durch die Berührung mit der Leiche befleckt
werden musste, begruben ihre Todten oder warfen sie in
das Wasser. Die weit mehr verbreiteten Vishṇuiten verbrennen die Leichen. Mit Gangâwasser besprengt, in
Seiden- oder Linnengewänder gehüllt, wird der Körper
auf den Holzstoss gelegt und mit den Rauchwolken steigen
Hymnen gegen den Himmel.

24. Das Würfelspiel.

Dyutasabhâ: „Spielhalle" sagt der höfliche Hindu,
wo wir gewöhnlich derber von „Spielhölle" reden. Aber,
wenn wir die Schilderungen der Literatur von dem
Treiben darin kennen lernen, so werden wir auch hier
besser von Spielhöllen sprechen. Es geht lebhaft zu in
diesen hohen Schulen der Verlockung und des Verderbens,

und wer nicht selbst sein Hab und Gut als Einsatz auf der Bank hat, sieht wenigstens mit Genuss das aufregende Hin- und Herrollen des untreuen Goldes mit an. Die Liebe zu den Würfeln ist ein altes arisches Erbtheil; schon als die Inder vom Nordwesten her ins Indusland hinabwanderten, besingt einer ihrer Sänger (in Rigv. 10, 34) „die braunen Rosse" (babrûn açvân), die der Spieler jeden Morgen zäumt, wenn er, seine klagende Gattin im Hause allein lassend, zum Spielhause läuft. Ebenso schallt das Würfelgeklapper laut genug noch durch die Stimmen der Sage: Die Könige des Mahâbhârata sind leidenschaftliche Würfelspieler; Yudishthira geht, da er von Duryodhana im Würfeln übertrumpft worden, in die Verbannung. König Nal, dessen Geschichte ihm zum Troste erzählt wird, verliert sein Reich im Würfelspiel und verlässt es mit seiner treuen Damayanti, um in die Wildniss zu gehen — knapp, dass er nicht auch sie, die Treue, seine unschuldigen Kinder und sich selbst im Spiele verliert, wie so mancher Andere, den der Teufel der Spielwuth in seinen Krallen hat. Natürlich verbieten die religiösen Gesetzbücher das Würfeln (Manu 4, 74, Yâjñavâlkya 1, 138), aber ebenso natürlicher Weise ganz umsonst, denn wenngleich der verfolgte Spieler in Çûdraka's Mṛcchakaṭika selbst sagt, das Würfeln sei so schlimm, als vom Gipfel des Meru herabgestürzt zu werden, so dünkt doch Jeden wieder das Geklapper der Würfel gleich dem Gesange des Kokila (Mṛcchak. II. Act, 2. Scene). So ist es denn auch in Indien schon zu einer völligen Organisation und Einrichtung von Spielbanken, mit den eleganten Verführungen solcher Localitäten gekommen.

Sie werden von einem Sabhika, dem Herrn des Spiel-
hauses, gehalten und mit allen erforderlichen Spielmate-
rialien, Würfeln, Brettern und Tüchern, worauf geworfen
wird (Akshabhûmi) u. dgl. m. versehen; dafür erhält er
fünf Hunderttheile des Gewinnstes, welcher hundert über-
steigt und gar zehn, wenn er geringer ist. Wir finden
nicht weniger als fünfundzwanzig Arten des Spiels genannt, die dem indischen Erfindungs- und Combinations-
talent ihre Entstehung verdanken und in ihrer Menge
bei so simplem Spielstoff ihm alle Ehre machen.

25. *Die Foltern.*

Ein Geständniss mit Schrauben und Zangen aus dem
Menschen zu ziehen, ist die Rechtspflege in der ganzen
Welt auf ein entsetzliches Mittel verfallen: die Folter.
Die Inder zählen deren achtzehn; zu ihrer Ehre aber
sei es gesagt, man begegnet höchst selten in der Literatur
einer Erwähnung dieser Massregel einer barbarisch-rohen
und plumpen Justiz. Den Delinquenten unter Wasser zu
tauchen, über ein Feuer zu postiren, ihn durch die
Nase Mehlbrei aufziehen zu lassen (vgl. Jaimini-Bhârata,
açvamedhakhânda, Cap. 63—75), das genüge als Probe
von der Art dieser bösen Achtzehn, mit deren vollstän-
diger Liste der Leser verschont bleiben soll. Man eilt
gern davon hinweg: die Sache stinkt zum Himmel.

26. *Elephanten als Scharfrichter.*

In Indien, wo schon das berufsmässige Tödten von Thieren im Gewerbe des Fleischers, Jägers, Fischers u. s. w. dank einer edlen Uebertreibung mit der grössten Verachtung belegt ist, trägt das schnöde Henkeramt selbstverständlich den tiefsten Makel und wird auch thatsächlich nur von der niedersten, verachtetsten Kaste ausgeübt. Man nahm in den indischen Staaten den Henker meist aus dem elenden Geschlechte der Tschandâla — wenigstens ist dieser die literarische Scharfrichtertype geworden —, mitunter aber auch eine Stufe tiefer, aus der Thierwelt, und trug so der Empfindung Rechnung, dass ein Mensch nicht durch den andern getödtet werden solle. Der kluge Elephant als Henker umging jenen Anstoss; so ist er im alten und neuen Indien nicht selten zu dieser Rolle abgerichtet und verwendet worden. Gewöhnlich ward ein sehr kräftiges Thier ausgesucht und eigens zu jenem traurigen Zweck mit Rum, Palmenwein oder dgl. berauscht: ein Fusstritt des Kolosses auf das Haupt des gefesselt daliegenden Verbrechers — und der Gerechtigkeit war Genüge geschehen. Jedenfalls wurde dabei das unaussprechlich Widrige des Geschäftigseins menschlicher Hände zum schaurigsten Zwecke ziemlich vermieden, — symptomatisch für die grössere Feinfühligkeit des Inders im Ethischen.

27. *Frühlingsfest.*

Ein Volk, das mit seinen Empfindungen so sehr
die Natur sucht wie die Inder, muss seine Frühlings-
feier haben, und eine solche ist überall noch, wo sie vor-
kam, zur Liebesfeier, zum Feste der lebens- und liebes-
lustigen Jugend geworden. Da setzt es öffentliche Lustbarkeiten die Menge ab; feierliche Umzüge werden
gehalten, auf den Strassen bewerfen sich die Leute mit
Blumen, Süssigkeiten und allerlei buntem Pulver, besonders mit Safranstaub; Alles pilgert zum Tempelhain
Kâmadeva's, des freundlichen Gottes, um ihm eine Blumen-
spende, Kränze, Wohlgerüche u. dgl. zu weihen. Und
der Gott waltet an seinem Ehrentage mit doppeltem
Eifer und Erfolg seines Amtes, wenn wir uns auf die
indischen Poeten verlassen dürfen: zahlreiche berühmte
indische Liebespaare lernen sich am Feste Kâmadeva's
kennen. So Mâdhava und die schöne Ministertochter
Mâlati in Bhavabhûti's gleichnamigem Drama, Cârudatta
und Vasantasenâ, in der Mṛcchakaṭika u. s. w. Es ist
die solenne Gelegenheit, zwei junge Leute sich finden
zu lassen, wie der Ball für moderne Novellisten, die
„pervigilia" und — Leichenbegängnisse in der antiken Komödie, und gewiss sinnig und mit Geschmack
gewählt.

28. Geschenke.

Im begehrlichen Orient schenkt man sich ausserordentlich viel, bei allen möglichen Gelegenheiten, bei Besuchen, Botschaften, an Feiertagen u. s. f., abgesehen von jenen Ereignissen, welche im Leben der Familie Epoche machen, als Hochzeiten, Taufen u. s. w. Man scheint dort noch der Vorzeit und ihren Verhältnissen näher, wo der friedliche Verkehr sich nur auf der Krücke gegenseitigen Friedenskaufs bewegte und erhielt. Aber die materielle Seite ist schon in die ästhetische hinübergewendet — man schätzt im Geschenke mehr die erwiesene Aufmerksamkeit als den Werth. Auch die Gegenstände, welche man sich gegenseitig widmet, von der schlichtesten Frucht — einer Orange, einem Granatapfel aufsteigend — bis zum kostbarsten Juwelenschmuck, sind sozusagen ästhetisch geworden: schöne Luxusartikel, die Niemand bereichern, so auch Niemand beleidigen können. Jungen Männern sendet man Betel zum Kauen und andere Reizmittel, die Damen erhalten dafür Putz, Blumen und Salben zurück. Es ist ein schwaches Analogon, welches wir daran haben, dass die Herren der europäischen Gesellschaft ihrem Besuch Cigarren anbieten, den Frauen eine Rose, die sie gerade in der Hand tragen, überreichen.

———— ————

29. *Wittwenverbrennung* *).

Mit dem Gatten in den Tod zu gehen, das sahaga-
manam, ist der sehnlichste Wunsch der indischen Frau,
wenn man den Nachrichten der Brahmanen trauen darf.
Was sie freiwillig zu thun wünscht, müsste sie über sich
bringen, auch wenn sie nicht wollte. Denn eine Satî zu
werden (so heissen die Wittwen, die auf den Scheiterhaufen ihrer Gatten kommen, seitdem Satî, Çiva's Gemahlin, als ihr Gatte von ihrem Vater Daksha nicht zu
einem Opfer eingeladen worden, einen Selbstmord be-
ging , ist die Pflicht, wol selten der Wunsch einer indischen Wittwe. Eine zweite Ehe einzugehen ist ver-
boten; trotzdem in den ältesten Zeiten, auf die man sich
gern beruft, nach einer Andeutung im Rigveda von der
Wittwe verlangt wurde, dem Hauswesen nach dem Tode
des Gatten vorzustehen, verweigern doch die heiligen
Schriften der Wittwe, die den Verlust verschmerzt, die
himmlischen Freuden an der Seite ihres Gemahls: sie
gilt als verstossen und ein Schandfleck der Familie. Wie
eine Braut geschmückt, wird sie, von rauschender Musik
begleitet, von singenden Brahmanen und weinenden Verwandten gefolgt, zum Scheiterhaufen geführt auf mit
Palmzweigen und Blumen bestreutem Wege. Ganz betäubt von dem Geruch, Lärm und einem eben dazu ver-
wendeten Hanfpräparate wird die Unglückliche an den
Holzpfahl gebunden, muss noch eine Hymne singen —
dann aber springt die Flamme empor, Rauch wirbelt auf

*) Siehe oben I, 20.

und unter Gebeten und Gesängen der Brahmanen und wildem Trompetengeschmetter erlischt das Leben der Bedauernswerthen. Durch Jahrhunderte erhielt sich die grausame Sitte, bis in die letzten Jahre weisen die englischen Regierungsberichte Fälle davon auf, trotzdem am 4. December 1829 ein Gesetz des Generalgouverneurs dieselbe als Mord verbot. Uns erscheint sie geradezu unmenschlich und ungeheuerlich, weil alle die europäischen Völker dieses arische Erbtheil, dessen Existenz und Uebung bei Germanen und Slaven, Pelasgern und Skandinaviern durch Volkspoesie und Geschichte erwiesen ist, schon sehr früh aufgegeben haben. In Indien erhielten sie aber die religiösen und philosophischen Ueberzeugungen aufrecht; das einzelne Leben auf Erden ist dem Hindu eben nur ein kurzes Uebergangsstadium, verschwindend gegen die unabsehbar lange Geburtskette, die Jeder zu durchlaufen hat, also betrauern sie den Verlust desselben auch nicht so sehr. Die tragische Sitte mag den Frauen von den fanatischen Brahmanen direct als eine Art Zwangssurrogat der Askese der Männer auferlegt worden sein, für welche sie ihrer Natur nach nicht recht geschaffen sind.

30. *Badestätten.*

Das Besuchen der heiligen Badestätten, Tirthas, ist eine Frömmigkeitspflicht der brahmanischen Hindu, neben Opfern und Bussen ein Mittel, aus dem ungeheuerlichen Labyrinth von Sünden, in das sie priesterliche

Klügelei und Pünktelei geworfen, wenigstens zeitweilig
zu entrinnen: ein Bad in heiligem Wasser reinigt von
Sündenbefleckung. Von allen Seiten wandern die Gläubigen zu eigens zu dem Zweck gehaltenen Tempelteichen
oder an die Ufer grosser Flüsse; doppelte Segenskraft
haben die Stellen, wo zwei, z. B. Gangâ und Jamunâ,
ihre Wasser mischen. In hellen Haufen schaaren sich
da die frommen Waller um die Purohitas, Priester, die
die Ankömmlinge dort empfangen und in den religiösen
Uebungen leiten, und an den Quaistufen, die in das
Wasser hinabführen, erwarten sie halb ausgekleidet den
günstigen Zeitpunkt, den Aufgang der Sonne, um beinahe
um die Wette in die Fluthen zu tauchen. Bei dem allgemeinen Eifer kommt es wol auch vor, dass einer der Pilger
in den Wellen seinen Tod findet, ein Zufall, der von den
fanatischen Priestern nicht einmal ungern gesehen wird.
Die Ausübung dieser religiösen Pflicht war eine so charakteristische Erscheinung des brahmanisch geordneten religiösen Lebens, dass sie bei den Buddhisten sogar die Quelle
einer Bezeichnung der ganzen Religionsgenossenschaft
sein konnte: Tîrthyâḥ oder Tîrthakâḥ, „die Bademänner".
Das Bewusstsein von der rein äusserlichen mechanischen
Bedeutung der Uebung hat übrigens in Indien selbst
nicht gefehlt; so lässt — eine Stimme für viele — der
tamulische Dichter Çivavâkya seinen Spott darüber spielen
in den Versen:

> „Wasser schöpfen, Wasser sinnen,
> Wasser nur wirst Du gewinnen;
> Netz' mit Wasser Dich und spritze, —
> Eitler Wahn, dass es Dir nütze!" u. s. w.

31. *Berufsweihen.*

Ehe man einen wichtigen Abschnitt seines Lebens-
ganges eröffnet, ist es bei religiösen Völkern allgemein
gefordert, seine Person und Kraft den Himmlischen darzustellen, durch ihren Dienst zu heiligen und sich so für
die nachfolgende profane Thätigkeit gleichsam unter ihre
Protection zu stellen. Im christlichen Mittelalter vollzog
sich dies zumeist unter der Form der Wallfahrt zu
Gnadenorten, nach Rom, eine Zeitlang sogar ins heilige
Land; der Gläubige Allah's pilgert zur Kaaba und den
Spuren des Propheten, der Inder ging in den Himâlaya,
um zu büssen. Wer den Thron besteigen soll, wer sich
einen Hausstand gründen will, ja wer eine grosse Leistung
geistiger Art anzugreifen vorhat, reinigt sich zuvor in
der wunderthätigen Felsen- und Schneelandschaft des
Riesengebirges durch angestrengte Büssungen: nach indischer Auffassung die gottgefälligste aller Handlungen
und die Krone der Werkgerechtigkeit. Die Frucht davon ist eine gesegnete Regierung, ein glücklicher Hausstand, unter Umständen auch ein epochemachendes Werk,
wie es dem grossen Grammatiker Pâṇini widerfahren
sein soll, der sein zu unvergleichlicher Wichtigkeit er-
hobenes Werk nur durch seine Büssungen im Himâlaya
verdient hat.

c. Mythologisches.

32. *Nachträgliches zum indischen Amor* *).

Kâma als indischer Liebesgott scheint in seinem Ursprung ein männliches Gegenstück der Helden und Büsser
reizenden und verführenden Apsarasen (Nr. 34), ein schöner
Versucher, der vor Allem die Herzens-Ruhe und -Rein-
heit der Frauen zu erschüttern strebt (diese Conception
allein ist echt indisch) — und der erst von hier aus zum
Herzensbändiger Aller, zu einem Patron der Liebe, als
eines menschlichen Herzensfrühlings, geworden ist — vielleicht doch nicht ganz ohne das Beispiel des griechischen
Eros. Um diese Gestalt sind dann Poesie und Mythe
thätig, ihre Ranken zu schlingen. Seine rücksichtslose
Gewalt und Universalität kennzeichnen hübsch Name und
Mythus von „Kamdarpa“: wörtlich „wie keck!“ — den
er erhalten, weil er, kaum von Brahma erschaffen, diesem

*) Siehe oben I, 10: „Gott Amor.“

als erstem seinen Pfeil ins Herz schoss, was an den un-
artigen Knaben Amor in Andersen's bekanntem Märchen
erinnern mag. Zur Strafe (dies das gewöhnliche Ketten-
glied in der indischen Mythologie) soll Brahma den
Fluch über ihn ausgesprochen haben, demzufolge er einst
für eine ähnliche Dreistigkeit von Çiva verbrannt
werden solle. Dieses Ereigniss gehört zu den stehenden
Geschichtchen der indischen Poeten und stellt, in der
Sprache der Mythe, die Vergeistigung des Gefühls
der Liebe, wol etwas indisch-bizarr, aber doch recht
durchsichtig dar. Es geschah dies aber so: Der grosse
Çiva war einst in tiefe Betrachtung versunken und
liess sich durch nichts in seiner Andacht stören. Da
ihm die Götter aber gerade eine dringende Sache
vorzubringen hatten, so sandten sie Manmatha, „den
Herzenserschütterer", zu ihm, um seine unbequeme Andacht zu unterbrechen und in Liebesgedanken umzu-
wandeln. Die Störung gelingt dem schönen Gotte wol,
aber Çiva, über den dreisten Störer erzürnt, öffnet sein
drittes Stirnauge und verbrennt so Manmatha augenblicklich zu Asche. Kâma's Gemahlin, die schöne Rati,
fleht Çiva um Vergebung für den Schuldigen an, worauf
jener, gnädig gestimmt, Manmatha wieder ins Leben ruft,
aber gebietet, dass er künftig ihr allein sichtbar, allen
andern aber unsichtbar sein sollte. Darum heisst er
auch ananga, der Körperlose, und hat der Gott keine
Bildsäulen, keine Figuren, so viel Wesens auch die Poeten
in ihren Liebesgeschichten mit ihm machen, so pikant
und dionysoshaft-trunken gezeichnet sein Bild in der dichterischen Phantasie dasteht — Man höre z. B. Prabhoda-

candrodaya: „Umfasst von dem lüsternen Arme der Wollust (Ratî), deren Körper mühsam den schwellenden Busen trägt, kommt mit trunken rollendem Auge Kâma herbei, der angenehm durch seinen Blick die Welt bethört"... — Zum Andenken an jene Verbrennung Kâma's durch Çiva wird noch heute am 15. Phalguna (März) in Südindien, im Tamulenlande, eine eigenthümliche Feier abgehalten. Vor einem Çivatempel wird um Mitternacht ein Feuer angezündet und mit allem Möglichen unterhalten, was nur immer verbrennbar, beweglich und durch Unachtsamkeit der Eigenthümer fassbar ist: denn was einmal auf dem Scheiterhaufen liegt, darf nicht zurückgenommen werden. Man spasst und drängt sich ums Feuer und sucht sich gegenseitig möglichst nahe an die Flammen heran zu bringen, als sollte man das Schicksal des freundlichen Gottes theilen.

33. Die Bogensehne Kâma's.

Die Sehne am Zuckerrohrbogen Kâma's wird durch einen Zug summender Bienen, von der schwarzen indischen Art, gebildet. Wir sind es bei indischen Ausmalungen gewohnt, auf paradoxe Bilder, raffinirt gekünstelte Züge zu stossen; aber das eben erwähnte Detail scheint jeder Rechtfertigung durch die Anschauung, jeder Begreiflichkeit durch Thatsächliches zu spotten. Wir glauben nun auf den eigentlichen Sinn und damit die Entstehung jenes paradoxen Zuges von der Bienenschnur gekommen zu sein. Es ist ein kleines Ei des Columbus. Das Bild ist nämlich nicht durch das Auge, sondern das Ohr vermittelt; das Summen und Surren ist hierbei das Tertium der Vergleichung, die Sehne wird also von schwarzen Bienen gebildet, indem dieselben ihr Summen wiedergeben. Wenn es noch eines Belegs für die Richtigkeit dieser kleinen Aufklärung bedarf, so steht uns ein ausgezeichneter zu Gebote. Was in jenem Bild von der Bienenschnur implicite liegt, sagt ein altindischer Vers ausdrücklich explicite. Es ist eine Strophe des Bhâmana (nach Vallabhadeva in der Subhâshitâvali): „Kein Bienenschwarm ist es, welcher hier vor Wonne lieblich summt, sondern der Klang des Bogens, welchen der Liebesgott zum Abschnellen anzieht." Hier füllt der Gedanke einen ganzen Vers, dort gab er ein Bild, das wir nun ganz nett zu finden aufgelegt sind.

---

34. *Indische Walkyren.*

Ein Himmel ohne Mädchenschaaren — nirgends zu denken und am wenigsten für die Irdischen zu wünschen. So hat denn auch der Himmel Indra's seine schönen Mädchen, die hier als reizende Kampf- und Gesangsjungfrauen auftreten. Ursprünglich sind sie wol Wassernymphen gewesen, worauf ihr Name: „im Wasser wandelnd" deutet, vielleicht aber auch die eilenden, tanzenden Wolken (ap: Wasser der Wolken), welche die indische Phantasie in himmlische Tänzerinnen und Lustwandlerinnen verwandelt hat (Eilende Wolken, Segler der

Lüfte, wer mit euch wanderte, wer mit euch schiffte!).
Als diese durchwandern sie, perlen- und juwelengeschmückt
und in luftige Gewänder gehüllt, mit den Gandharvas,
himmlischen Musikgenien, die Burg des Himmelsherrn,
tanzend im Reigen und singend von irdischen Helden-
thaten. Auch in den Dramen des göttlichen Schauspiel-
dichters Bhârata treten sie zur Zerstreuung der göttlichen
Gesellschaft auf. Nach diesen künstlerischen Beschäftigungen könnte man sie beinahe für die indischen
Schwestern der Musen halten, wenn ihrer nicht 35 Millionen wären und sie nicht allzu viel Bajaderenhaftes
und Orientalisch-Paradiesisches an sich hätten. So oft
zwei Fürstenheere auf der Erde aneinanderstossen, lassen
sie sich in den Staub und Schmutz des Kampfes herab
und wählen, Walküren im Gangesland, neue Gatten unter
den gefallenen Kriegern. Dies thun die sogenannten
weltlichen (laukika) Apsaras. Sie sind aber nicht
allein dazu da, Lohn für Muth und Tapferkeit zu spenden; ein zweites grosses Corps von ihnen sind die daivika,
die göttlichen Apsaras, die sich hauptsächlich zur Aufgabe gemacht haben, büssende Helden, welche sich göttliche Macht und Sieg über ihre Feinde erbüssen wollen,
auf sehr unheilige Weise um die Früchte ihrer Busse
zu bringen. Widerstehe, wer kann! Nach den indischen
Sagen vermag es aber selbst unter tausend heiligen
„Grossbüssern" kaum Einer.

35. *Götterwaffen.*

Die meisten der mächtigen indischen Götter haben ihre Waffe, welche sie wie andere Wohlthaten, die der Sterbliche sich erflehen mag, Kindersegen, Reichthum, Sieg in der Feldschlacht, an den Devoten verleihen, wenn die Gegenleistung, d. i. Opfer, Gelübde und vor Allem das Verdienst der Busse oder genauer die Busssumme darnach ist. Diese temporäre Verleihung der göttlichen, treffsicheren Waffen, die so häufig von Çiva, aber ebenso auch von den andern Göttern, von Indra, Skanda u. s. w. erzählt wird, ist ein ganz indischer Zug und charakterisirt das Verhältniss von Gott und Mensch nach indischer Auffassung. Man versuche sich Zeus zu denken, der seinen Blitz einem devoten Sterblichen leiht! Gott Indra hat kein Arges, dies zu thun: wer in seinem Namen Busse thut, erlangt des Gottes Waffe, den Donnerkeil, von ihm; es ist, als wenn sich Einer von seinem Bekannten ein gutes Pistol ausleiht.

- - - - -

36. *Höllen.*

Mit vieler Phantasie und geringer Kenntniss des Weltbaues ausgerüstet, haben die Inder, wie Europa vor Copernicus Himmel und Hölle, ihrerseits Ober- und Unterwelten unserer Erde in grosser Zahl im Glauben gehabt, um ihrer detaillirten Vorstellung vom Walten der ewigen Gerechtigkeit zu genügen. Dass unter jenen Fictionen theologischer Phantasie auch eine rechtschaffene, tüchtig geheizte Hölle nicht gefehlt hat, lässt sich im Lande der Brahmanen nicht anders erwarten. An nichts ergötzt sich ja die Einbildungskraft der Pfaffen so sehr, wie an der Ausmalung der Höllenräume und -Strafen. Gewöhnlich gilt dem Inder die unterste der sieben Unterwelten, pâtâla, für die Hölle, naraka, oder raurava: „die brüllende", zu verstehen wie Ev. Matth. 8, 12, den Ort der Verdammten. Der Gott des Todes, Yâma, ist hier Herr, Gebieter des Samyamanam (d. i. coercitio), in dem „die stinkenden Werke zur Reife kommen", wo die Menschen für ihre Uebelthaten nach Yâma's Urtheilsspruch entsprechende Yâmastrafen erleiden. Bei Manu IV, 88 werden acht Höllenkammern aufgezählt, in denen immer furchtbarere Pein der Verdammten harrt. Da gibt es einen Ort der Finsterniss, einen Ort der Thränen, einen Wald, dessen Blätter Schwertklingen sind. Hier wird man von Bestien gefressen, dort muss man, bis zum Hals in Blut stehend, Haare schlucken. Und wieder werden die armen Seelen von Raben und Eulen zerhackt, in Bratpfannen geschmort, ihre Köpfe tagtäglich von den Höllengeistern mit schweren Hämmern eingeschlagen u. s. w. Doch dauern diese Martern nicht ewig und die Verdammten sind nicht ohne Hoffnung, wie in der darum viel entsetzlichern christlichen Hölle, sondern das peinvolle Wohnen in der Hölle ist bloss eine Stufe in der Seelenwanderung, — die allertiefste und für die gröbsten Verbrechen angedrohte; hat die ausgestandene Marter die Sündenschuld getilgt, so beginnt wieder der „avaroha", das Emporsteigen zu bessern Regionen, in die Welt der Thiere, Menschen u. s. f.

37. *Unterweltliches.*

Der Inder zählt sieben Unterwelten, welche man sich aber nicht alle als Höllen, Tartaroskammern vorstellen darf. Bloss die allerletzte, tiefste Etage des Weltbaues ist ein Ort für die Verdammten, die übrigen sind unterirdische Welten, mit Städten und Lotusteichen, Ministern und Königen, worüber freilich ein Hauch der Verödung gebreitet ist, aber jedenfalls doch ohne den Geruch der Hölle. Man könnte sich fast an die unterirdischen Landschaften J. Verne's erinnert finden (Reise nach dem Mittelpunkt der Erde), die Ausgeburten der von der Wissenschaft (Geologie und Paläontologie) inspirirten Phantasie, während in Indien characteristisch genug das mythisch-ethische Bedürfniss die verwandte Phantasieschöpfung hervorrief. Aber selbst die so erfinderische indische Phantasie hat von der Vorstellung dieser sechs Etagen das Schematische und Langweilige nicht fern zu halten vermocht; schon in den Namen, die alle auf tala oder sthala, „Platz", „Ort" enden, tritt der Mangel an individueller Bestimmtheit hervor. Es sind eben nur Versorgungshäuser zur Unterbringung der zahllosen übermenschlichen Wesen, eine gelehrte Fabel der pedantischen Kosmologen.

38. *Der Höllenschreiber.*

Das Schicksal der Seele nach dem Tode in Form eines Prozesses entscheiden zu lassen, mit Richtern und Urtheil nach gepflogener Untersuchung ist eine aus der

altägyptischen in die griechische Mythologie einge-
drungene Vorstellung, welche von da aus auf analoge
Schöpfungen und Ansätze im Mythus anderer Völker
nachweisbar weiter gewirkt hat. In Indien ist dafür die
mehr allegorische Vorstellung von Yâma, dem Todes-
fürsten, der absolut und ohne Spruch verfährt, mit
seinen vier Boten, Alter, Krankheit, Schmerz etc., und
seinem Gehülfen, dem Höllenschreiber Citragupta oder
Citraputra, wie er auch genannt wird, eingetreten. Von
ersterem ist schon oft gehandelt worden; wir wollen hier
dem letzten, der, obwohl augenscheinlich eine eminent
indische Figur, sonst kaum genannt zu werden pflegt,
einige Worte widmen. Er ist also derjenige, der da Alles
aufschreibt, was in dieser Welt unter den Menschen
Gutes und Böses vorgeht, der Buch führt über die Ge-
borenen und die Gestorbenen, und alles Glück und Unglück, das Jedem widerfährt, in seinem Katalog ver-
zeichnet hat. Es war ein rechtes Thema für den die
Vorstellung eines complicirten literarischen Getriebes und
Apparates liebenden indischen Sinn (man denke nur an
die Wirthschaft mit den Commentaren und vielfachen
Supercommentaren!) auszumalen und zu specificiren, wie
viele Bücher Citragupta da bei seinem Schreiberamt
führen müsse, wie er in die einen bloss die Stunden der
Geburt, in andern lauter Sünden etc. unterbringe, und
wie sich sonst eine pedantische Phantasie eine ungeheuerliche Registratorenarbeit vorstellen mag. Für jeden
Verstorbenen stellt er so seine Rechnung zusammen, die
er seinem Herrn übergibt, welcher dann die Sentenz
spricht. Daher empfängt er auch' Opfer, und an einem

Tage des Jahres fastet man zu seiner Ehre und ruft seinen Namen an, — vielleicht übersieht er doch dafür eine oder die andere unserer Sünden bei der grossen Abrechnung. Interessant ist, wie die Mythe den nicht ganz abzuweisenden Gedanken, dass solchermassen eigentlich er die Hauptperson, und der waltende Todesgott neben ihm nur ein Schema und Statist sei, in ihrer Sprache selbst naiv zum Ausdruck bringt. Anknüpfend an den seltsamen Zug, der unter den dravidischen Völkern von ihm berichtet wird, dass er nämlich von einer Kuh geboren sei, heisst es, dass dies von içvara aus folgendem Grunde so geordnet worden sei. Als er nämlich aller Personen Verrichtungen und Werke, sowohl das Gute als das Böse lange, lange schon aufgeschrieben und immer seinem Meister darüber berichtet hatte, so wurde er einstmals in seinem Sinne hochmüthig und dachte bei sich selbst: wenn du nun nicht wärst, wie könnte içvara wissen, was die Creaturen, die eine lebendige Seele haben, für Gutes und Böses thun? Für diese hoffährtigen Gedanken strafte ihn alsbald der Herr, indem er ihn von einer Kuh geboren werden liess (!).

In dieser Weise ist der Höllenschreiber gewissermassen demonstrativ zur zweiten Person im Reiche des Todes eingesetzt — wenn auch von ihm mehr die Rede ist, als vom Todesgott selbst, etwa wie der Gemeindeschreiber schier mehr gilt als der Herr Bürgermeister.

39. *Der weisse Elephant.*

Ein strahlend weisser Elephant, Airavata geheissen,
ist Gott Indra's Reitthier. Als eigentlicher Himmels-
könig gedacht musste Indra wol das königliche Reitthier Indiens *κατ᾽ ἐξοχήν*, den prächtig gezierten und ge-
sattelten Riesen unter den Thieren, zu seinem speciellen
Fuhrwerk haben, da doch — so wollte es die Pedanterie
der indischen Phantasie, vielleicht auch die Eifersucht
der verschiedenen Confessionen — jeder bedeutendere
indische Gott sein Leibthier, auf dem er reitet, besitzt.
So hat Brahma seinen Flamingo, Vishṇu seinen Adler-
vogel Garuḍa, Çiva den hochheiligen weissen Nandi-
Stier, Kâma einen grünen Papagei u. s. f. Airavata ist,
wie gesagt, von hellstem Weiss: alles Seltsamste kommt
ja dem Göttlichen zu; und seine weisse Farbe regte
dann wol die Mythe an, er sei mit andern (14) Schätzen
dem Milchmeer bei dessen Ausbutterung entstiegen.

40. *Geister und Genien.*

An geweihten Punkten, vor heiligen Grotten, im tiefen
Waldgrund bei Heiligthümern der Götter schweben unsichtbar „Geister und Genien", farblose Bezeichnungen
für die indischen siddha's und sâdhya's. Die ersteren,
abgeschiedene Geister frommer Waller und Büsser, die
schon bei Lebzeiten nichts Irdisches mehr kannten, sind
Wesen, welche die Gabe besitzen, dass sie durch die
Luft hin- und wiederfliegen und sein können, wo sie

wollen, im Himmel oder auf Erden; welche, îçvara's
(Çiva's) Macht lobpreisend, allenthalben seine Wunder
beschauen — als die Engel des indischen Himmels, wenn
diese Bezeichnung nicht in beiden Stücken zu unbestimmt
und allgemein wäre für Wesen, welche „nördlich von
der Sonnensphäre, nordwärts von Nâgavîthi (Widder und
Stier) und südlich von den 7 Rshi's (grosser Bär), frei von
Liebe und Hass, enthaltsam und rein, nicht denkend an
Nachkommenschaft und dabei siegreich über den Tod,
88 000 an Zahl wohnen" (Vishnupûrâna). Ueber das Wesen
der Sâdhyas sind schon die alten einheimischen Anti-
quare nicht einig: es werden eben einige Nullen mehr
sein in dem unzählbaren Register des indischen Himmels-
personals, welches sich aus lauter Millionenposten auf-
summirt. Der Inder liebt es eben, das dynamisch Erhabene — mit einem Ausdruck Kant's — als mathematisch
Erhabenes, d. h. durch die Vorstellung riesenhafter Masse
und Zahlen zu geniessen.

41. *Yaksha.*

Yaksha ist ursprünglich der Name für schadenfrohe
Dämonen, vor deren Tücke und schlimmen Streichen
der ängstliche, nervöse Hindu sich nie sicher fühlt. Der
Geister- und Gespensterglaube, nirgends fehlend, liegt
im hochtropischen Indien gleichsam in der Luft — er
bildet die Urreligion der ältesten schwarzen Einwohner,
ist als Aberglaube unkrautartig im Brahmanismus selbst
emporgewachsen und spukt noch heute lebendig in den

Köpfen der Volksmassen. Die Yaksha sind nur eine
Klasse der Asura-Dämonen; aus den formlosen Vorstellungen der schwarzen Autochthonen von ihnen hat der
Brahmanismus, d. h. die arische Phantasie festere Gestalten von edlerem Zuschnitt geformt: sie sind Diener
des Kuvera, des Herrn der Schätze, geworden und erscheinen als solche nicht selten in den epischen Dichtungen. Von ihrem Ursprung und Namen gibt das
Vishnupûrâna den Bericht, dass Gott Brahma sie zusammen mit den Rakshasas in Dunkelheit aus Hunger
und Hässlichkeit gebildet habe, scheusslich anzusehen,
mit langen Bärten, worauf sie sofort auf den Gott ein-
stürmten mit dem Rufe: „yaksha": „gib uns zu essen";
daher ihr Name. Sie haben häufig Liebeshändel, besonders mit den Apsarasen (vgl. Nr. 34), leben aber auch
in Ehe mit Yakshafrauen, welche an unsere Feen, noch
mehr an die Vilen und Rojenice der Südslaven erinnern.
Die Seelen leidenschaftlicher Menschen sollen in diese
Wesen übergehen, v. Manu XII, 47; wie sie umgekehrt,
besonders zu Liebeszwecken, gern schöne menschliche
Gestalt annehmen. Wie edel sie mitunter gedacht worden
sind, zeigt Kâlidâsa's berühmte Elegie „der Wolkenbote":
ein Yaksha ist es, von dessen Liebesleid die schöne
Dichtung erzählt.

42. Die indischen Göttinnen.

Bhûmidevi, „die Göttin der Erde", also die indische
Gäa, kennzeichnet schön die sinnige, milde Art der Hindu

in den Reden, die über sie ergehen. Heisst es doch von
ihr, die der Grieche zur finsteren Ahnmutter eines wüthigen
Riesengeschlechtes, zur düsteren Allmutter voll Tücke
und Gewalt gemacht hatte, sie, die Mutter und Erhal-
terin aller Geschöpfe und Wesen, sei doch so demüthig
und geduldig, dass sie mit Füssen auf sich gehen lässt.
So ist sie zugleich die Göttin der Geduld und alles
dessen, was leiden muss, von der wir Demuth und Geduld zu lernen haben. Welches Volk ehrt die Mutter
Erde so schön, und welchem andern fiele wohl diese Bemerkung bei?

*　*　*

Die indischen Göttinnen sind hässlich gebildet, wohl;
aber es heisst stets von jeder, sie ist mitleidig, liebend,
barmherzig, eine gütige, liebreiche Mutter; wer wird an
seiner Mutter bemerken und tadeln, dass sie hässlich sei?

*　*　*

Eine Pallas Athene, diese anmuthige Androgyne,
wird man bei den Indern vergeblich suchen, welche
allein die volle Weiblichkeit in ihrer ganzen Schwäche
und üppigen Kraftlosigkeit lieben und suchen. Wohl
haben sich auch hier die Gelehrten ihre Göttin erwählt,
aber es ist ein überirdisches, himmlisch klares und
kühles Wesen, Sarasvatî, die Göttin der Beredsamkeit
und Musik, der Wissenschaft und Poesie, eine ideale
Lehrerin, zu der der Weiseste wie ein Schulkind auf-
schaut. Ein hübscher, auf sie bezüglicher Cultbrauch
sei hier notirt: alljährlich an ihrem Festtage opferte ihr
die Schuljugend ihr gesammtes Schulzeug, die eisernen
Griffel und Büchlein, die Rechnungen und andern

Utensilien. Ach, wenn eines verthan, verrissen, in Un-
ordnung und unsauber war! Die Göttin sah es gewiss —
und die Strafe blieb wol nicht aus. Ob der sanctus
spiritus, den unsere Schuljugend am Beginn des Schul-
jahres anruft, so viel wirkt als die indische Sarasvatî —
wer weiss es?

d. Philosophisches.

43. *Die Geburtsverkettung.*

Wir fragen unvergleichlich öfter und eindringlicher nach der Zeit, wo wir nicht mehr sein werden, als nach der, wo wir noch nicht gewesen. Es lässt uns sogar ziemlich gleichgültig, was und wo wir denn waren, ehe wir in diese Welt geriethen. Die indische Phantasie dagegen hat sich auch dieser vordern Ewigkeit bemächtigt und bevölkert sie mit Gestalten und Erlebnissen, so gut wie dies für die Zukunft auch anderswo geschieht. Es ist aber kein blosses leeres Spiel, das sie damit treibt, sie benutzt die Vorstellung früherer Existenzen, um das Schicksal des gegenwärtigen Lebenslaufs zu rechtfertigen. Denn wir leben und leiden eben ab, was wir verdienen, d. h. in früheren Lebensläufen durch gute Werke und böse Werke verdient haben. Nach diesem grossen Princip der ewigen Gerechtigkeit erfindet die theologische Phantasie ihre Geschichtchen und Vorge-

burtslegenden. Dem Blinden wird gesagt, er entbehre
des Augenlichts, weil er in einer früheren Geburt böse
Lust daran gefunden, unschuldigen Gazellen die Augen
auszustechen; ein beglückter Vater erntet in seinem
Kindersegen nur den Lohn dafür ein, dass er selbst einst
und oft ein guter Sohn gewesen, u. s. w. Auch dass der
Geist der Liebe, welcher Menschen aneinander kettet,
die Mutter an ihr Kind, den Mann an das geliebte Weib,
unzerstörbar, ewig sei, veranschaulicht die Phantasie mit
denselben Mitteln, sie zeigt die engverbundenen Wesen
auch in der Vergangenheit seit jeher verbunden und
lässt ihnen die Hoffnung, ebenso künftig immer beisammen zu bleiben; freilich meist incognito, aber ihr
Gefühl ist das alte, längst vertraute, ihre Liebe immer
die Eine, Geburt und Tod überdauernde. Es ist also in
dieser Welt ein stetes Wiederfinden im Gange, jedoch
wie auf einem Maskenballe, wo man die Maske oft
wechselt. Wir kommen, heisst es in einem indischen
Verse, in diesem Leben immer wieder zusammen, wie
das Treibholz auf dem weiten Meere. Im Ernst und
Scherz ist diese Vorstellung von der Continuität persönlicher Verhältnisse im indischen Gemüthe lebendig. So
erzählt oft der Held in indischen Novellen ganz fix, dass
er schon einmal mit der schönen Princess, welcher er
sein Herz eben zu Füssen legt, Mann und Frau gewesen, nennt sogar Namen, eine allerdings recht un-
umwundene Art, auf ein Mädchenherz Eindruck zu
machen.

44. *Präexistenzen.*

Oft heisst es in indischen Märchen und Erzählungen: „Dies und das habe ich schon einmal erlebt, was ich bin, bin ich schon einmal gewesen" — ein wunderlicher Gedanke, der gleichwol dem indischen Bewusstsein nicht fremd ist, ja so häufig wiederkehrt, dass er (z. B. in den Vorgeburtslegenden, vgl. Nr. 43) trivial wird.

Ist er nun aber rein fictiv, aus der Luft gegriffen, ist die Vorstellung bereits durchlebter Existenzen lediglich ein theologisches Hirngespinnst, abstracter Calcül, oder ist sie irgendwie zuletzt an einer Erfahrung, hier natürlich an einer inneren, erwachsen? Zur Würdigung dieser Frage sei, wenn es auch seltsam erscheinen mag, eine psychologische Beobachtung mitgetheilt, welche man an sich gemacht haben muss, um sie zu verstehen. Manchmal überfällt mich nämlich, ganz ausser allem Zusammenhang mit dem jedesmaligen Inhalt des Bewusstseins, plötzlich ein höchst wunderliches Gefühl, dessen abstracter Ausdruck lautet: der eben erst erlebt werdende Moment ist schon einmal dagewesen, was augenblicklich erst ist und geschieht, war schon einmal und ist schon einmal geschehen. Das ist im höchsten Grade widersinnig, aber, wie ich mir die Sache zurecht lege, dass das beschriebene Gefühl nämlich eine vorübergehende, momentane Störung des Zeitsinnes bedeute, so muss der Reflex davon im Bewusstsein als eine vom Standpunkte der normalen Zeitfunction des Verstandes unfassbare Widersinnigkeit erscheinen. Ob den Psychiatern diese Beobachtung bekannt ist, weiss ich nicht.

Doch bin ich von fremden Zeugnissen nicht ganz ent-
blösst. Grillparzer hat offenbar solche Momente gehabt:
in den „Beiträgen zur Selbstbiographie" (X, p. 432,
Laube'sche Ausg.) lautet eine Notiz vom Jahre 1818:
„Mir ist oft, wenn ich etwas sehe, was ich sonst bestimmt
nie gesehen, als ob ich es vor äusserst langer Zeit schon
einmal gesehen hätte; so auch, wenn ich etwas noch nie
Gethanes thue, durchfährt mich eine dunkle Ahnung, als
sei es nicht das erste Mal." Auch Wilbrandt schildert
in einer Novelle, auf deren Titel ich mich leider nicht
mehr zu entsinnen vermag, das selbe seltsame Gefühl:
als ein junger Mann einem Kreise von Damen vorgestellt
wird, von denen Eine auf ihn Eindruck macht, überfällt ihn plötzlich der Gedanke, dieser Augenblick, der
eben jetzt erst da ist (wie man lebhaft und deutlich
weiss), mit allen Umständen, war schon einmal, — was
ihn völlig verwirrt macht. Sollten es nun nicht ähnliche Gefühle gewesen sein, welche im indischen Bewusstsein die Idee früherer Existenzen wo nicht wach-
riefen, so doch gewissermassen belegten und ihr somit
die Gewähr einer Erfahrung gaben? Zustände hell-
seherischer Erkenntniss, Augenblicke der Ekstase, in der
man die Vergangenheit des eigenen Ich zu überschauen
vermeinte, Affectionen pathologischer Art, wie geistige
Leere etc. waren in den indischen Kreisen nichts Seltenes.
So mögen auch solche Doppelgänger-Erscheinungen der
Zeit häufig genug vorgekommen sein, um wol bemerkt
und gemerkt zu werden und der abstracten Speculation,
für welche die Präexistenz der Wesen ein Postulat war,
den Impuls auf diese Vorstellung zu geben. Auch Grill-

parzer sieht sich in der oben angezogenen Notiz zu einer analogen Bemerkung gedrängt: „Aehnliche Gefühle", sagt er, „mögen auf die Ideen von Seelenwanderung geführt haben." Gewiss werden und wachsen manche bedeutsame Gedanken besonders religiöser, metaphysischer Art an den Grenzen zwischen geistiger Gesundheit und Gestörtheit, wonach die spottenden Skeptiker recht behalten, freilich in einer Art, die sie nicht verstehen.

45. *Seelenwanderung.*

Aus dem Nichts hervorgegangen, leben wir unser kurzes Dasein, das einzige, das uns beschieden ist, um wieder in das alte Nichts zurückzukehren: das ist unsere Ansicht vom Leben und Sterben. Nicht so der Inder. Seit alten Zeiten hegt er den festen Glauben, dass das Leben des Individuums mit Geburt und Tod ein- für allemal weder beginne noch schliesse, sondern von Ewigkeit her und in alle Ewigkeit hinein dauere, indem eines Jeden Seele w a n d e r t, d. h. aus einem Leib in den andern übergeht, um Strafe oder Lohn zu empfangen für die Thaten in einem früheren Lebenslauf. „Wie eine Weberin", heisst es im „Brâhmaṇa der hundert Pfade", „von einem bunten Gewande ein Stück abnimmt und eine andere neue Form webt, so lässt auch der Geist (im Tode) diesen Leib fallen und das Bewusstsein erlöschen und bereitet sich eine andere, neue Gestalt von Manen oder Gandharven (Genien) oder eine göttliche oder eine menschliche oder von andern Wesen . . . .

Wie er gehandelt, wie er gewandelt, so wird er." So verbindet die Lehre von der Seelenwanderung alle Wesen zur phantastischen Verbrüderung: wer heute noch im Körper eines Wurms, eines Vögleins, eines Affen u. s. f. wandelt, kann morgen „aus einem erfreulicheren Mutterschoss" als Mensch wiedergeboren werden, und wieder hat Jeder von uns sich zu hüten, dass ihn nicht seine eigene böse That zur Wiedergeburt, zu vielen Wiedergeburten aus thierischem Schosse, oder gar in den Höllenräumen (vgl. Nr. 36) verdamme! Denn als jedes Wesen, dem du wehthust, das du tödtest, wirst du wiedergeboren, um dieselbe Pein, dieselben Todesqualen zu erleiden. Jedes Unrecht, welches wir verüben, haben wir in einem folgenden Leben abzubüssen; und wieder jeden Schmerz, jedes Unrecht, das uns widerfährt, müssen wir ansehen als wohlverdient, durch unsere Missethaten in einem früheren Dasein. Wir und unser Schicksal sind gänzlich unser eigenes Werk: das ganze Leben hindurch weben und schaffen wir daran, ob wir es bedenken oder nicht. In der Stunde des Todes aber treten dann die guten und bösen Werke des Lebenslaufs zusammen zu den Samenkräften neuer Daseinsläufe, entscheidet es sich aufs neue, welchen Weg die Seele künftig zu durch-wandern, was sie zu thun und zu leiden haben wird. — Mehr als jede andere beherrscht diese Lehre von der Seelenwanderung das gesammte Denken der Inder, sie ist die Grundlage ihres Glaubens, die allerwirksamste Directive ihres Handelns. Und nicht nur dass sie den grossen moralischen Postulaten: der Unsterblichkeit unseres Wesens und der ewigen Gerechtigkeit in dieser

Welt, in der fasslichsten (wenn auch bildlichen) Weise
gerecht wird; sie gestattet auch dem thörichten Fordern
und Sehnen des Menschenherzens Raum, dass es getrost
sein darf. Wir rufen es wol der enteilenden Seele nach:
„Auf Wiedersehen!" Aber unsere Zuversicht steht nicht
wie ein Fels: wo? wie? — uns quälen diese dunklen
Räthsel, und müssen es. Aber der Inder ist getrost:
hier auf Erden, im Leben können und werden wir uns
wiedersehen; denn wir werden hier weiter leben, durch
alle Zeit, und werden uns finden, wenn wir es verdienen:
die Gattin den Gatten, die Mutter ihr Kind.

46. *Verdienst.*

Der Inder bringt Schuld und Verdienst schon mit auf
die Welt — mit seiner Persönlichkeit und Korporisirung.
Im Gefühle davon sagt man oft bei Glückszufällen, die
Einem zustossen: „puṇyena": „vermöge seines Verdienstes" oder „sattvena": „vermöge seiner Güte" im wörtlichen, eigentlich aber ganz unzutreffenden Sinne. Im
indischen Denken hat der Begriff sattva nämlich eine
ganz eigenthümliche und andere Bedeutung als unser
„Güte". Er gehört der sehr populären Lehre von den
drei Guṇas, d. i. den Qualitäten der Natur, insbesondere
der menschlichen, an und empfängt von ihr aus seinen
ganzen Inhalt. Nach dieser Lehre gibt es also drei
Extreme alles natürlichen Daseins, drei Regionen, drei
Stufen des Werdens. Sie sind: 1) die Qualität Sattva

d. i. Güte, die göttliche Seite der Natur, die Welt der
Reinheit, des Lichtes; aufs Menschliche angewendet: das
Leben des Genius, des künstlerischen und moralischen.
2) die Qualität Rajas d. i. Leidenschaft, die Welt des
Begehrens und Ringens, das grosse Wollen, die gewaltigen Leidenschaften, 3) die Qualität Tamas d. i.
Finsterniss, die Region der Unreinheit, Dumpfheit, der
Lethargie der Erkenntniss und des Willens, die Welt
der Thiere, Pflanzen, Steine u. s. f. Diese drei Qualitäten mischen sich, insbesondere als Elemente des Men-
schenlebens, in den verschiedenen Wesen und erzeugen
so die Mannichfaltigkeit der Individualitäten, aber nicht
in zufälligem Spiel, sondern in strengster Befolgung des
Gesetzes der moralischen Wiedervergeltung.

———

47. *Sterblichkeit und Unsterblichkeit.*

Wie principiell entscheidend und tiefgreifend die
Lehre von der Seelenwanderung im philosophischen
Denken der Inder waltet, zeigt sich deutlich auch an
dem ganz andern Inhalt und Sinn, den die in der abendländischen Philosophie hergebrachten Begriffe „Sterb-
lichkeit" und „Unsterblichkeit" (welche als „martyatvam" und „amṛtatvam" auch im indischen Denken
existiren) hier besitzen. Während martyatvam „das
Immer-wieder-sterben-müssen" der individuellen Seele bedeutet, also ein Begriff, den wir so gar nicht besitzen,
und „Unsterblichkeit" in unserm Sinn bei ihm gewöhnlich philosophischer „vyatireka", „das Hinausreichen"

(über den Leib) benannt wird, versteht der Inder unter
seiner Unsterblichkeit: „amṛtatvam" in der Regel „das
Nicht-mehr-sterben-können" der erlösten Seele. Wie man
sieht, Alles Begriffe, die nur in Bezug auf die Seelen-
wanderungstheorie und deren Spitze: die Lehre von der
Erlösung, Geltung und Bedeutung haben, in unserm
Denken keinen Platz hätten und hier allemal erst logisch
construirt werden müssen. Man bemerkt an diesen Beispielen, wie sehr man einem fremden Denken gegenüber
stets auf der Hut zu sein hat, es nicht mit dem eigenen
gewohnten fortwährend zu verfälschen. Zumal indische
Philosophie treiben ist wirklich eine Art Seiltanzen: der
gewohnte feste Grund unter uns ist weggezogen, und wir
schweben und schwanken auf dünnen, hochgespannten Gedankenfäden dahin, fortwährend in Gefahr, Schwindel zu
bekommen und unsanft auf den altgewohnten heimischen Grund zu fallen.

48. Büsserkünste.

Was sonst als Märchenzug und (eingestandener Weise)
wunderbares Motiv in Erzählungen auftritt, finden wir
nicht selten in indischen Romanen und Novellen als
nüchterne Realität, als alltäglichen Vorgang aufgetischt.
König und Königin lustwandeln im Parke, sehen einen
Flamingo im Lotusdickicht ruhen, haschen und fangen
ihn: da spricht der Vogel plötzlich mit menschlicher
Stimme und verflucht das scherzende Paar wegen der
Störung seiner Büsser-Ruhe. Ein Flamingo, der eigent-

lich ein Büsser, ein graucr Schüler der Vedaweisheit ist, das ist eine starke Zumuthung für unsern Verstand. Die Verrücktheit dieses Gedankens wird sich aber mildern, wenn wir daran erinnern, dass zur Ausstattung der Büsser auch der Besitz von Wunderkräften, die Fähigkeit des Verschwindens und Wiederauftauchens, die Fähigkeit, das eigene Ich zu verwandeln oder zu vervielfältigen, gehört. Um das Behagen der Nachmittagsruhe recht gründlich zu geniessen, mehr als es der Menschennatur möglich ist, wandelt sich der fromme Mann in einen Flamingo um, als welcher sich's im schattigen Lotus-dickicht allerdings gar süss ruhen mag. Was uns manch-mal spielend durch den Kopf geht, am Wasser: ein Fisch in der Fluth zu sein, im Walde: ein Vöglein in den Zweigen — das realisirt der Inder, phantastisch und pedantisch zugleich. — Dass übrigens in besagtem Flamingo ein Büsser von echtem Schrot und Korn steckt, verräth sich sogleich dadurch, dass er seinem Beleidiger unverzüglich flucht: dies ist nämlich Familienzug der indischen Büsser. Bei der geringsten Verletzung ihrer Person oder der ihnen schuldigen Ehrfurcht u. s. w. ge-rathen sie in heiligen Zorn und schleudern auf den ahnungslosen Sünder einen Fluch, der, gewöhnlich raffinirt ersonnen, gerade die verwundbarste Stelle trifft. Darauf obligater Fussfall des Betroffenen und Milderung des Fluchs durch Beschränkung der Zeit seiner Wirksamkeit oder Lösung von demselben durch Erkennungsringe, Edelsteine und dergleichen mehr.

49. *Erlösung.*

Wie der fromme Christ hofft, nach seinem Tode zu
Gott, dem Vater, zu gelangen, so der Inder, philosophischer, mit seiner individuellen Seele in die Allseele auf-
zugehen. Und wie jener von „einer besseren Welt"
träumt, so weiss es der Inder nicht anders, als dass „der
Eine, der Âtman, der in allen Wesen wohnt, fern und
unberührt bleibt von dem Leiden der Welt". „Erlöst
zu werden", von ungezählten Daseinsläufen in einem
Leib, der „ein Nest voll Mord und Krankheit" ist, ist
der Angelpunkt alles ethischen Denkens und Trachtens
im Gangeslande gewesen. Der Bettler, der sich den Aus-
satz schabt (Chândogya-Upanish. 4, 1—2), der Reiche, im
Glanz und Prunk seines Palastes, sie waren im gleichen
Masse ergriffen von der Nothwendigkeit, aus dieser Welt
der Schmerzen durch ein letztes Sterben zu scheiden,
den Weg zum Urquell alles Daseins, zum leidlosen,
wunschlosen Urzustand, wo es kein Ich und kein Du
gibt, aus dem die Wesen hervorkommen, wie die Funken
aus dem Feuer sprühen, wie der Ton aus der Laute
hervorgeht, — den Weg zum Brahma zurückzufinden.
Da nun der tiefste Grund, weshalb der Seele die Welt
„aufgebürdet" wird, das Nichtwissen (ajñâna, avidyâ) ist,
das Nichtwissen nämlich vom Âtman als dem ἕν καὶ πᾶν
und dem täuschenden Blendwerk dieser Welt der Vielheit, so vermag es nur die (metaphysische) richtige Erkenntniss, zur ewigen Vereinigung mit Brahma zu
führen. Sie allein vernichtet die Werke, d. h. tilgt alles

eitle Streben, hemmt den Wanderungsumlauf, bringt
ewige Erlösung:

> Wer jenes Höchst- und Tiefste schaut,
> Dem spaltet sich des Herzens Knoten,
> Dem lösen alle Zweifel sich,
> Und seine Werke werden nichts." — (Muṇḍ-Up. 2, 2, 8.)

Dass der hier geschilderte Zustand in Indien nichts
Seltenes gewesen, lehrt uns der Umstand, dass man
einen besonderen terminus technicus für ihn hatte, nämlich jîvaṁ-mukti „die Erlösung bei Lebzeiten", „jîvan
mukta" „der Erlöste", die ideale indische Bettlerfigur,
von der die indische Poesie in Episoden vielfach glücklichen Gebrauch gemacht hat.

e. Vermischtes.

50. *Der Kokila.*

Der Kokila (hindust. koel, koil, cuculus indicus) ist naturhistorisch eine Art Kukuk von vorherrschend dunkelgrüner Farbe und mit keineswegs angenehmer, melodischer Stimme, poetisch hingegen „die indische Nachtigall", der gefeiertste Vogel des indischen Waldes. Ein nicht minder kostbares Inventarstück der indischen Lyrik, als Lerche und Nachtigall in der europäischen, gilt der Kokila zunächst als Frühlingsbote und deckt sich so für das Gefühl mit unserm Kukuk; allein er ist daneben auch der erotische Vogel κατ᾽ ἐξοχήν, dessen Schlag den Liebenden das Herz rührt und süsse Sehnsucht erweckt. — wie die Poeten wenigstens ohne Ausnahme versichern. Der Kokilagesang wird von solchen, die ihn mit nüchternen Ohren gehört, als einförmig, reizlos, ja fast unmelodisch bezeichnet: die musikalischen Ansprüche sind im Lande des Tam-tam eben recht bescheidene. Uebrigens hat es, die Wahrheit herauszusagen, mit dergleichen Dingen überhaupt nicht viel auf sich: sie sind weit mehr Sache der poetischen Tradition als wahrer, ganz von selbst aufquellender Empfindung.

51. Mohrenreiche.

Uns scheinen schon die arischen Hindu und gar ihre dunklen dravidischen Nachbarn, die „schwarze Haut", so dunkelhäutig, dass wir uns fast darüber zu moquiren versucht sind, wenn in indischen Schriften von den Reichen der Mohren: Kâla-yavana („Schwarz-Griechen"), wo die Schwarzen zu Hause, geredet wird. Die Wiedergabe des Ausdrucks Kâla-yavana durch „Mohrenland" lässt sich nämlich nicht nur geographisch halten, weil damit wahrscheinlich Zanzibar oder die arabische Küste gemeint ist, sondern sie empfiehlt sich sogar ästhetisch, da dem indischen Worte genau jenes Parfüm des Abenteuerlichen, Fremdartigen anhängt, wie es für unsere Empfindung dem Namen „Mohrenland", als Niederschlag der mittelalterlichen Mohrenkampf- und Abenteuer-Literatur, eignet. Kauffahrteiberichte und -Märchen, der indischen Literatur nicht fremd, bewegen sich mit Vorliebe in jenen westlichen Localitäten, den Mohrenreichen, und sind hierin, wie aus Vielem hervorgeht, nur die Phantasiereflexe der historischen Realität. Denn seit alten Zeiten stand Indien in regem Handelsverkehr auch mit dem ferneren Westen, mit den Küsten des rothen Meeres, also Aegypten und den südlichen Küsten Ost-

afrikas. Indische Pfauen und Affen unterhalten den
Hof des weisen Salomo, und die indischen Thierfabeln
dringen bis tief ins Innere des schwarzen Erdtheils ein.
Wie oft berichten die Novellen das Abenteuer — kaum
scheint es mehr eins zu sein —, wie indische Jünglinge
zu den Schwarzen gehen, ein Mohrenmädchen freien, um
nach gemachtem Glücke wieder In die Heimat zurückzukehren.

52. *Schlangencultus.*

Bekanntlich ist Indien das schlangenreichste Land
der Erde, ein fragwürdiger Vorzug, der seine Consequenzen
für das Leben der Hindu gehabt hat: zunächst in einer
sehr empfindlichen Art, indem alljährlich dem Biss der
giftigen unter ihnen eine ungemeine Zahl von Menschenleben zum Opfer fällt: sodann, dass man dort gelernt
hat, mit fast religiöser Scheu auf die stummen, schlei-
chenden Gesellen zu sehen, ihnen Spenden an die dunklen
Löcher zu bringen und ein grosses Jahresfest zu halten,
wo sie Milch in Strömen zu saufen bekommen u. dgl.
mehr — insbesondere aber darin, dass sich dort der
Aber- und Wunderglaube des Schlangenthums in sehr
auffallender Weise bemächtigt hat und mit diesem Thema
wahrhaft Wucher treibt. Zahllos wie die Schlangen
selbst sind die indischen Schlangenmärchen und -Sagen.
Dem eigenthümlichen, so starken Interesse der indischen
Phantasie an den Schlangen kommt auch die Zunft der
Schlangengaukler praktisch entgegen: keine Schaustel-
lung ist in Indien so populär, als der Schlangenzauber

22*

mit der fascinirenden Pfeifenmusik und den wüthenden
Bewegungen der tödtlichen Thiere Auch spielen natürlich die Giftbesprecher keine geringe Rolle, da man gewissen Zauberformeln, mantra oder vishaharâ gadâ genannt, im Volk die Kraft zuschreibt, das tödtliche
Giftfieber zu bannen. Solcher Zaubersprüche gibt es
schon einige im Atharvaveda, also im beträchtlichen
Alterthum; die spätere Zeit hat eigene Schlangen-
beschwörungsbüchlein compilirt, welche die Beschwörer
gebrauchen, so den Garudapancâkshara, Gebetsformeln
von fünf Sylben, wobei der grosse Schlangenfeind Ga-
ruda, Vishnu's Reitvogel, das Patronat übernimmt.

53. *Besessene Bräute.*

Eine Lieblingsepisode indischer Märchen ist die Rei-
nigung besessener Bräute durch muthige Abenteurer,
denen sodann die Erlöste zu eigen fällt. Die Dämonen,
welche solchermassen oft in Mädchen fahren und dann
jedem Freier tödtlich werden, sind die Râkshasa, wider-
liche Unholde halb teuflischen, halb satyrhaften Wesens.
Wo eine indische Erzählung irgend eine Gefahr, eine
Bedrohung oder vollends ein jähes grausames Ende für
den Zusammenhang braucht, citirt sie einen Râkshasa,
der alle diese Geschäfte kraft seiner entsetzlichen Stärke
und Tücke aufs beste besorgt. Namentlich aber wird,
als Märchenzug, doch wol auch als Aberglaube, vielleicht
sogar als mythische Umschreibung gewisser Zustände,
das Besessensein mannbarer Jungfrauen durch jene ent-

setzlichen Geister allgemein festgehalten. In Novellen
werden listige Pläne gesponnen, die auf der Voraus-
setzung eines allgemein verbreiteten Glaubens an derartige Fälle von Râkshsasainwohnung fussen, denselben
aber freilich zu wiederholten Malen auch ironisiren.
Hier nur noch die kurze Bemerkung, dass ein derartiger
Märchenstoff von Indien aus auch in den jüdischen
Literaturkreis eingedrungen und daselbst als Buch To-
biä verarbeitet worden ist, von wo aus weitere Anregungen zu ähnlichen Märchenconceptionen in allen
Literaturen ausgegangen sind.

54. *Ein Liebesspiel.*

In der indischen Erotik, wo gekratzt und gebissen
wie geküsst wird und der holde Scherz nur zu oft aus
Rand und Band geräth, darf uns auch ein wunderliches,
etwas unappetitliches Liebesspiel, das sogenannte Gaṇ-
ḍûsha-Reichen und -Trinken, welches in der Lyrik häufig erwähnt wird, nicht aus der Fassung bringen. Was
dieser Gaṇḍûsha sei, möge ein indischer Vers andeuten,
der von ihm redet: „Wie wenn sich Milch und Honig
mischt — so das Wasser, das in den weissen Zähnen
Der mit der sanften Stimme quillt" (Tiruvalluver's
Kural 1101). Wir bedauern constatiren zu müssen, dass
die indischen Poeten jene wunderliche Liebesübung
nicht nur sehr oft erwähnen, sondern sogar mit Entzücken feiern und sie etwa so, wie unsere Lyrik den
Kuss, verwenden.

55. *Körpermale.*

Male, Zeichen am Körper, nach unserm Geschmack
nur kleine Schäden und Schönheitsmakel, sind für die
indische Anschauung Unterpfänder persönlicher Verdienste und sicher zu erwartender Erfolge in diesem
Leben, daher in ästhetischer Hinsicht völlig ohne Tadel.
Man trägt sie, gewissermassen als natürliche Täto-
wirungen, mit Genugthuung; man zählt, classificirt sie,
weise Sematologen sind hinterher und setzen die Bedeutsamkeit der verschiedenen Formen fest. Es entwickelt
sich eine ausgebildete Symbolik der Male: Siegesfahne,
Muschel, Rad, Lotusblume, die häufigst beobachteten (?)
Formen, zeigen den grossen Mann, den künftigen König,
den Buddha u. s. w. an. Hände und Füsse sind die aus-
gezeichnetsten Stellen für das Auftreten solcher Zeichen;
bei den Buddhisten ist es feststehende Anschauung,
dass sich diese Zeichen des Verdienstes und des Glücks
speciell unter der Fusssohle befinden. Welche Wichtigkeit man ihnen beimass, zeigen buddhistische Skulp-
turen: wider allen guten Geschmack ist Buddha's einer
Fuss oft so gehalten, dass die heiligen Abzeichen auf
der Sohle dem Beschauer sichtbar, ja mehr als dies,
auffällig werden müssen. Aber auch sonst wurden solche
Zeichen, scheint es, venerirt, und wer sie besass, scheute
sich, den Boden zu treten. Eine buddhistische Legende
erzählt, ,,dass Soma, der Sohn reicher Eltern, von Jugend
auf seinen Fuss nicht auf die Erde gesetzt habe. Es
war nämlich auf seiner Fusssohle eine Linie von rothen
Haaren, sich rechts krümmend, wie Blumen auf einer

Trommel und wie von einem Purpurpinsel gemalt. Wegen dieses Zeichens der Grösse liess man ihn nie auf den Boden treten, ja selbst den Boden nicht sehen (!. Er brauchte nur zu drohen, auf den Boden treten zu wollen, dann thaten ihm seine Diener Alles zu Liebe, um nicht den Verlust so vielen Verdienstes zu verursachen." Auch mit dem Ideal weiblicher Schönheit verträgt sich nicht nur, sondern verknüpft sich sogar nach dem indischen Kanon — der eben kein rein ästhetischer ist — das Tragen solcher sensationeller physiologischer Merkmale. Ihren Ursprung hat diese sonderbare Schätzung wider den natürlichen Geschmack vermuthlich von einigen bestimmten Fällen, wo Zeichen und Verwirklichung im Leben in zufälliger, aber greller Verbindung beobachtet wurden, genommen: wie so vieles Andere, wurde auch dieses Individuelle hernach typisch und ging ins Inventar der Literatur über. In der Häufigkeit aber, mit der die physiologische Erscheinung wirklich aufgetreten sein muss, möchte man wol eine Folge jener unmässigen Schätzung auf dem Wege der künstlichen Zuchtwahl sehen: ja, sie scheint als eine Erscheinung der Inzucht gelten zu müssen, wenn man die indischen Kastenverhältnisse und die Consequenzen jener Bevorzugung der Gezeichneten überdenkt.

56. *Die wohlthätige Wage.*

Wer die Wege alle, welche die Wohlthätigkeit wandelt, finden und aufzeichnen wollte, würde vermuthlich damit zwei Wahrheiten belegen, welche sich für dies Gebiet

als durchgreifend erweisen lassen dürften: erstens, dass
das reine selbstlose Wohlthun, wie wir es heute wol
treffen, überall ursprünglich aus anderweitigen, religiösen,
politischen, kurzum egoistischen Rücksichten hervorgewachsen und formell noch als davon herrührend zu erkennen sei, und zweitens, dass die Wege des Wohlthuns
immer weniger Umweg, immer gerader und besser gewählt und dem arithmetischen Calcül unterworfen werden,
mit einem Wort stets kaufmännisch richtiger sich gestalten. Wenn wir eine eigenthümliche indische Sitte
des Wohlthuns, die den Namen Tûlâbhara: „das Wagopfer" führt, unter diesen beiden Gesichtspunkten betrachten, so werden wir an die behauptete Alterthüm-
lichkeit derselben (die Sitte geht angeblich bis ins
4. Jahrh. n. Chr. zurück) aus inneren Gründen zu glauben
gerne geneigt sein. Die beregte Sitte besteht darin,
dass Standespersonen, zumal die Râdschas, aber auch
wohlhabende Leute weniger hohen Standes bei festlichen Anlässen, Thronbesteigung, Erbschaftsantritt, Geburt eines Sohns u. dgl. m. sich gegen ein Gewicht von
reinem Golde, oder wenigstens von kostbaren Spezereien
oder mit Korn abwiegen lassen, das dann zu Wohl-
thätigkeitszwecken verwendet wird. Eine solche Ceremonie
wurde noch jüngst in Travancore an dem Mahârâdscha
vorgenommen, der sein Körpergewicht in Gold (etwas
über neun Steine, ca. 67 kg) abwägen liess. Die Brahmanen wünschten, wie berichtet wird, die Ceremonie zu
verschieben, damit der Mahârâdscha womöglich das Gewicht seines Vaters erlange, welches, als er sich im
47. Jahre der Ceremonie unterwarf, 14$^3/_4$ Steine betrug.

Man wird gestehen, dass der hierin gegebene Umweg, um eine wohlthätige Handlung auszuführen, ein sehr absonderlicher sei und in seiner Herausbildung irgendwie — das ahnen wir — durch egoistische Vorstellungen und Rücksichten hindurchführt. Dergleichen liegt zu deutlich in der Beziehung des wohlthätigen Actes überhaupt und sodann speciell seines Ausmasses auf die Körperlichkeit des Wohlthäters indicirt.

Nun aber das Wie? dieser Beziehung bestimmter anzugeben, ist eine missliche Aufgabe. Ist das Wagopfer etwa der directe Ausdruck dankbarer Freude an der eigenen Körperlichkeit; unsere Redensart: „gerade Glieder, ein gesunder Leib sind uns Goldes werth" einmal in die That übersetzt und zwar naiv-genau und wörtlich übersetzt? und dieser spontane Einfall sonach wiederholt und zum frommen Brauch erhoben? Oder hat sich die eigenartige Idee der Sitte auf ganz anderm Wege gebildet, aus ganz andern Vorstellungen und Rücksichten herauskrystallisirt? Vielleicht stehen die wächsernen oder erzenen Glieder und Statuen der Heilsuchenden, welche der Gottheit dargebracht werden, in einer wenngleich entfernten Beziehung zum „Wagopfer" — so dass dieses gleichsam das bei absichtsloser Widmung vereinfachte Zahlverfahren hierbei vorstellen würde, mit Fallenlassen einer speciellen Andeutung durch die Form der Gabe. — Gottesdienstliche Handlungen, Opfer- und Cultacte, die auf älteren Stufen nur bei dringendem Anlass vorgenommen werden, stellen sich ja auf späteren auch ohne solchen rein als Bethätigung der rechten Gesinnung ein, müssen dann aber von ihrer Form das verlieren und abgeben, was

auf die Noth und den Anlass darin früher sinnfällig
hingewiesen. Es ist für solche Umwandlungen auch
charakteristisch, dass praktisch als Empfänger der Leistung
an Stelle der Gottheit das allgemeine Beste oder die
Armuth tritt, wie sie es in unserer Sitte wirklich ist.
Oder ist etwa die Idee dabei die, dass der König etc.
als fromme Uebung sich gleichsam selbst wegschenkt —
buddhistische Könige machten gern reiche Spenden unter
diesem Titel — und sich dann selbst wieder zurück-
kauft und zwar nach einer alten Form der Ablösung,
nach dem eigenen Gewicht in irgend einem kostbaren
Material? In Liedern und Chroniken geschieht es nicht
selten, dass die dargebotene Vergeltung und Sühne gemessen wird nach dem Gewichte des Todten, Gefangenen oder Kranken. Hierher gehört schon das
griech. χρυσῷ ἐρύσασθαι. Il. 22, 351." (Grimm, Rechts-
Altert. 673 ff.) Man denke auch an unsere Redensart:
„mit Gold aufwägen".

Sollte auch in diesem Gedankengang etwas Zutreffendes liegen, und auf die Entstehung unseres Brauchs
hieraus ein Licht fallen, — so sind wir dem indischen
Brauch doch noch nicht völlig gerecht geworden — wir
müssen es, da begriffliches Raisonnement hier nicht aus-
reicht, fühlen, wie echt indisch sinnig-spielerisch der
ganze Act dasteht in einer Sphäre, welche geistreiche
Spielerei sonst gerade nicht zu ihrer Domäne hat. Ja,
das „Wagopfer" verdiente „mutatis mutandis" Nach-
ahmung auch in unsern Kreisen, die ja schon gewohnt
sind, auf weniger sinnigen, aber ebenso abseits gelegenen
Umwegen, bei Gelegenheit von Wetten und Spielen,

Wohlthätigkeit zu üben: welche unschuldige Heiterkeit
würde entfesselt, wenn es einmal in einer Gesellschaft
wirklich durchgeführt würde!

57. *Der Gott der Hindernisse.*

Die indischen Poeten und Schriftsteller beginnen ihr
Werk, auf dass es gedeihe, gewöhnlich mit einer An-
rufung und Verehrung des göttlichen Ganeça mit dem
klugen Elephantenkopf — des Gottes der Hindernisse
und der Beschwerden, die sich jeglichem menschlichen
Unternehmen feindlich in den Weg stellen und es nicht
zur Reife und Vollendung kommen lassen wollen. Das
ist ein schöner menschlicher Zug — wer weiss, ob die
Hand, die heute noch fleissig die Feder geführt, morgen
nicht kalt über der stillen Brust liegen wird, — ob sie
nicht in Fesseln geschlagen oder mit dem Schwerte, der
Axt, dem Karren beschäftigt ist; wer bürgt dafür, dass
die Liebe zum Werke ausdauert, die Gedanken sich
ebenmässig entfalten, der Stoff sich nicht aller Form ent-
schlägt und dem Autor über den Kopf wächst — darum
verehre Ganeça, den Gott der Hindernisse, dass er dir
wohlwolle und Deinem Werke freie Bahn lasse. Es ist
das typische Vorwort der Inder, die Vorrede, worin
europäische Autoren ihre Kümmernisse und Bedenken,
ihre Zweifel und Aengste abladen — die Inder schieben
das Alles dem Ganeça zu und ins Gewissen. Ganeça ist
aber auch der Gott der Wanderer, der Glück und Un-
gemach auf Reisen und Wanderzügen zutheilt, der dem

Einen den Weg ebnet, dem Andern Steine vor die Füsse rollt. Wir möchten uns, indem wir dies Buch auf die Wanderschaft schicken, mehr an dieses Amt des Gaṇeça wenden und ihm in dieser seiner Thätigkeit mit unsern Bitten anliegen. Das Werk ist fertig geworden — wie, weiss der kluge Gott am besten; er wolle es nun auf seinem Wege zu den Leuten, die es gut aufnehmen wollen, fördern und unterstützen, dass es dieselben findet.

Im gleichen Verlag erschien:

Indische Legenden

von

Michael Haberlandt.

Broschirt M. 1.—.

*Die Vossische Zeitung schreibt darüber in No. 191
vom 23. April 1886:*

Die Welt, in welche uns der Verfasser einführt, der
diese Gedichte aus dem Schatze der indischen Literatur
ausgewählt und sie in ein modernes Gewand kleidend
mehr überarbeitet als übersetzt hat, ist eine uns ziemlich
fremde und doch vielfach sympathische. „Es ist die
Poesie des guten, milden Herzens, überströmender, opfer-
freudiger Liebe, eine Poesie, wie sie vor Jahrtausenden
im Lande der Heiligen und Weltüberwinder aufstrahlte,
um der Menschheit nicht wieder verloren zu gehen . .
Indische Legenden betiteln sich die nachfolgenden Gedichte; ich habe keinen andern Ausdruck finden können
für Poesien, welche sich in ethischer Sphäre bewegen
und in ein Bild zu fassen suchen, was aus tieferen
Seelenbezirken, aus echter philosophischer und moralischer Anlage quillt. Es sind keine kirchlich frommen
Dichtungen, sondern nur Stimmen einer ethischen Er-

griffenheit, wie sie das indische Gemüth so tief be-
herrschte, Wegweiser am indischen Heilsweg, der ein
Weg mehr durch's Gemüth als durch Kirchenhallen war.
Sie sind rechte Idealbildchen schönen Wollens und rechten Handelns, an denen man sich heilsam messen mag.
Was der indische Geist vor Allem erkannte und forderte,
unser Leben sei kein Nehmen und Kämpfen, sondern
Geben und Entsagen und der Schmerz der Athem dieser
Welt und wieder ihr Erlöser, das sprechen in ihrer
Weise diese einfachen Poesien aus, welche sich, man
mag sie nehmen woher man will, immer in tiefen Moll-
tönen bewegen. Naiv und phantasievoll zugleich bringen
sie Gott und Mensch, Alltägliches und hehre Wunder
zusammen, aber immer gleichsam nur als Maschinerie,
durch die ein goldener Ideenstrom zu Tage gefördert
wird." Ein wirkliches Verdienst Haberlandt's ist dies,
dass die Form, welche er den indischen Gedichten gegeben hat, jene eigenartigen Vorzüge, ohne die Grund-
linien des Originales zu verwischen, deutlich hervortreten
lässt. Gar so oft bleibt das, was uns von indischer
Poesie und Philosophie geboten wird, hinter unseren
billigen Erwartungen weit zurück, weil die zum Aus-
schweifen geneigte indische Phantasie jede Form zu
sprengen und sich in das Masslose zu verlieren droht.
So kommt es leicht, dass Leser, welche nicht gerade
gelehrte Zwecke verfolgen, indischen Geisteswerken mit
überwiegendem Unbehagen gegenüberstehen und sich
am liebsten ganz von ihnen abwenden. Haberlandt hat
mit grossem Erfolg Sorge getragen, das Störende und
den Inhalt für uns Schädigende der fremdartigen Form
zu beseitigen, was möglich und erlaubt war, weil es, wie
charakteristisch immer für die indische Eigenart, doch
mit dem Inhalt nicht unauflöslich verbunden ist.

Gustav Meyer *äussert sich unter andern in der „Neue Freie Presse" No. 8075 vom 19. Februar 1887:*

Wie Goethe's zwei Legenden, sind auch die Haberlandt'schen zum grössten Theile keine Uebersetzungen, sondern freie Dichtungen nach überliefertem Motiv. Und auch wo eine ausgeführte Vorlage benutzt ist, handelt es sich um keine Uebersetzung im gewöhnlichen Sinne des Wortes, wie sich für jeden Kenner der indischen Literatur von selbst versteht. Goethe hat, wie man weiss, zwei Stellen in einem jetzt längst vergessenen Buche über Indien benutzt, dessen platte und verwässerte Erzählung kein allzu getreues Spiegelbild der ursprünglichen Fassung der Sagen bot; des Dichters geniale Intuition hat diesen Nachtheil völlig ersetzt. Haberlandt ist als ein tüchtiger Kenner indischer Dinge bekannt; wie mir vorkommt, ist seine eigene Anlage dem in sich gekehrten, sinnigen Wesen der Hindu etwas congenial. Der Gelehrte hat in ihm den Dichter nicht getödtet; man wird seinen Legenden willig nachrühmen, dass sie des grossen Vorbildes, des grössten, welches denkbar ist, nicht ganz unwürdig sind.

Das Dutzend Gedichte, das in dem Büchlein beisammensteht, ist wesentlich auf Einen Ton gestimmt; denn das Hindu-Antlitz zeigt seit langer, langer Zeit denselben typischen Zug; schon als der macedonische Alexander zum erstenmale Indien für den Occident erschloss, hatte der indische Volksgeist den schmerzlichen Zug von Krankheit und Leiden, der ihm aufgeprägt geblieben ist bis auf den heutigen Tag. Die Arbeit für den Staat, der Kampf um das Recht, das Streben nach Freiheit waren Interessen, die der Inder längst nicht mehr kannte. Alles Wollen und Handeln war ihm gelähmt vom Denken. Leben ist Leiden, und das Leiden wird durch das ruhelose Umherjagen der Seele von Existenz zu Existenz ins Endlose verlängert. Letztes und höchstes Ziel des Denkens ist also die Erlösung von den Leiden dieser Welt. So ruht Brahmanismus wie Buddhismus auf dem nämlichen Grunde des indischen Pessimismus. Dem Brahmanen ist Abstreifung aller Leidenschaft und gänzliches Sichloslösen von der Welt der Weg zur

Erlösung; nur so geht die Seele in das Brahma ein und wird von der grauenvollen Wanderung durch die Welt des Todes befreit. Unendlich höher steht die Ethik des Buddhismus, wohl die edelste und reinste, welche überhaupt eine Religion hervorgebracht hat. Allerbarmende Milde und Liebe zu allem Geschaffenen, eine bis zur Selbstvernichtung gehende Opferwilligkeit und Opferfreudigkeit haben in zahlreichen Geschichten und Sagen Ausdruck gefunden. Hier ist das „Segnet, die euch fluchen" lange vor Christus ausgesprochen in der schönen Legende vom Prinzen Kunâla, der für seine Stiefmutter um Erbarmen fleht, durch deren Frevel er das Augenlicht verloren hat . . . .

. . . . Max Müller hat einmal einen in London gehaltenen Vortrag der Beantwortung der Frage gewidmet: Was kann uns Indien lehren? Man kann Haberlandt's Büchlein als eine Antwort auf die gleiche Frage betrachten. Hat ja doch die schöne christliche Ethik, gleich der buddhistischen im Orient entsprossen, derselben im ganzen Wurfe wie in einzelnen Zügen so vielfach verwandt — man hat ja behauptet, sie sei nicht ohne directen Einfluss des Buddhismus entstanden — im Abendlande durch die härtere Anlage der europäischen Völker mancherlei Einbusse erlitten, und es kann nicht schaden, wenn die Predigt von der Leidenschaftsentäusserung des Brahmanenthums, von der allumfassenden Liebe des Buddha-Glaubens einmal wieder an unser Ohr dringt, und zwar aus fremdem Gedankenleben herüber, da wir in Gefahr sind, diese höchsten Errungenschaften seelischer Cultur zugleich mit unserem positiven Glauben über Bord zu werfen, als wären sie nur diesem zugehörig und eigenthümlich. Freilich, wie das indische Volk auf langem Lebens- und Leidenswege zu seiner Weltanschauung gelangt ist, so wird auch nur der durch reiche Lebenserfahrung gebildete Mann diese Klänge aus dem Osten recht zu würdigen wissen.

G. KREYSING, LEIPZIG.